全图解
Diagram

真账实操教你学出纳

罗伟／编著

中国铁道出版社
CHINA RAILWAY PUBLISHING HOUSE

内 容 简 介

本书是一本以真账实例教你学出纳的工具书，全书共 10 章，按照出纳业务的全流程安排内容，每个章节的内容都是出纳工作中的一个重要环节，以这种方式安排内容，可以让读者真实融入出纳工作的全流程中学习，而不是分散地单独学习出纳知识。

书中案例具体到某一家公司，使得所有出纳业务的处理更加贴近实际，让读者更能切实感受出纳工作的具体处理细节，真正达到理论与实践紧密结合。

本书适合正在或即将从事出纳工作的人员以及财务相关工作和管理人员，同时也适合对出纳知识有兴趣且想要深入学习的人群。另外，书中还列举了很多具体的实战案例处理过程，所以也可作为公司财务或出纳人员的培训教材使用。

图书在版编目（CIP）数据

全图解！真账实操教你学出纳 / 罗伟编著 .—北京：中国铁道出版社，2018.3

ISBN 978-7-113-23909-1

Ⅰ.①全… Ⅱ.①罗… Ⅲ.①出纳－会计实务－图解 Ⅳ.①F233-64

中国版本图书馆 CIP 数据核字（2017）第 253855 号

书　　名：全图解！真账实操教你学出纳
作　　者：罗　伟　编著

策划编辑：王　佩　　**读者热线电话：**010-63560056
责任编辑：杨新阳
责任印制：赵星辰　　**封面设计：**MXK DESIGN STUDIO

出版发行：中国铁道出版社（100054，北京市西城区右安门西街 8 号）
印　　刷：三河市宏盛印务有限公司
版　　次：2018 年 3 月第 1 版　　2018 年 3 月第 1 次印刷
开　　本：700mm×1000mm　1/16　**印张：**17.75　**字数：**327 千
书　　号：ISBN 978-7-113-23909-1
定　　价：49.00 元

前言 PREFACE

在财务工作中，出纳工作往往容易被忽略，企业和相关人员认为出纳工作只是负责收付款项，比较简单。然而在实际的出纳工作中，涉及的知识范围较广泛，包括会计和税务等各方面知识。

除了专业知识外，出纳员还必须具备良好的职业道德和修养，在金钱的诱惑下，要坚决遵纪守法，不可一步错而步步错。

出纳工作一般是进入财务行业最基本的工作，虽然范围比较广，但都很容易上手，对于刚毕业的财务专业学生和一些准备转行的人来说，出纳是个不错的选择。

所以，为了满足读者的需求，编者决定编著这本《全图解！真账实操教你学出纳》，旨在让读者能快速地学习出纳知识，也让出纳人员在工作过程中能更加得心应手。

本书共10章内容，大致按照出纳工作的顺序进行讲解，具体内容如下图所示。

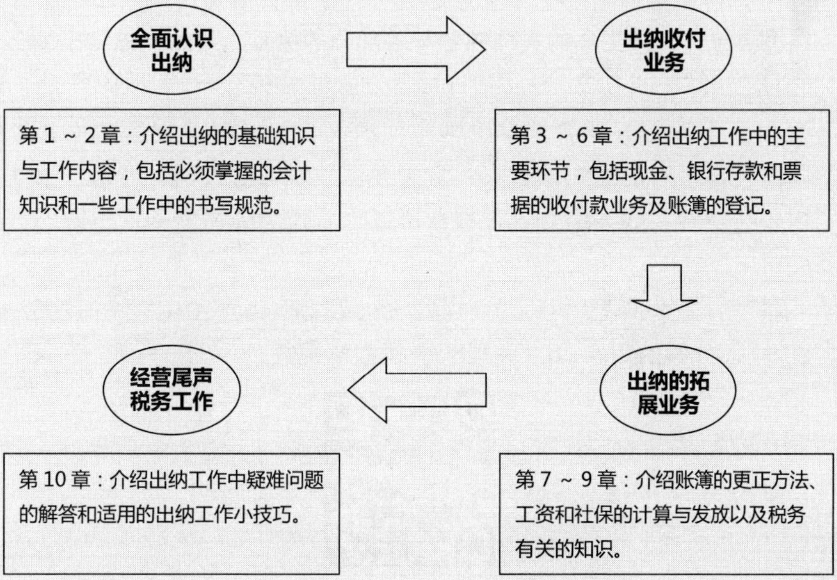

前言 PREFACE

本书尤其注重内容的易读性、实用性和操作性，具体如下。

- 书中以一家家居公司一个季度的出纳工作为例，全面贯穿讲解了在实际工作中的出纳业务，每章案例中涉及的金额都有一定的关联性，使得书中的案例更加具体、完整和真实。
- 本书运用了图文结合的方式，把与出纳工作相关的内容相联系地表现出来，更加生动、形象，读者可一目了然各部分之间的关系。
- 在必要的地方加入小栏目样式，意在补充正文中没有讲解到的一些知识，同时起到提醒读者和引起读者关注的作用。
- 以实账操作的形式反映出企业进行出纳业务时的一些具体操作细节，让读者更加明确实际工作中的着手点。
- 在企业出纳工作的各主要环节的相关章节（第3～9章）末尾，单独设置了一个二级标题，把每一个环节涉及的出纳处理进行汇总讲解。这一方式可以更好地帮助读者更加连贯地了解企业的出纳实操工作，使得书中的案例更加具体、完整。

本书整体结构清晰明了，先总起全书，了解什么是出纳及出纳工作的范围，然后再分写出纳工作的具体内容与各部分的关系，最后再总结出纳工作中遇到的问题和解决的方法，让读者在阅读之前对本书有一个大概内容的了解。

本书适合正在或即将从事出纳工作的人员以及财务相关工作和管理人员，同时也适合对出纳知识有兴趣且想要深入学习的人群。另外，书中还列举了很多具体的实战案例处理过程，所以也可作为公司财务或出纳人员的培训教材使用。

扫描下方二维码或输入网址http://www.crphdm.com/2016/0815/12457.shtml即可获得800分钟的用友U8、金蝶K3应用教学视频。

编　者

2017年12月

CONTENTS 目录

目录 CONTENTS

Chapter 03 真金白银要管好——现金收付有凭有据

CONTENTS

Chapter 04 银行账户要分立——银行业务处理

目录 CONTENTS

CONTENTS

Chapter 05 外汇货币要算清——银行票据要规范

Chapter 06 数字汇总报领导——登记账簿并编制报表

目录 CONTENTS

CONTENTS

目录 CONTENTS

CONTENTS

Chapter
01

基础知识要牢记——全面认识出纳

OPTIONS

【本章要点】

出纳到底是什么

出纳工作是财务工作的重要组成部分，出纳是按照有关法律规定和公司制度，办理本单位的现金收付、银行结算，保管库存现金、有价证券、财务印章及有关票据等工作的总称。本节将介绍出纳的职能特点、工作的具体内容及出纳和会计的关系等。

出纳的职能和特点

出纳，顾名思义，“出”就是支出、付出的意思，而“纳”即指收入。在中国古代，出纳也指家族等方面的收支管理情况。随着历史的演变，人们对出纳的认识也在不断地发生变化。目前，人们对出纳有广义和狭义的理解。

狭义上的出纳，通常指各单位的财务部门为单位内部出纳的各项工作专设的出纳人员岗位。而广义上的出纳工作包括两个方面的内容：一是各单位单独设立出纳机构，进行各项票据、货币资金、有价证券收付业务的处理、整理和保管及核算等项目工作；二是，各单位业务部门的货币资金收付和保管工作。

在了解了出纳的含义后，下面将从出纳的职能和特点两方面对其进行深入了解，具体内容如下。

◆ 出纳的职能

出纳是对货币资金、票据和有价证券的进出进行管理的一项工作。出纳人员通过其工作职能的发挥对财务工作产生作用和影响。总结起来，出纳工作主要有4个职能，如图1-1所示。

收付职能

是出纳的基本职能。它的内容是对经济业务往来中的现金、银行存款、票据和金融证券等的收付和办理

图1-1

反映职能

是出纳的主要职能之一。是为了给经济管理和投资决策提供所需的完整而系统的经济信息，而根据持有的现金和银行存款日记账及有价证券的各种明细分类账，以统一的货币计量单位为基础，对本单位的货币资金和有价证券进行详细记录与核算

监督职能

是指对企业内部各种经济业务进行监督。其中，货币资金收付业务实施过程中的合法性、合理性和有效性是监督的重要内容

管理职能

包括保管货币资金和有价证券、管理银行存款及各类票据；分析企业资金使用效益；为企业的投资决策提供有效的金融信息，以及在此基础上直接参与对企业的方案评估和投资效益预测分析

图1-1（续）

◆ 出纳工作的特点

各行各业都有其自身的工作特性和规律。出纳是一个财务部门专设的岗位，也是一项专业技术；出纳作为财务工作的重要组成部分，也是整个单位的资金管理中心，它具有自己的特点，具体如表1-1所示。

表 1-1

特征	具体描述
专业性	出纳有其独立的操作方法和工作规则，是会计工作的重要岗位之一。出纳的业务规则对填制原始凭证、登记现金和银行存款日记账以及保险柜的使用和管理等都做出了统一规范。此外，在熟练掌握业务规则和流程的基础上，在实际工作中不断积累经验，提高工作效率，是做好出纳工作的必要条件
时间性	出纳是对时效性要求很强的一项工作。职工工资的发放和银行往来账项的核对等都有时间限制，因此，出纳人员良好时间观念的树立是各项业务及时处理的保障
政策性	出纳工作的每项业务都需要在相关规则的指导下合法合规地开展，这是其政策性的主要表现。例如，办理票据业务必须遵循票据的相关管理办法。出纳人员应严格遵守与出纳工作相关的法律法规，包括但不限于《中华人民共和国会计法》和《会计基础工作规范》等
社会性	出纳工作具有广泛的社会性，货币资金的收付、存取业务涉及整个社会的经济运转，单位经济活动的产生和存在必然导致经济关系的发生

出纳工作的组织机构

为了更好地做好出纳工作，体现出纳工作的作用，提高出纳工作的质量，各单位应根据实际情况合理安排组织出纳工作。《会计基础工作规范》第十一条规定："各单位应当根据会计业务需要设置会计工作岗位。"相应的，各单位应根据自身的经营规模等因素设置出纳岗位。

1. 机构设置的必要性和设置原则

《中华人民共和国会计法》第二十一条第一款规定："各单位根据会计业务的需要设置会计机构，或者在有关机构中设置会计人员并指定会计主管人员，具备条件的，可以委托经批准设立的会计咨询、服务机构进行代理记账。"

《中华人民共和国会计法》，简称《会计法》并未强制性要求各单位必须设置会计机构，各单位可以根据自身的规模和经济业务的需要来设置。一般大型企业可以在财务部门设置出纳科；中型企业可以设置出纳室；小型企业则只需配备专职出纳员。无论是哪类企业，出纳工作的组织机构设置都需要遵循以下3个原则。

（1）符合内部控制制度的要求

根据《中华人民共和国会计法》及《会计基础工作规范》的相关规定，出纳工作要建立互斥机制，出纳人员不得负责或兼任稽核、会计档案保管、收入、支出、费用及债权债务账户登记工作中的一项或多项职务。同时，出纳工作还需要做到具体业务权责分明，人员相互制约，对于到款项和财物收付、结算及登记的任何一项工作，必须两人或两人以上分工办理。例如，职工工资的发放工作要求工资表由工资核算人员编制，而现金的提取和具体的工资发放则由出纳人员完成。出纳机构和人员设置符合内部控制机制是提高会计核算质量、防止工作误差和避免营私舞弊以及维护国家和单位财产安全的必然要求。

（2）有利于监督货币资金

管理好单位的货币资金是出纳主要的工作职责。单位资金的有效利用和效力的发挥需要出纳人员充分发挥其监督职能，在此基础上也可防止违法乱纪行为的发生。

（3）有利于岗位责任制的建立

出纳工作涉及与货币资金有关的多方面内容，与单位的经济效益及职工的个人利益紧密相关，包括对现金和银行存款的收入、支出、核算和保管。因此，各单位要建立出纳人员岗位责任制，明确出纳人员岗位职责，为出纳工作的正常有序进行提供制度保障。

2．出纳人员的配备

狭义上，出纳人员指会计部门的出纳人员。一般来说，以下单位需要遵循一人一岗、一人多岗或一岗多人的原则，配备专职或兼职出纳人员担任本单位的出纳工作：实行独立核算的单位、在银行开户的行政企事业单位和有经常性现金收支业务的行政企事业单位。设置一岗还是多岗，企业可根据自身情况决定。下面介绍独立核算单位的岗位设置，如图1-2所示。

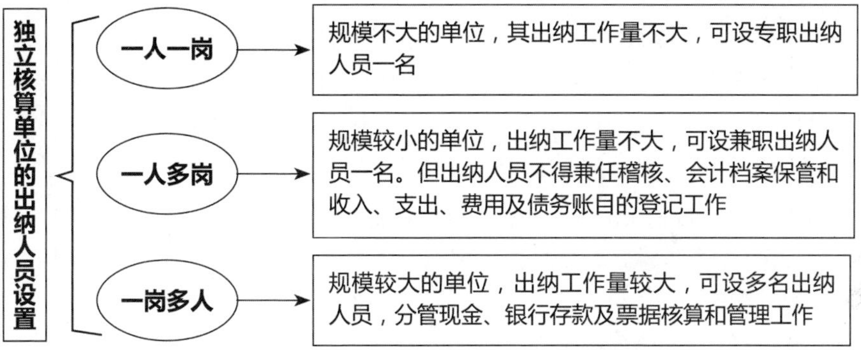

图1-2

由图1-2可知，不同规模的独立核算单位，出纳人员岗位设置也不一样。出纳人员的具体分工，要从管理的要求和工作便利等方面综合考虑。

3．出纳和会计的关系

出纳与会计都属于财务人员，而从会计分管的账簿来看，可分为总账会计、明细账会计和出纳。三者既有区别，同时也有一定的联系。

◆ 分工不同

在经济业务中，钱账必须分开管理，出纳人员负责管钱管物，而会计负责稽核和会计档案的保管，以及收入、费用和债权债务等账目的登记工作。会计与出纳各司其职，不得超越各自的权限，具体分工如表1-2所示。

表 1-2

类　别	核算内容	作　用
总账会计	总账核算	为企业经济管理和经营决策提供总括的核算资料
明细账会计	明细账核算	为企业经济管理和经营决策提供明细分类核算资料
出纳	票据、货币以及有价证券的收付、保管、核算工作	为企业经济管理和经营决策提供各种金融信息

◆ 既相互依赖又相互牵制

出纳、明细账会计和总账会计之间有着很强的依赖性，同时又相互牵制。他们都以会计原始凭证和会计记账凭证为核算依据，出纳的现金和银行存款日记账登记及明细账会计的明细分类账登记都要以会计凭证为基础；而总账会计的总账登记则以现金和银行存款日记账及明细分类账为基础，因此他们三者相互联系，互为基础地共同完成一项会计业务，缺一不可。

此外，出纳的现金和银行存款日记账与总账会计的现金和银行存款总账，总账与其所属的明细分类账，明细账中的有价证券账与出纳账中相应的有价证券账等，必须在金额上保持相等，互相牵制。因此，出纳、明细账会计和总账会计三者相互依赖又相互牵制，三者必须核对一致，做到账账相符。

◆ 出纳核算也是一种特殊的明细核算

出纳核算对日记账的设置和核算有一定要求：单位必须按照现金和银行存款设置日记账；银行存款日记账的设置要根据不同开户行分别设置，逐笔按时地进行明细核算。现金日记账和银行日记账需每日结出余额并分别与库存数及开户银行对账单进行核对；月末按规定进行结账。

◆ 出纳工作是一种账实兼管的工作

出纳负责对现金、银行存款和各种有价证券的收支与结存核算，以及对现金、有价证券的保管和银行存款账户进行管理。出纳有别于其他财务人员，遵守管账不管钱、管账不管物的原则，它既负责账务处理，又负责现金和有价证券等实物的管理，还负责银行存款的收付，是一种特殊的明细账，因此并不违背财务“钱账分管”的原则。

◆ 出纳工作直接参与经济活动过程

货物的购销要经过货物移交和货款结算两个必要步骤，这两个步骤都需要出纳人员的参与，这是出纳人员直接参与经济活动的主要表现，也是其有别于其他财务工作只对经济活动过程进行反映和监督而不直接参与活动的显著特点。其中，货款结算涉及的货物价款收付、往来款项收付、各类有价证券的经营以及其他金融业务的办理都需要出纳人员的直接参与。

出纳工作的具体内容

出纳工作比较繁琐，涉及的内容较多。根据出纳的职能，可以将出纳工作分为货币资金核算、往来结算及工资核算3个方面的内容。

1．货币资金核算

货币资金核算要求通过对相关指标的计算，对固定和流动资金的利用率进行衡量，这是经济核算的重要内容。一个好的货币资金核算结果能在反映和监督资金筹集、资金占用及资金周转情况等方面起到积极效果，同时还可以挖掘企业占用财产物资的潜力，提高企业资金周转率和使用效率，用尽量少的资金生成尽量多的产品，从而提高企业的盈利水平。货币资金核算的具体内容主要包括以下6个方面，如表1-3所示。

表 1-3

核算项目	具体核算内容
办理现金收付，审核审批有据	1．出纳人员必须严格按照国家的现金管理制度，对稽核人员审核签章的收款凭证和付款凭证进行复核，确认无误后办理款项收付手续；2．如果是重大的开支项目，则出纳需要确定是否经过主管人员、总会计师或单位领导审核签章，否则是不能办理收付手续的。需要说明的是，出纳人员在收付款项后，还需在收付款凭证上签章，并加盖“收讫”或“付讫”戳记
办理银行结算，规范使用支票	企业应该尽量避免签发空白支票，如遇特殊情况，则需在支票上写明收款单位名称、款项用途、签发日期、规定限额和报销期限，并由支票领用人在专设登记簿上签章后方可进行空白转账支票的签发，以上条件缺一不可，否则将不能签发任何空白支票；此外，已经签发的空白支票，因某些原因没有使用且支票已经逾期，那么逾期未用的空白支票应该交还给签发人；对于信息填写错误的支票，应按要求加盖“作废”戳记并与存根一并保存；对于不慎遗失的支票，遗失时要立即向银行办理挂失手续；另外，任何情况下银行账户都不能出租或出借给其他单位或个人办理结算
认真登日记账，保证日清月结	现金和银行存款日记账的登记要根据办理完毕的收付款凭证进行每日逐笔顺序地登记，并结出余额；银行存款日记账的账面余额需要及时与银行对账单进行核对。另外，为了确保账户余额和账单上余额调节保持一致，每月月末要编制银行存款余额调节表，为防止未达账项的漏记，还需及时查询未达账项的情况。出纳人员除了认真登记日记账外，还需要清楚了解银行存款余额情况，做到随时掌握银行存款余额
保管库存现金和有价证券	出纳人员要确保现金和各种有价证券的安全和完整。这就要求出纳人员做到：保证库存现金不超过银行核定的限额，超过部分及时存入银行；不以“白条”抵充现金，更不得任意挪用现金；掌握库存现金的短缺或盈余情况，并根据具体情况分析原因，分别处理，不私下取走有盈余的库存现金，也不私下补足存在短缺的库存现金，对于库存现金短缺的情况，出纳人员应负赔偿责任；要保守保险柜密码的秘密，保管好钥匙，不得任意转交他人
复核收入凭证，办理销售结算	出纳人员应认真复核收入凭证，办理销售结算，这就要求出纳人员要认真审查销售业务的有关凭证，严格按照销售合同和银行结算制度及时办理销售款项的结算，催收销售货款。若发生销售纠纷，导致货款被拒付的，应及时通知有关部门进行处理
保管印章，登记和注销支票	出纳人员必须严格按照规定用途使用所管印章，并对其妥善保管，避免印章的遗失和错用。为了分散风险，单位内签发支票的各种印章，不得全部交由出纳一人保管；单位和出纳人员都必须对空白收据和空白支票进行严格管理，可以对空白收据和空白支票的领用情况及注销手续设置专门登记簿来进行实名登记，对于没有登记的人员，不得进行票据的领用或注销

2．往来结算

往来结算是指企业在生产经营和资金运作过程中形成的企业内部之间、企业与外部单位之间及企业与外部个人之间的财务关系。它主要包括应收应付款、其他应收应付款、专项应付款、预收预付款等结算内容。

（1）办理往来结算，建立清算制度

往来结算业务的内容主要包括：企业与内部核算单位和职工之间的款项结算；企业与外部不能办理转账手续的单位和个人之间的款项结算；低于结算起点的小额款项结算；以及根据规定可以用于其他方面的结算等。

此外，往来结算业务还对应收、暂付款项有一些要求：对购销业务以外的各种应收、暂付款项，进行及时催收结算；对应付、暂收款项要抓紧清偿；对确实无法收回的应收账款和无法偿还的应付账款，应查明原因，按照规定上报，经批准后采取相应措施进行处理。

（2）备用金的管理

实行备用金制度的企业，应加强备用金管理，切实做好核定备用金定额，及时办理领用和报销手续等工作。具体来说，对于预借差旅费方面，出纳人员应督促借入员工及时办理报销手续，有余额的，应及时收回余额，防止员工拖欠和挪用预借款项。

因此，企业应建立清算手续制度，便于对购销业务以外的暂收、暂付、应收、应付和备用金等债权债务及往来款项进行及时清算和管理。

（3）核算其他往来款项，防止坏账损失

对购销业务以外的各项往来款项，出纳人员应按照单位和个人分别设置明细账户，同时根据审核后的记账凭证逐笔分类登记单位和个人数据，核对余额。年终时，出纳人员要根据登记的各项往来款项抄列清单，便于向单位领导或外部相关部门报告。具体有以下5种做法。

◆ 根据业务发展情况对每一笔往来款项的形成及其增减变化情况进行及时反映和登记。

◆ 对不同的明细单位分别建立往来结算账户，并定期核对和清查。

◆ 应按规定的标准提取坏账准备金。

◆ 加强债权债务的管理，尽量减少呆账、坏账的发生。按规定程序及时核销符合处理条件的坏账。

◆ 每年年终对往来结算账户进行全面清查对账。

提示：账龄较长的应收款项处理

处理账龄较长的应收款项时，应首先明确具体的催收措施，做好责任落实工作，对于账龄超过一年的应收款项，应特别注意，对账时应取得对方的书面确认。同时，主管财务的领导应对执行结果进行监督，做好清查对账工作，加强资金周转。

3．工资核算

工资关系着职工的切身利益，公司应健全工资核算制度，而具体的工资核算内容有如下3点。

（1）执行工资计划，监督工资发放

根据领导批准的工资计划，出纳人员和人事部门一起负责执行与职工工资相关的工作，包括严格按照相关规定进行工资和奖金的支付及分析工资计划的执行情况。发现存在违反工资政策、滥发津贴或奖金行为的，出纳人员要立即制止并向单位领导报告，有必要的还需向相关部门报告。

（2）审核工资单据，发放工资奖金

如图1-3所示的是审核工资单据并发放工资奖金的相应步骤。

【第一步】根据实有职工人数、工资登记和工资标准，审核工资奖金计算表，办理代扣款项，计算实发工资

【第二步】按照车间和部门归档，编制工资、奖金汇总表，填制记账凭证，经审核后，会同有关人员提取现金，组织发放工作

【第三步】发放的工资和奖金，必须由领款人签名或盖章

【第四步】发放完毕，要及时将工资和奖金计算表附在记账凭证后或单独装订成册，并注明记账凭证编号，妥善保管

图1-3

（3）负责工资核算，提供工资数据

按照工资总额的组成和支付工资的来源进行明细核算，根据管理部门的要求编制有关工资总额报表。

不是谁都可以做出纳

出纳作为会计工作中的一个重要岗位，有较强的专业性。因此，要做好出纳工作，一方面要求人员经过一定的职业教育，另一方面也需要在实践中不断积累经验，掌握其工作要领，熟练使用现代化办公工具，做一个合格的出纳人员。本节将详细地为大家讲述出纳的职责和要求。

出纳的职责要认清

出纳的工作是会计工作的重要环节，涉及现金收付和银行结算等活动，而这些又直接关系到职工个人、单位乃至国家的经济利益，工作出了差错，就可能造成不可挽回的损失。因此，明确出纳人员的职责和权限，是做好出纳工作的基本条件。根据《会计法》和《会计基础工作规范》等财会法规，出纳员应承担以下职责，如表1-4所示。

表 1-4

出纳职责	职责具体内容及要求
登记现金、银行存款日记账，编制日报表和银行存款调节表等	会计制度规定，出纳人员对于现金和银行存款收付业务的办理要认真仔细，做到严格审核有关原始凭证，保证原始凭证的正确无误，然后再根据原始凭证编制收付款凭证，收付款凭证编制后再进行现金日记账和银行存款日记账的逐笔顺序登记，并结出余额
按照国家有关现金管理和银行结算制度的规定，办理现金收付和银行结算业务	出纳员应严格遵守现金开支范围规定，对于现金结算范围外的事项坚决不用现金进行收付；遵守库存限额规定，按规定及时将超限额的现金送存银行；对现金管理严格实行日清月结，每日下班前对账面余额与库存现金实存数进行核对，若发现余额和实存数不符的情况，则要及时查找原因，并保证余额和实存数一致；及时核对银行存款账与银行对账单，做到账账相符，若不相符，出纳人员应及时通知银行进行调整
按照国家外汇管理和结汇、购汇制度的规定及有关批件，办理外汇出纳业务	外汇出纳业务有很强的政策性，我国改革开放的深入发展和国际间经济交往日益频繁，使得外汇出纳日益重要。因此，出纳人员应熟悉国家外汇管理制度，及时办理结汇、购汇和付汇，避免国家外汇遭受损失

续表

出纳职责	职责具体内容及要求
掌握银行存款余额，不准签发空头支票，不准出租出借银行账户为其他单位办理结算	这是出纳员必须遵守的一条纪律，也是防止经济犯罪、维护经济秩序的重要规定。出纳员应严格执行支票和银行账户的使用和管理规定，从出纳这个岗位上堵塞结算漏洞
保管库存现金和各种有价证券的安全与完整	要建立适合本单位情况的现金和有价证券（如国库券、债券、股票等）保管责任制，比如，发生短缺属于出纳员责任的，出纳员要进行赔偿
保管有关印章、空白收据和空白支票	因丢失印章和空白票据给单位带来经济损失的事件在实际工作中屡见不鲜，因此，出纳人员必须高度重视印章和空白票据的保管工作，建立严格的相关管理办法。一般来说，单位财务公章和出纳员名章应分别由专人进行管理，对于出纳印章的使用，出纳人员要严格按照相关规定执行，不得用于规定用途之外的其他方面。此外，对各类票据的领用和注销，都需要严格地按照相关手续办理并进行登记

做出纳员的基本要求

做好出纳工作并不容易，它要求出纳员要有精通政策的知识水平、熟练高超的业务技能以及严谨细致的工作作风。具体来说，做出纳员的基本要求有以下5点。

◆ 政策水平

不以规矩，不成方圆。出纳工作要在遵循相关制度和规定的基础上合法合理地开展，它涉及的制度主要有：《会计法》、《会计基础工作规范》、《现金管理制度》、《银行结算制度》、《成本管理条例》、《税收管理制度》、《发票管理办法》和根据本单位情况制定的财务管理规定，以及除上述制度、规定之外的相关制度和规定。因此，做好出纳工作的前提是学习和掌握相关法律法规以及单位业务的相关规定，这也有助于出纳人员了解出纳岗位的工作职责和权限，明确哪些是职责之内和法律之内，哪些是法律之外。

◆ 业务技能

“台上一分钟，台下十年功。”这是出纳工作的特点。出纳人员要有牢固的基础知识和对岗位技能的熟练掌握能力，不仅要熟练使用电脑、填票据和点钞票等工作，还要具备处理一般会计事务的财会专业知识以及较高的出纳专业知识技能水平和较强的数字运算能力，这些都缺一不可。

出纳的数字运算和事后的账目计算有很大区别，它要求出纳人员计算出结果的同时开出票据或收付现金，对运算速度和准确性要求很高，它是在结算过程中进行的运算，因为涉及钱的问题，因此一旦计算错误，便很难更改，业务处理会变得很麻烦。出纳人员的工作主要是通过手工完成的，因此出纳人员的手上功夫体现了其业务水平的高低，打算盘、用电脑和开票据等都离不开手。

要提高手上功夫，出纳人员需要勤奋练习，除了勤练各项业务处理，还要练习汉字、阿拉伯数字和写作概括能力，只有这样才能书写出工整、完整和精练美观的票据，这也是出纳人员能力的表现方式之一。

◆ 工作作风

热爱出纳工作是做好出纳的前提，在此基础上，出纳人员还应有严谨细致的工作作风和职业习惯，良好的工作作风对个人事业有积极作用。出纳是一份每天与钱打交道的工作，就算很小的工作失误也有可能给单位带来很大的损失。因此，出纳人员必须培养精力集中、有条不紊、严谨细致和沉着冷静的工作态度和作风，这样才能尽可能避免工作失误。

具体来说，精力集中要求出纳人员全身心地、心无旁骛地完成自己的工作；有条不紊就是要对各类票据和工具分类摆放、整齐有序，保持整洁的办公环境，有利于提高工作效率；严谨细致就是认真仔细计算和核对各项业务收支情况，各类业务严格按照手续办理，避免工作差错；沉着冷静就是对于复杂的业务或情况冷静分析、随机应变，做到心中有数。

◆ 安全意识

出纳工作涉及现金、各类票据、有价证券及印鉴的保管，因此，对于其安全性要求很高。一方面，单位内部要实行隔离制度，对以上各类物品实行分工保管，各司其职，相互牵制；另一方面，也要采取一定的安保措施，如购买和使用符合安保要求的办公用房、锁具及保险柜，并对保险柜密码进行管理。另外，出纳人员应加强安保知识的学习，增强安全意识，对分管的物品进行充分的尽责保护，同时密切配合安保部门的相关工作。

◆ 道德修养

良好的职业道德修养是每个人必备的职业素质，出纳人员也不例外。出纳人员的职业道德修养体现在热爱本职工作；敬业、精业；科学理财，充分发挥单位内部资金的使用效率；遵纪守法，严格监督，以身作则；正直，不以权谋私；实事求是，真实反馈单位内部的经济状况；保守单位机密；以单位的总体利益为前提，为单位服务。为了尽可能杜绝出纳人员道德败坏现象的发生，《会计法》从立法的角度对出纳人员的岗位做出了限制，避免了部分道德风险的发生，即钱账分管原则。

钱账分管原则是出纳工作的基本原则，具体是指款项和财物收付、结算及登记中的任何一项工作，都不得由一人处理，必须由两人或两人以上进行分工，以在业务处理和人员上形成相互牵制的机制。举例来说，现金和银行存款的支付一般由3人完成：会计主管或者其授权代理人负责款项的审核；出纳人员根据会计主管的审核结果进行付款；记账人员根据出纳人员的付款结果进行记账。钱账分管主要是为了加强会计人员之间的相互制约和监督，同时，会计人员之间进行业务信息核对，可以减少工作误差，提高会计核算质量，防止营私舞弊行为的发生。

《会计法》中对出纳人员做出了单独的规定：出纳人员不得兼管稽核、会计档案保管和收入、费用及债权债务账目的登记工作。这样规定的原因有两点，如图1-4所示。

原因一 出纳人员是各单位专门从事货币资金收付业务的人，若账簿登记工作由出纳人员办理，则根据复式记账原则，每笔货币资金收付业务的发生会引起收入、费用或债权债务账簿记录的变化，或者说每发生一笔货币资金收付业务都要登记收入、费用或债权债务等有关账簿，因此，如果这项工作由出纳负责，则可能导致出纳人员贪污舞弊

原因二 内部档案保管工作若由出纳人员负责，他们可能通过抽换单据或涂改记录来获取个人利益而损害单位利益。出纳人员若要承担记账工作，则只能负责收入、费用和债权债务以外事项的账目记录。钱账分管这一原则可以在制度和流程上防止出纳人员的营私舞弊行为，能维护单位乃至国家的利益

图1-4

做出纳也要懂会计

作为一名合格的出纳人员，在实际的经济业务中，除了对货币资金、票据及有价证券的管理外，还要学会会计的基础知识，做好关于出纳的账目并登记好现金及银行存款日记账。

会计基本信息

会计是通过运用专门的方法，以货币为主要计量单位，进行一个单位的经济活动的核算和监督的经济管理工作。会计核算通过货币这一主要计量尺度，对会计主体的资金运动进行反映，因此也叫作会计反映。会计核算是一种事后核算，是会计工作中记账、算账和报账的总称，它的核算对象是已经发生或已经完成的经济活动。对于不同项目，会计核算形式也不相同，这要求出纳人员根据实际情况组织相应的会计核算形式。合理的核算形式是保证会计工作质量，提高会计工作效率，正确、及时地编制会计报表以及满足会计信息使用者需求的前提和重要保证。

随着社会经济的日益发展，会计由最初的以货币为主要计量单位，以提高经济效益为主要目标，并运用专门的方法对企业、机关、事业单位和其他组织的经济活动进行全面、综合、连续的核算和监督，提供会计信息等，逐渐发展为开展预测、决策、控制和分析工作的一种经济管理活动，并成为经济管理活动的重要组成部分。会计工作不仅是企业财务状况、经营成果和现金流量情况的反映，还对企业经营活动和财务收支进行监督。

会计基本信息包括会计核算的基本假设、会计核算的基础以及财务报告目标等，下面对这些基本信息进行介绍。

◆ 财务报告目标

企业财务会计通过对会计信息的处理，向企业外部会计信息使用者提供有用的信息，以帮助使用者做出相关决策为目的，将企业财务会计确认和计量的最终结果进行汇总，形成企业的财务报告，而它是沟通企业管理层与外部信息使用者之间的桥梁和纽带。

我国企业财务报告的编制有一定的目的性，它是为了给财务报告使用者做出经济决策提供帮助而存在的，因此，一般来说，一份合格的财务报告要能让报告使用者了解与企业的财务状况、经营成果和现金流量等有关的会计信息。此外，财务报告还应反映企业管理层受托责任的履行情况。

为投资者的决策提供需要的会计信息是编制财务报告的主要意义，主要体现在以下几点。

◆ 会计核算的基本假设

会计基本假设是会计处理的基础，是企业会计确认、计量和报告的前提。它是对会计核算所处时间、空间环境所做的合理假设，包括会计主体、持续经营、会计分期和货币计量4个方面，如表1-5所示。

表 1-5

基本假设	假设的具体内容
会计主体	是对企业会计确认、计量和报告的空间范围上的确定，会计工作服务的特定对象称为会计主体。法律主体和会计主体既有区别又有联系，一般情况下，法律主体必定是会计主体，但会计主体却不一定是法律主体
持续经营	即企业可在保持当前规模和状态的前提下一直持续经营下去，在可预见的将来不会因为经营不善停业或大规模削减业务，不会面临破产清算；持续经营假设的存在有其必要性，它是会计主体按既定用途使用资产和按既定合同条款发生经济业务的前提和保证。对于不能持续经营的企业，若仍按持续经营的假设进行会计确认、计量和报告，那么最终的会计核算结果必然不是企业财务状况的真实反映，由此形成的会计报告不仅不能给会计信息使用者提供帮助，反而会误导决策者，给企业经营和发展带来不利影响
会计分期	会计分期假设是将一个企业持续经营的生产经营活动划分为一个个连续的、长短相同的经营活动，通过这种划分，会计期间也被划分为一个个连续的、长短相同的期间，相等的会计期间可以使结算盈亏和编制财务报告都按期进行，在时间上有规则可循，这对于最终财务报告的形成以及企业财务状况、经营成果和现金流量信息的提供有利，有助于企业经营决策。一般情况下，会计期间被分为两大类，中期和年度。凡是报告期间不足一个完整会计年度的，都被称为中期，它又被分为月度、季度和半年度。既然有会计分期，那么则有当期、以前期间和以后期间之分，这也是不同类型的会计主体的记账基准的确立依据，记账基准的确定又促进了折旧、摊销及其他会计处理方法的产生
货币计量	是指会计主体在会计确认、计量和报告时以货币计量，反映会计主体的生产经营活动；货币的自身属性决定了其必定作为会计确认、计量和报告过程中的计量基础。它的自身属性表现为具有价值尺度、流通手段、贮藏手段和支付手段等职能，最重要的是，它是商品的一般等价物，可以作为共同尺度来衡量一般商品的价值

◆ 会计核算的基础

权责发生制是企业会计确认、计量和报告的基础，是会计核算的基础。权责发生制是以当期会计事项的发生作为核算标准，而非实现当期会计事项。因此，只要是当期发生的收入和应当负担的费用，不管款项有没有收付，在收入和费用发生时都应将其作为当期收入和费用做出会计记录并计入利润表；反之，就算是当期实现收付的款项，但该款项并非当期发生的收入和费用，也不能计入当期的收入和费用中。

收付实现制和权责发生制对应。目前，收付实现制在我国事业单位中应用广泛，除了部分经济业务或者事项的核算采用权责发生制外，事业单位其余的业务都采用收付实现制。

会计信息质量要求

会计信息质量要求是为了规范会计信息的要素、使会计信息满足信息使用者需求并做出决策，而对企业财务报告中会计信息质量所做的基本要求。会计信息必备的特征包括可靠性、相关性、可理解性、可比性、实质重于形式、重要性、谨慎性和及时性8个方面。

1．可靠性

可靠性要求企业和会计人员能对会计信息的真实性、完整性负责，要做到这一点，企业必须如实反映符合确认和计量要求的会计要素及其他必要信息，并让会计人员严格按照实际发生的交易和事项进行确认、计量和报告等会计处理。

只有可靠性得到保障的会计信息才是有用的会计信息，不可靠的会计信息不仅不能真实反映企业状况，给投资决策提供有用参考，还会误导信息使用者，导致其做出错误决策甚至使企业遭受损失。

2．相关性

相关性要求企业提供的会计信息应当与投资者等财务报告使用者的经济决策相关，有助于投资者等财务报告使用者对企业过去、现在或未来的情况作出评价或者预测。

会计信息的有用性体现在其是否具有价值，是否与使用者的决策需要相关，是否有助于决策的产生或者提高决策水平。有用的会计信息是对过去的总结和对未来的预测，具有反馈价值和预测价值。一方面，它能反映企业历史决策的效果，从而有助于使用者据此对以前决策进行评价或修正；另一方面，它还能让使用者对企业未来经营状况做出预测，包括财务状况、经营成果和现金流量等方面。

3．可理解性

可理解性要求企业提供的会计信息应当清晰明了，便于投资者等财务报告使用者理解和使用。财务报告编制要使用会计信息，而使用的前提是认识和理解会计信息的内容，因此，财务报告的编制和会计信息的提供要以可被理解为前提。只有能被理解的财务报告和会计信息，才能实现和发挥其为使用者决策提供帮助的目的和作用。

4．可比性

可比性要求企业提供的会计信息应当相互可比，主要包括如表1-6所示的两层含义。

表 1-6

可比性	含义
同一企业不同时期可比	为了便于投资者等财务报告使用者了解企业财务状况、经营成果和现金流量的变化趋势，比较企业在不同时期的财务报告信息，全面、客观地评价过去、预测未来，从而做出决策，会计信息质量的可比性要求同一企业不同时期发生的相同或者相似的交易或者事项，应当采用一致的会计政策，不得随意变更
不同企业相同会计期间可比	为了便于投资者等财务报告使用者评价不同企业的财务状况、经营成果和现金流量及其变动情况，会计信息质量的可比性要求不同企业同一会计期间发生的相同或者相似的交易或者事项，应当采用规定的会计政策，确保会计信息口径一致、相互可比，以使不同企业按照一致的确认、计量和报告要求提供有关会计信息

5．实质重于形式

实质重于形式要求企业应当按照交易或者事项的经济实质进行会计确认、计量和报告，而不仅仅以交易或者事项的形式为依据。

6．重要性

重要性要求企业提供的会计信息应当反映与企业财务状况、经营成果和现金流量有关的所有重要交易或者事项。重要性的应用需要依赖相关的职业判断，企业应当根据其所处环境和实际情况，从项目的性质和金额大小两方面加以判断。

7．谨慎性

谨慎性要求企业对交易或者事项进行会计确认、计量和报告时应当保持应有的谨慎，不应高估资产或者收益、低估负债或者费用。

8．及时性

及时性要求企业对于已经发生的交易或者事项，应当及时进行确认、计量和报告，不得提前或延后处理。

会计要素的确认与计量原则

会计要素是对会计核算对象的具体化，是对会计对象进行的基本分类，是会计报表组成的基本单位。我国《企业会计准则》对会计要素做出了明确的规定，它包括资产、负债、所有者权益、收入、费用和利润6个方面，如图1-5所示。

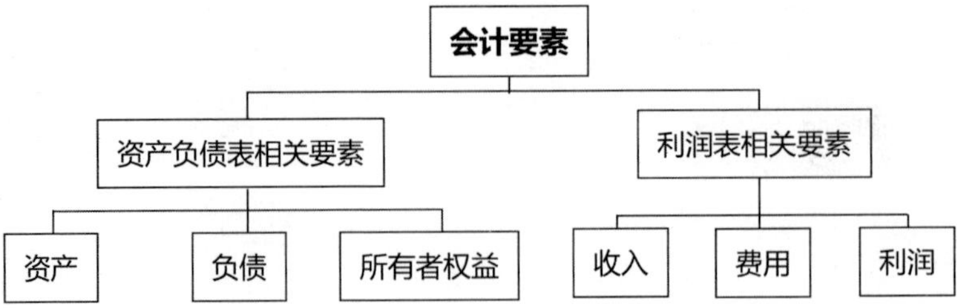

图1-5

1．资产要素

资产是指由企业过去经营交易或各项事项形成的，由企业拥有或控制的，预期会给企业带来经济利益的资源。根据资产的概念可以总结出以下几个方面的特征。

- ◆ **资产由企业过去的交易或者事项形成：** 只有过去的交易或事项才能产生资产，企业预期在未来发生的交易或者事项不形成资产。
- ◆ **资产应为企业拥有或者控制的资源：** 资产的所有权是判断资产归属的重要因素，一般来说，只有享有所有权的资产才是企业的资产，但特殊情况下，企业不享有资产的所有权，但该资产由企业实际控制并能给企业带来经济效益，因此，企业的资产还包括被企业拥有或者控制的资产。
- ◆ **资产预期会给企业带来经济利益：** 如果某一项目预期不能给企业带来经济利益，就不能将其确认为企业的资产，前期已经确认为资产的项目，如果不能再为企业带来经济利益，也不能再将其确认为企业的资产。

将一项资源确认为资产，除了要满足资产的定义，还必须符合以下两个确认条件。

- ◆ 与该资源有关的经济利益很可能流入企业。
- ◆ 该资源的成本或价值能够可靠地计量。

2．负债要素

负债是指企业过去的交易或者事项形成的、预期会导致经济利益流出企业的现时义务。根据负债的概念，可以总结出负债的以下3个特征：负债是企业承担的现时义务；负债的清偿预期会导致经济利益流出企业；负债是由过去的交易或事项形成的。

而将一项现时义务确认为负债，除应符合负债的定义外，还要同时满足以下两个条件。

- ◆ 与该义务有关的经济利益很可能流出企业。

◆ 未来流出的经济利益的金额能够可靠地计量。

3. 所有者权益要素

企业资产中扣除负债后被所有者享有的剩余权益称为所有者权益，是投资者对企业净资产的所有权。若企业是股份制企业，那么所有者权益指的是股东权益。所有者权益包括实收资本（或股本）、资本公积、盈余公积和未分配利润4个组成部分。因为所有者权益是对于净资产的所有权，所以它随总资产和总负债增减变动而增加或减少。

此外，企业投资者以其对该企业的出资额的比例享有获取企业利润分配的权利，同时也有按出资比例承担企业经营风险的义务。所有者权益的拥有者还有管理企业和委托他人管理企业的法定权利。

所有者权益与债权人权益比较，一般具有以下4个基本特征，如表1-7所示。

表 1-7

比较项	所有者权益	债权人权益
是否返还本金	所有者权益要在企业经营期内可供企业长期、持续地使用，企业不必向投资人返还资本金	负债须按期返还给债权人，成为企业的负担
是否分配企业利润	企业所有人凭其对企业投入的资本，享受税后分配利润的权利。所有者权益是企业分配税后净利润的主要依据	债权人除按规定取得利息外，无权分配企业的盈利
是否有经营管理权	企业所有人有权行使企业的经营管理权，或者授权管理人员行使经营管理权	债权人并没有经营管理权
是否承担亏损	企业的所有者对企业的债务和亏损负有无限的责任或有限的责任	债权人与企业的其他债务没有关系，一般也不承担企业的亏损

所有者权益按其构成，可以分为投入资本、资本公积和留存收益3类。

◆ 投入资本

投入资本是所有者在企业注册资本的范围内实际投入的所有者权益资本。投入资本在不同类型的企业有不同的表现形式，对于股份有限公司，投入资本就是股本，即该公司实际发行股票的面值；对于股份有限公司以外的企业，投入资本是实收资本，即所有者在企业成立时在注册资本内的实际出资额。投入资本按照所有者的性质不同，可分为国家投入资本、法人投入资本、个人投入资本和外方投入资本，如图1-6所示。

国家投入资本：指有权代表国家投资的政府部门或者机构，以国有资产投入企业所形成的资本

法人投入资本：指我国具有法人资格的单位，以其依法可以支配的资产投入企业所形成的资本

个人投入资本：指我国公民以其合法财产投入企业所形成的资本

外方投入资本：是指外国投资者以及我国香港、澳门和台湾地区的投资者将资产投入企业所形成的资本

图1-6

提示：投入资本和企业注册资本的比较

注册资本是在企业设立时，企业所有出资人的出资总和，而企业在工商行政管理部门登记的资本总额即为企业所有出资人的出资总额。注册资本是一个企业资本在法律上的界定，是企业的法定资本，也是企业承担民事责任的财力保证。企业资本的筹集方式和界定标准有法律和规则可循，一般来说，若企业筹集方式为一次筹集，则投入资本与注册资本应相等；若为多次筹集，在最后一次筹集完成时，投入资本总额与注册资本应相等。

投入资本按照投入资产的形式不同，又可以分为货币投资、实物投资和无形资产投资，如图1-7所示。

货币投资

指投资者直接以货币进行投资的投资形式，货币类型包括现金、银行存款及其他货币资金

实物投资

指投资者直接以实物进行投资的投资形式，实物类型包括土地、建筑物、机器设备等

图1-7

无形资产投资

指投资者直接以其拥有的无形资产进行投资的投资形式，无形资产类型包括专利权、商标权、土地使用权及非专利技术等

图1-7（续）

◆ 资本公积

资本公积是指归所有者共有的、非收益转化而形成的资本，主要包括资本溢价（股本溢价）和其他资本公积等。

◆ 留存收益

留存收益是指归所有者共有的、由收益转化而形成的所有者权益，主要包括法定盈余公积、任意盈余公积和未分配利润。

4. 收入要素

收入是指企业在日常活动中形成的、会导致所有者权益增加的、非所有者投入资本的经济利益的总流入，包括销售商品收入、劳务收入、让渡资产使用权收入、利息收入、租金收入和股利收入等，但不包括为第三方或客户代收的款项。收入有以下4个特征。

◆ 收入一般在日常的商业活动中形成。日常活动是指企业为完成其经营目标所从事的经济性活动以及与之相关的活动。

◆ 收入只包括本企业经济利益的流入，所以不应该包括为第三方或者客户代收的款项。

◆ 收入是与所有者投入资本无关的经济利益的总流入。它应当会导致经济利益的流入，从而导致资产的增加。

◆ 收入在会计中可能会引起业主权益的增加。其可能表现为资产的增加或负债的减少，或两者兼而有之，即所有者权益的增加。与收入相关的经济利益的流入应当会导致所有者权益的增加，不会导致所有者权益增加的经济利益的流入不符合收入的定义，不应被确认为收入。

企业收入确认条件因企业收入来源渠道的多样性和不同收入来源特征的差异性而不同，收入确认条件可能受销售商品、提供劳务及让渡资产使用权等影响。收入确认的依据是经济利益流入导致的企业资产增加或者负债减少，且流入的数额应能可靠计量，若不能计量，则无法进行收入确认。一般来说，收入的确认有3个条件：一是与收入相关的经济利益有很大可能将流入企业；二是企业资产或负债会因经济利益的流入而增加或减少；三是流入的经济利益数额能可靠计量。

5. 费用要素

费用是企业在日常活动中发生的、会导致所有者权益减少的、与向所有者分配利润无关的经济利益的总流出。费用有如表1-8所示的3个特征。

表 1-8

特征	描述
与资产和负债相关	费用可能表现为资产的减少，或负债的增加，或者二者兼而有之
与收入对应，最终目的是取得收入	费用是企业的资金支出，因此会使得企业的资源减少。费用与收入的本质分别表现为资源流出企业和资源流入企业，费用虽然是资产的耗费，但其最终目的是取得收入
费用会导致所有者权益减少，但导致所有者权益减少的不都是费用	费用在短期内会导致企业资产的减少，一般来说，所有者权益随费用的增加而减少，一个企业费用的增加会相应减少企业的所有者权益。但不是所有的所有者权益减少都归咎于费用，例如，企业偿债性支出和向投资者分配利润，虽然都会导致所有者权益减少，但却不能将其归入费用当中

此外，费用的确认还要满足严格的条件，具体有如下所示的3点。

- ◆ 与费用相关的经济利益应当很可能流出企业。
- ◆ 经济利益流出企业的结果会导致资产的减少或者负债的增加。
- ◆ 经济利益的流出额能够可靠地计量。

6. 利润要素

利润也称净利润或净收益。从广义的收入、费用来讲，利润是收入和费用的差额。从狭义的收入、费用来讲，利润包括收入与费用的差额以及企业日常活动中发生的直接计入损益的利得与损失的差额。利润的特征有如下一些。

- ◆ 利润是企业一定时期的最终财务成果。
- ◆ 利润结构基本合理。利润是按配比性原则计量的，是一定时期收入与费用相减的结果。
- ◆ 企业的利润具有较强的获取现金的能力。
- ◆ 影响利润的因素复杂，利润的计算含有较大的主观成分，其结果可能因人而异，因此具有可操作性。

利润反映的是收入减去费用，利得减去损失后的净额。因此，利润的确认主要依赖于收入、费用以及利得和损失的确认，其金额的确定也只取决于收入、费用、利得和损失金额的计量。

7. 会计要素计量属性

会计计量是为了将符合确认条件的会计要素登记入账并列报于财务报表而确定其金额的过程。企业应当按照规定的会计计量属性进行计量，同时确定相关金额。会计计量反映的是会计要素金额的确定基础，而确定基础主要包括历史成本、重置成本、可变现净值、现值和公允价值等。

Chapter
02

稳扎稳打基本功——必须掌握的基本技能

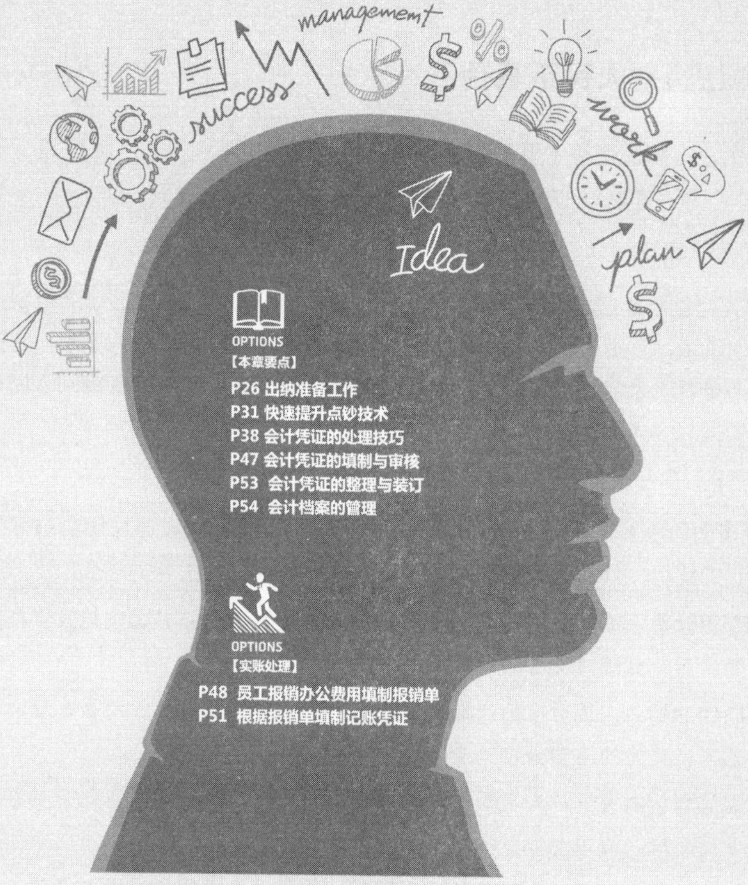

OPTIONS
【本章要点】

OPTIONS
【实账处理】

出纳准备工作

在实际出纳工作中，出纳人员要接触大量的货币资金，特别是现金，出纳员对现金的真伪负有直接责任，在没有点钞机等外部设备的情况下，全凭出纳员的专业技能辨别货币真伪。所以为了降低出纳人员的损失和提高工作效率，出纳员要快速辨别货币的真伪和不断提升点钞速度。

多种方法辨别人民币真伪

在我国，人民币是最主要的流通货币。作为一名出纳人员，首先应该了解什么是人民币，其次要练就火眼金睛，能正确地识别人民币的真伪。

1. 了解人民币

中国人民银行是我国唯一一个有人民币发行权力的机构，钞票用纸指制作人民币所用的纸张，它是一种特制的纸张，为了方便进行人民币真伪的鉴别，它的设计和材质都是以此为前提采用的具有独特特征的材质，这可以为大众辨别人民币提供便利和依据。

（1）人民币的特征

人民币的印刷具有一定的独特性，分别从材质、油墨、设计与印刷技术等方面体现了它的特征，具体介绍如下。

- **专用钞票用纸**：人民币的材质采用专用的钞票用纸，它有质地良好、无荧光反应、有防伪安全线及有特制水印，不易仿造。
- **防伪油墨**：人民币上的所有数字、图案均采用专业的防伪油墨，分为凹印油墨、荧光油墨和磁性油墨3种。
- **民族特色的设计**：人民币票面采用民族特色图案衬托主景，花符对称，正背面对应，阴阳光线分明，使伪造者难以仿造。
- **先进的印刷技术**：人民币的印刷制版，采用了先进的机器雕刻与手工雕刻相结合的技术。人民币印刷采用多色接线技术；票面底纹运用了彩虹印刷技术；人民币的正背面采用对印技术。

（2）人民币的发展

中国人民银行成立至今共发行了五套人民币，有纸币也有金属币，每套人民币的设计都分别体现了当时的社会发展情况和民族特色。目前，我国正在流通的是第四套和第五套人民币，第一套、第二套和第三套人民币已在市场上停止流通。

1999年10月1日起，中国人民银行陆续发行第五套人民币。第五套人民币共八种面额：100元、50元、20元、10元、5元、1元、5角和1角。为提高第五套人民币的印刷工艺和防伪技术水平，经国务院批准，中国人民银行于2005年8月31日发行了第二版别的第五套人民币，该版别的面额包括100元、50元、20元、10元、5元纸币和不锈钢材质1角硬币。2015年11月12日，中国人民银行针对面值为100元的纸币发行了第三版别的第五套人民币，该版别的100元纸币在规格、主图案等保持不变的前提下，对票面图案、防伪特征及布局进行了调整，提高机读性能，采用了先进的公众防伪技术，使公众更易于识别真伪。所以，现在我国市场上流通的人民币主要是第五套人民币，有1999年版、2005年版和2015年版3个版别。

（3）了解外币

外币是对除了本国货币之外的所有其他国家货币的总称，即外国货币；也是在一个官方的货币区域内所使用的官方货币之外的其他货币，或是收款人提出的用除官方区域外的货币进行支付款项的要求。除了人民币之外，外资企业的日常经营和交易还涉及外币的使用，企业的国际贸易和国外投资需要用到外币进行对外结算。

2．辨别人民币真伪

随着经济的发展和仿真技术的发展，人民币被造假的事件也越来越频繁地发生。某些不法分子将科学技术用于旁道，通过套印、拓印或利用色彩复印件等手段进行假钞的制造，并将其流入市场，对社会和个人都造成了很大影响。

因此，只有正确辨别人民币的真伪，才能更好地保护我们自身的权利和利益。正确识别人民币，需要每个人学习关于人民币辨别的常识，提高自身的辨别能力，让假钞流通变得困难甚至无法流通。下面就来介绍关于辨识假币的一些基本知识。

（1）假币的特征

在学习鉴别人民币真伪前，首先要了解假币的特征。假币是指伪造、变造的货币，伪造的货币是指依照真币图案、形状和色彩等，采用各种手段制作的假币；变造的货币是指在真币的基础上，利用挖补、揭层、涂改、拼凑、移位及重印等多种方法制作，改变真币原形态的假币。假币按照其仿制手段的不同可以分为如表2-1所示的几种。

表 2-1

假币类型	基本介绍
临摹仿绘假钞	最常见的假钞类型。它的制作方法比较简单，识别也比较容易，老人和小孩受骗的可能性较大。它使用普通的胶版纸制作，然后用常用的绘画颜料进行上色，工艺简单，因此质量较为粗劣，与真币有明显差别
蜡纸版油印假钞	这类假币是以蜡纸和蜡版为基础制作，先照真币的样子在蜡纸上刻制，形成蜡版，之后再按照蜡版的模子用油墨将图案和文字漏印在纸上，最后上色即可。由于用蜡版进行制作过程中很难注意手的轻重和油墨的均匀程度，所以最后制作的假币颜色会深浅不一，也很容易识别
手刻凸版假钞	这类假钞是用木板和手工雕刻的方式制作，它将人民币的样式雕刻在木板上形成凸版，然后再用小型机具印制即可。通过此种方法印制的纸币会存在重叠、错位等情况，这是木板自身的纹路使得油墨颜色不一、套色不准确导致的
拓印假钞	这类假钞的图案和花纹等与真币一模一样，因此较难识别。这是因为它是在真币的基础上，利用化学试剂，将真币上的图案、花纹和数字等完全脱落到制作纸币的纸上面，它与真币最大的区别就是脱落形成会导致其颜色和图案都较浅，纸张比真币稍薄
石印机制假钞	这类假币的制作方法与手刻凸版假钞类似，唯一的区别就是将木板换成了石头和机器。与手刻凸版假钞一样，由于是用石板刻制，因此会因为印版不平整导致油墨外溢，使得印出的图案深浅不一，画面协调感差
复印合成假钞	这类假币工艺较以上几种复杂一些，制作精细，与真币的相似度很高，它是在复印机复印的真币图案的基础上通过电脑合成，将复印出来的图案和花纹上色而形成的。该类假钞和真钞的最大区别是没有防伪标签，这也是识别的关键
机器设备制作假钞	这类假币最逼真，也是制作最快速的，它是通过机器设备扫描真币，然后形成雕刻刻板，最后再在中小型印刷机上批量印制，因此印制出的假币数量很大，扩散迅速，是危害最大的一类假币，也是最难防范和识别的

（2）鉴别方法

虽然假币形形色色，但假币的制作总有漏洞，平时我们应该更加谨慎识别，多学习并掌握一些鉴别其真伪的方法。目前，我们通常采用“一看、二摸、三听、四测”的简单方法来识别人民币的真伪。具体有如表2-2所示的做法。

表 2-2

鉴别方法	具体方式	具体内容
看	看水印	真币是固定人像水印、白水印和胶印对应图案，立体感很强。第五套人民币的 100 元和 50 元纸币的固定水印为毛泽东头像图案；20 元、10 元和 5 元纸币固定水印为花卉图案
	看安全线	真币的票面正面中间偏左有一条安全线。2005 年版纸币的安全线为全息磁性开窗式安全线，即安全线局部进入纸张中，局部裸露在纸面上，开窗部分可以看到由微缩字母字符组成的全息图案，仪器检测时具有磁性
	看光性油墨	人民币 100 元和 50 元纸币在正面左下方的面额数字采用光性油墨印刷，在观察角度、光源角度改变的情况下，100 元纸币有绿色和蓝色的渐变，50 元纸币有金黄色和绿色的渐变
	看隐形图案数字	真币隐形面额数字与眼睛平行上下拉动，可看到有 100、50 的阿拉伯数字字迹，隐形图案可以对接上。如果垂直观察就能看到，则往往是假币
摸	真币	真币上的“中国人民银行”行名、毛泽东头像、凹印手感线、盲文标记和背面人民大会堂的图案等摸起来会有凹凸感，借助放大镜仔细观察，可以看到图像、文字凸出纸面
	假币	假币摸起来非常光滑，没有凹凸感。在放大镜下观察，可以看到这些部位图像、文字没有凸出纸面，而是丰满了整齐的小坑，这是排钉“加工”过的痕迹
听	真币	真币的纸张具有耐折、不易撕裂的特点。轻轻抖动纸币、手指轻弹或两手一张一张轻轻地对称拉动，能听到清脆响亮的声音
	假币	假币的纸张，质地较软，容易撕裂。轻轻抖动时会发出闷响，不清脆
测	真币	在紫光灯照射下，正面“中国人民银行”行名下面，会有一个金色阿拉伯数字 100，背面主背景图案上方，会出现橘红色椭圆灯光图案。另外，真钞的水印在紫光灯下不可见
	假币	在紫光灯的照射下，整幅钞票纸张往往发白光，“中国人民银行”行名下面显示出的阿拉伯数字与真钞比，颜色淡、图案歪斜或没有。在紫光灯下往往可以看到印在纸面上的假头像水印图案，这是假钞在紫光灯下表现得很明显的特征

（3）假钞的处理

大多数人对于收到假钞时应该怎么办的问题都很疑惑，对此，国家以《全国人民代表大会常务委员会关于惩治破坏金融秩序犯罪的决定》和《中华人民共和国人民币管理条例》两大法律制定了《中国人民银行假币收缴、鉴定管理办法》。这一办法的制定和出台既维护了货币持有人的合法权益，又对规范假币的收缴和鉴定等行为起到了法律上的指导作用。下面来了解一下不同的机构在收到假钞时的处理方法。

◆ 金融机构的假币处理

金融机构及其员工在办理业务时，若发现假币或收到其他人员上交的假币，金融机构应指定两名或两名以上的人员进行假币的处理，对于确认是假币的，应在假币上加盖“假币”字样的戳记；若假币不属于一般类型的纸币，如外币、硬币等，那么在发现假币的当时，业务人员就应公开将假币用统一的专用袋进行密封，并在专用袋口加盖“假币”字样戳记。此外，还应将假币的具体信息，如币种、券别、面额、张（枚）数、冠字号码、收缴人及复核人名章等详细记录在装有假币的专用袋封面。

金融机构及其业务人员在对假币进行处理之前，应向假币持有者说明情况，并出示中国人民银行统一印制的《假币收缴凭证》，将假币当着持有人的面进行上缴和封存等操作。此外，若持有人对于假币的收缴以及假币的真伪有异议的，经手人员应向持有人告知鉴定机构和方式（中国人民银行当地分支机构或中国人民银行授权的当地鉴定机构均有鉴定资格）。已经确认收缴的假币，一旦收缴，不再交还给持有人。

金融机构在收缴假币过程中有下列情形之一的，应当立即报告当地公安机关，并提供有关线索：①一次性发现假人民币20张（枚）（含20张或20枚）以上、假外币10张（含10张或10枚）以上的；②属于利用新的造假手段制造假币的；③有制造贩卖假币线索的；④持有人不配合金融机构收缴行为的。

◆ 非金融机构的假币处理

单位发现不能确定真伪的可疑币时，应向持币人开具临时收据并将可疑纸币报送人民银行当地分支机构进行鉴定，以确定其真伪。报送鉴定之前，可疑币不能随意外置、涂改，在确定其真伪前也不能擅自加盖假币戳记或没收，应向持有人充分说明情况。若经过鉴定确认为假币的，应立即交给相关机构，并向公安机关和银行等相关机构举报；若经过鉴定确认不属于假币的，应立即交还给持有人。

3. 怎么挑出与兑换损伤票币

出纳人员在办理现金业务收付时，除了要鉴别人民币的真伪外，还要随时挑出损伤票币，并按规定兑换成合格的人民币。

损伤票币是指人民币在流通中因自然磨损或保管不善等原因造成其票面不完整的票币，如纸币破裂、油浸、水湿、污染变色、虫蛀、鼠咬和霉烂等，以及金属币出现严重磨损、破缺或变形等。属于损伤票币的，应及时挑剔出来单独存放，并按规定到中国人民银行的当地分行兑换。损伤票币有以下6个特点。

- ◆ 票面缺少部分，损及行名、花边、字头、号码或国徽之一。
- ◆ 票面裂口超过纸幅1/3或损及花边、图案的。
- ◆ 纸质较旧，四周或中间有裂缝，或票面断开又粘补的。
- ◆ 由于油浸、墨渍造成票面肮脏的面积较大，或涂写字迹过多而妨碍票面整洁的。
- ◆ 票面变色严重、影响图案清晰的。
- ◆ 硬币残缺、穿孔、变形、磨损及氧化腐蚀损坏部分花纹的。

损伤票币可兑换的金额大小因票面损伤程度不同而有所差异，根据中国人民银行颁布的《残缺人民币兑换办法》，损伤票币的具体兑换方法如表2-3所示。

表 2-3

<table>
<tr><th>兑换方法</th><th>全额兑换</th><th>半额兑换</th><th>不予兑换</th></tr>
<tr><td rowspan="6">情况</td><td rowspan="3">票面残缺部分不超过 1/5，其余部分的图案、文字能照原样连接</td><td rowspan="6">票面残缺 1/5 以上 1/2 以下，其余部分的图案、文字能照原样连接</td><td rowspan="2">票面残缺 1/2 以上的</td></tr>
<tr></tr>
<tr><td rowspan="2">票面污损、水湿或变色而不能辨别真假的</td></tr>
<tr><td rowspan="3">票面污损、水湿、油浸或变色，但能辨别真假，票面完整或残缺不超过 1/5，票面其余部分的图案、文字能照原样连接</td></tr>
<tr><td rowspan="2">故意挖补、涂改、剪贴、拼凑或揭去一面的</td></tr>
<tr></tr>
</table>

不予兑换的残缺人民币由中国人民银行收回销毁，不得流通使用。因此我们应该更好地保护好人民币，阻止残币数量的增加。

快速提升点钞技术

点钞作为整理、清点货币的一项专门技术，它对于为社会经济提供信用中介、支付中介和各项金融服务的银行来说尤其重要。点钞技术也是从事财会、金融和商品经营等工作必须具备的基本技能。

作为出纳人员，只有刻苦训练，掌握点钞技术，才能更好地胜任出纳工作，才能适应社会的不断发展。

1．了解点钞基本要领

点钞的最终目的是在人民币的收付和整点过程中，把混乱不齐、折损不一的钞票进行整理，使之整齐美观且便于清点。为了能使钞票平铺整齐，不易散落。应做到以下6点。

◆ **坐姿端正**：点钞时，两手各部位的肌肉要放松，双肘自然放在桌面上，持钞票的左手手腕接触桌面，右手腕稍抬起。

◆ **钞票墩齐**：这是点准钞票的前提。对折角、弯折或揉搓过的钞票要将其弄直、抹平，明显破裂、质软的钞票要先挑出来。清理好后，将钞票在桌面上墩齐。

◆ **操作定型**：点钞时使用的印泥、图章、水盒和腰条等要按使用顺序固定位置，以便点钞时使用更顺手。

◆ **扎把捆紧**：扎小把以提起把中第一张钞票不被抽出为准。按“#”字形捆扎的大捆，以用力推不变形、抽不出票把为准。

◆ **盖章清晰**：腰条上的名章是分清责任的标志，每个人整点后都要盖章，图章必须清晰可辨。

◆ **动作连贯**：动作连贯是保证点钞质量和提高点钞效率的必要条件。点钞过程的各个环节（拆把、清点、墩齐、扎把和盖章）必须密切配合，环环相扣。清点中双手动作要协调，速度要均匀，切忌忽快忽慢、忽多忽少，同时尽量减少不必要的小动作、假动作，以免影响动作的连贯性和点钞速度。

2．点钞的基本环节

点钞是从拆把到扎把的连续、完整的过程，包括拆把持钞、清点、记数、墩齐、扎把和盖章等环节。因为点钞的环节较多，因此要做好点钞工作，提升点钞速度，提高工作效率和水平，必须做到每个环节的工作都熟练，下面分别介绍点钞的这6个环节，如图2-1所示。

第一步：拆把持钞

拆把是指当清点的钞票是成把的时候，清点前需要先将腰条纸拆下，拆腰条纸可以直接勾断，也可以小心将其脱去，不破坏其形状，一般情况下，为了方便查找差错，初点时一般采用脱去的方式，复点时则可直接勾断

第二步：清点

清点是点钞的关键环节，清点的速度和准确性直接影响点钞的速度和准确性，因此，清点是点钞的一项基本功。在清点过程中，还应剔除部分钞券，剔除的情况有损伤券和其他版面的钞券等；另外，点钞时若发现差错，则需要将其记录在腰条上，并将其与钞券一起放置，以便后续查明原因

第三步：记数

记数是点钞的基本环节，与清点相辅相成。在清点准确的基础上，必须做到记数准确

第四步：墩齐

钞券清点完毕扎把前，先将钞券墩齐，以便扎把保持钞券外观整齐美观。钞票墩齐要求4条边水平，不露头或不呈梯形错开，卷角应拉平。墩齐时双手松拢，先将钞券竖起，双手将钞券捏成瓦形在桌面上墩齐，然后将钞券横立，并将其捏成瓦形在桌面上墩齐

第五步：扎把

每把钞券清点完毕后，要扎好腰条纸。腰条纸要求扎在钞券的1/2处，左右偏差不超过两厘米。同时要求扎紧，以提起第一张钞券不被抽出为准

第六步：盖章

盖章是点钞过程的最后一环，在腰条纸上加盖点钞员名章，表示对此把钞券的质量、数量负责，所以每个出纳员点钞后均要盖章，且要盖得清晰，以看得清行号、姓名为准

图2-1

3．点钞的基本方法

点钞方法主要有手工点钞和机器点钞两种。为防止差错，实务中往往采用手点一遍和机过一遍的方式，将手工点钞和机器点钞配合使用。手工点钞方式主要有手持式点钞法和扇面式点钞法。

（1）手持式点钞法

手持式点钞法是将钞券拿在手上进行清点的点钞手法，一般有手持式单指单张点钞法、手持式一指多张点钞法、手持式双指双张点钞法、手按式单张点钞法和手持式四指拨动点钞法等。下面对以上5种手持式点钞法进行具体介绍。

◆ 手持式单指单张点钞法

手持式单指单张点钞法是一种适用面较广的点钞方法，可用于收款、付款和整点各种新旧大小钞券。点钞时，左手横执钞券，钞票下面朝向身体，左手拇指在钞券正面左端的1/4处，食指和中指在钞券背面与拇指一起捏住钞券，无名指和小指自然弯曲；捏起钞券后，无名指和小指伸向票前压住钞券的左下方，中指弯曲稍用力，与无名指和小指夹住钞券；食指伸直，拇指向上移动按住钞券的侧面，将钞券压成瓦形，左手将钞券往桌面上轻擦，拇指借用桌面的摩擦力将钞券向上翻成微型票面。同时右手拇指、食指和中指沾水边点边记数。

单指单张点钞法有很多优点，它可以看到钞票的大部分，易于识别假币和挑出残票；另一方面，它的缺点是一次数一张，比较费力。可以在单指单张点钞法的基础上，将其逐步熟练为单指多张点钞技术。

◆ 手持式一指多张点钞法

手持式一指多张点钞法是在手持式单指单张点钞法的基础上发展而来的，其操作方法除了清点和记数外，均与手持式单指单张点钞法相同。①清点：清点时右手拇指肚放在钞卷的右上角，拇指尖略超过票面。如点双张，先用拇指肚捻下第1张，拇指尖捻下第2张；如点3张及3张以上时，同样先用拇指肚捻下第1张，然后依次捻下后面一张，用拇指尖捻下最后一张，要注意拇指均衡用力，捻的幅度不要太大，食指、中指在钞券后面配合拇指埝动，无名指向怀里弹。②记数：由于一次捻下多张，应采用分组记数法，以记一个数，33组余1张就是100张；又如点5张，即以5张为组记数，每捻5张记一个数，20组就是100张。以此类推。

这种点钞法的优点是点钞效率高，记数简单。缺点是不易发现残破钞券和假币。

◆ 手持式双指双张点钞法

手持式双指双张点钞法是将一把钞票正面朝上横放，持把时，用左手小指在钞票左端的背面，无名指在票前，夹住钞票、中指、拇指扶住钞票上、下端，食指顶住钞票正面的中间，拇指用力向上推起钞票下侧的边缘，使钞票向上弯成带斜面的弧形。用右手食指和中指沾水，捻动钞票右上角。食指捻第一张，中指捻第二张，捻的幅度不要过大。一次点两张记一个数，50个数为100张。这种方法适用于收、付款以及整点新、旧币和主币、角币等。其优点是记数省力，效率高；缺点是能见的票面小，不易发现假票及挑剔残缺票。

◆ 手持式四指拨动点钞法

手持式四指拨动点钞法适用于收付款和整点工作，能点五角以上的钞票，最适宜点整把（100张）的钞票。其优点是速度快，记数省力，点钞时主要是手指关节活动，劳动强度小；缺点是不易看到下端夹有折叠的钞票，不适宜点残破票较多的大捆钞票。其具体操作如图2-2所示。

除了手持式四指拨动点钞之外，还可以采用手持式五指拨动的方式点钞，这种方式的操作除点数指法不同外，其余操作和四指拨动法相同。这种点数法是用右手五指同时沾水，点钞时，先以食指、中指、无名指、小指先后触及钞票右上角，向下方拨票，接着再用无名指、中指、食指、拇指触及钞票左上角向外推，并连续点数。

第一步

持票时左手拇指、小指在钞票正面，其余三指在钞票背面，加力把钞票压成瓦形，用右手脱掉纸条。用左手持起钞票向右摔打一下，使钞票松散些，并顺便用右手将钞票右端向上推起。左手趁右手推起时变换各指位置，用无名指和小指夹住钞票左下端，中指和拇指伸出钞票两侧夹住钞票，拇指要比中指高，中指用力，使钞票右上角稍向后倾斜成弧形，食指弯曲抵住钞票背面

第二步

以右手拇指以外的四指同时沾水，点数时从小指开始触及票面，依次是无名、中、食指拨票。左手要与右手配合，将拇指、中指适应点数的进度逐步向上移动，食指稍向前推，以适合未点钞票的厚度。记数时以4张为一组记一个数，查到24个数时，余下的用左手拇指和食指捻开，是4张即为100张（一小把）

图2-2

◆ 手按式单张点钞法

它是将钞票横放在桌上正对点钞者，以左手无名指和小指压住钞票左上端左上角。用右手拇指托起右端右下角的部分钞票，用食指捻动钞票，每次捻起一张，以左手拇指往上翻，送至食指和中指之间夹住，依此法连续操作。这种方法适用于收款、付款和点各种新、旧、大、小钞票，并适宜点辅币及残破票券多的打捆钞票，其优点是点钞时看到的钞票面积大，容易挑出残、破票；缺点是劳动强度比手持式单指单张点钞法的大，点钞速度也较慢些。

（2）扇面式点钞法

扇面式点钞法是把钞票捻成扇面状进行清点的方法，一般有扇面式一按多张点钞法和扇面式多指多张点钞法。这种点钞方法最适合用于整点新券及复点工作，是一种效率较高的点钞方法。但这种点钞方法在清点时往往只看票边，票面可视面极小，不易挑剔残破钞券和鉴别假票，不适用于整点新旧币混合的钞券。

4．机器点钞技术

机器点钞就是用点钞机代替部分手工点钞，速度是手工点钞的几倍，它大大地提高了点钞的工作效率，减轻了出纳人员的劳动强度。出纳人员在进行机器点钞

前，首先安放好点钞机，将点钞机放置在操作人员顺手的地方，一般是放置在操作人员的正前方或右上方。安放好后必须对点钞机进行调整和试验，力求转速均匀，即下钞流畅、落钞整齐和点钞准确。机器点钞的操作步骤如下所示。

- ◆ **第一步，打开机器**：打开点钞机的电源开关和计数器开关。
- ◆ **第二步，放钞**：取过钞票，右手横握钞票，将钞票捻成前高后低的坡形后横放在点钞机的点钞板上，放置时顺着点钞板形成自然斜度，如果放钞方法不正确，会影响点钞机的正常清点。
- ◆ **第三步，点钞**：钞票进入点钞机后，点钞人员的目光要迅速跟住输钞带，检查是否有夹杂券、破损券、假钞或其他异物。
- ◆ **第四步，取票**：当钞票全部下到集钞台后，看清计数器显示的数字与应点金额相符后，将钞票取出。如果还有钞票需要点验，再重复上述步骤即可。目前的点钞机一般都带有防伪功能，所以，出纳人员在用机器点钞时，还要了解用机器识别假币的技术。
- ◆ **第五步，整点硬币**：是指对大批的硬币进行整点，一般有手工整点硬币和工具整点硬币两种方法。

整点硬币的两种方法的具体介绍如下。

- ◆ **手工整点硬币**：包括拆卷、清点、记数和包装4个步骤，具体如图2-3所示。

拆卷

右手持卷的1/3处，左手撕开硬币包装纸的一头，再用右手大拇指向下从左至右打开包装纸，把纸从圈的上面压开后，左手食指平压硬币，右手抽出压开的包装纸，以备清点

清点

将硬币由右向左分组清点，用右手拇指和食指持币分组清点。为了准确，可用中指在一组中间分开查看，验证每组数量

记数

记数方法采用分组记数法。一组为一次，每次枚数要相同

包装

清点完毕后，用双手的无名指分别顶住硬币的两头，用拇指、食指、中指捏住硬币的两端，将硬币放入已准备好的包装纸1/2处，再用双手拇指把里半部的包装纸向外掀起掖在硬币底部，用右手掌心向外用力推卷，然后用双手的中指、食指和拇指分别将两头包装纸压下均贴着硬币，这样使硬币两头压三折后包装完毕

图2-3

◆ **工具整点硬币**：是指用整点工具进行大批硬币的整点。整点时，需要经过拆卷、清点和包装等步骤。工具整点过程较之于手工整点，除了借助整点器外，其他操作类似，而且操作也比较简便。

保险柜的使用

一般来说，每个单位都会配置不同的保险柜，用于单位一些重要资料或财物的存放，为了财产的安全单位一般会配备保险柜。出纳人员可以将现金和印鉴章等与资金收付相关的资料放入保险柜中，并保管好钥匙和密码。保险柜一般可以按照功能和密码工作原理这两个分类依据进行类型划分。

◆ **按功能分类**：可分为防火保险柜、防盗保险柜、防磁保险柜和防火防磁保险柜等。目前防火保险柜和防盗保险柜是市面上主要的保险柜类型。

◆ **按密码的工作原理分类**：可分为机械保险柜和电子保险柜。其中机械保险柜是早期保险柜采用的主要形式，它的价格相对便宜，性能也较好；电子保险柜是采用智能控制方式将电子锁应用到保险柜中，需要用电子密码或IC卡等进行解锁，因此使用方便。

在了解了保险柜的基本类型之后，下面将介绍一下保险柜的具体使用要求。保险柜一般是由总会计师或财务负责人授权，由出纳人员负责管理使用。出纳人员应严格按照以下要求进行保险柜的使用，如表2-4所示。

表 2-4

保险柜使用要求	具体内容
每个保险柜应配备两把钥匙	这可以有效防止因突发事件发生而影响保险柜的正常使用。两把钥匙中，一把由出纳人员按要求使用和保管；另一把应由单位的财务负责人、总会计师或保卫人员进行保管。出纳人员不能将其钥匙交与他人代为保管
密码保管	出纳人员应自行单独管理保险柜的密码，不得将密码告知其他任何人，若出现离职和新任职的情况，新任职的出纳人员应在第一时间修改密码
只能由出纳人员开启和使用	出纳人员之外的任何人都不得开启或使用保险柜，即出纳人员是保险柜的唯一使用人和最终责任人。若因业务检查需要或其他突发事件确需由其他人开启和使用保险柜的，单位应对此做出相关的明确规定，并由单位负责人和财务负责人等同意之后方可开启或使用

续表

保险柜使用要求	具体内容
使用范围	保险柜只能放置单位的现金、存折、空白支票、凭证、收据和印章等与出纳工作相关的东西；保险柜内的现金应登记现金日记账，有价证券或存折等应分类进行登记；若有其他贵重物品，则也应单独造册登记。保险柜内的票据或财物应与账面记录一致。出纳人员应严禁将自己或他人的私人物品放于保险柜中
放置和维护	保险柜应放置在办公室内干燥、通风的地方，避免被腐蚀和受潮，另外还应做好防虫防鼠措施；出纳人员还应定期清理保险柜，保持整洁有序。若保险柜发生故障，出纳人员应及时送修，防止泄密或盗窃
被盗后的处理	出纳人员发现保险柜被盗的，应在第一时间报告当地公安机关，并保护好现场，配合公安机关的勘察。另外，出纳人员休假或请假两天及以上，且没有将工作交接给其他人的，应在保险柜的锁孔处贴上封条，待重新上岗时再揭开封条，若发现封条在返岗之前被撕开或锁孔被破坏的，出纳人员也应立即向公安机关报告

会计凭证的处理技巧

在实际经济业务中，为了记录经济业务的发生和完成情况，为会计核算提供原始依据，财务人员会将业务数据记录在专门的记录本上，逐渐形成了现在的会计凭证。会计凭证运用了统一的格式和记录方式，这样可以明确经济责任，落实岗位责任制，反映相关经济利益关系，为维护合法权益提供法律证据。本节主要通过对会计凭证的基本知识、填写方法和审核的讲解来了解会计凭证。

文字与数字的填写规范

在实际的出纳工作中，有许多原始凭证需要填制，在填制过程中要注意书写的规范性，做到字迹清晰可见。一个合格的出纳人员，数字的书写应当规范清楚，这样才能提供正确、清晰且有效的数据信息，为会计核算资料的真实性和完整性奠定基础。凭证书写的内容包括阿拉伯数字的书写以及文字书写两大部分。在某些企业中，有时需用到外文记账，外文字母的书写也应当规范。出纳书写的基本规范要求是：正确、规范、清晰、整洁及美观。下面主要讲述文字和数字书写的注意事项。

1．文字的书写规范

◆ 要用蓝黑墨水或碳素墨水书写，不得用铅笔或圆珠笔（用复写纸复写除外）。红色墨水只在特殊情况下使用，填写支票必须使用碳素笔书写。

◆ 文字书写一般要紧靠左竖线书写，文字与左竖线之间不得留有空白部分。

◆ 文字不能顶格写，一般要占空格的1/2或2/3。

◆ 文字要清晰，要用正楷或行书书写。

2．数字的书写规范

书写阿拉伯数字是财会人员的基本功，其要求如下。

◆ 角度方面，书写字体要自右上方向左下方倾斜，大致与水平线呈60度。

◆ 间距上，每个数字要大小均匀，数字排列应保持同等距离（约半个阿拉伯数字的距离），每个字上下左右要对齐。在印有数位线的凭证、账簿或报表上，每一格只能写一个数字，不得几个字挤在一个方格里，也不得在数字中间留有空格。

◆ 高度方面，每个数字要紧贴底线，数字在格内占1/2～2/3的位置，要为更正数字留有余地。

◆ 书写顺序应从左至右，笔画顺序自上而下，先左后右。

◆ 除“4”和“5”外，其他数字必须一笔写成，不能人为地增加数字的笔画。

◆ “6”字要比一般数字向右上方伸出1/4的高度，“7”和“9”字则要向左下方下沉1/4的高度。

◆ “7”的横画部分要保持水平，不要上翘。

◆ 对于易混淆且笔顺相近的数字，在书写时，尽可能地按标准字体书写，以防涂改。

依据财政部制定的《会计基础工作规范》的要求，填制会计凭证时字迹必须清晰、工整，并符合会计数字大写规范，如图2-4所示。

会计数字大写规范

0	1	2	3	4	5	6	7	8	9	十	百	千	万	亿	元	角	分
零	壹	贰	叁	肆	伍	陆	柒	捌	玖	拾	佰	仟	万	亿	圆	角	分

图2-4

会计凭证的基本认识

会计凭证是记录经济业务、明确经济责任、按一定格式编制的、据以登记会计账簿的书面证明，用来记载经济业务的发生，明确经济责任。下面先来认识会计凭证的用途和种类。

1．会计凭证的用途

会计凭证的内容主要包括凭证名称、编制凭证的日期及编号、接受凭证单位的名称、经济业务的数量和金额、填制凭证单位的名称和有关人员的签章等。根据内容的特点可总结出会计凭证有如表2-5所示的几点用途。

表 2-5

会计凭证的用途	具体描述
监督、控制经济活动	通过会计凭证的审核，可以检查经济业务的发生是否符合有关法律、制度，是否符合业务经营、账务收支的方针和计划及预算的规定，以确保经济业务的合理、合法和有效性
提供记账依据	会计凭证是记账的依据，通过会计凭证的填制与审核，按照一定的方法及时传递会计凭证，对经济业务适时地记录
加强经济责任制	经济业务发生后，需取得或填制适当的会计凭证，证明经济业务已经发生或完成；同时要由有关的经办人员在凭证上签字、盖章，明确业务责任人。通过会计凭证的填制和审核，使有关责任人在其职权范围内各负其责，使得利用凭证填制和审核的手续制度进一步完善经济责任制

2．会计凭证的分类

企业发生的经济业务内容非常丰富，相应会计凭证的种类也是花样繁多。为了具体地认识、掌握和使用会计凭证，财务人员要对会计凭证加以分类。按会计凭证的填制程序和用途一般分为原始凭证和记账凭证两类。

（1）原始凭证

原始凭证是对已经发生、执行或完成的经济业务进行记录，其作用是明确业务双方的经济责任。作为记账的依据，原始凭证是最初的书面证明文件。因为它随着经济业务的发生而产生，与经济业务息息相关，因此也被称为“证明凭证”，它可在法律上对经济业务的最初发生作出有效证明。车船票、采购材料的发货票和到仓库领料的领料单等都属于原始凭证。按照不同的取得来源，原始凭证被分为自制原始凭证和外来原始凭证两大类。

①自制原始凭证

自制原始凭证是指在经济业务发生、执行或完成时，由本单位的经办人员自行填制的原始凭证，如购买材料时，由物资部验收入库填制的入库单、部门领用材料填制的领料单、出差人员填制的差旅费报销单以及收到资金时由出纳人员填制的收据等。如图2-5、图2-6所示。

差 旅 费 报 销 单

报销部门：　　　　　　　　　　　　　　　　　　　　年　月　日

姓名		职别		出差事由	

	日期	区间	人数	天数	其中：途中天数	局内/局外	补贴项目	人数	天数	标准	金额
出差地点	月 日— 月 日						伙食补贴				
	月 日— 月 日	-					交通费补贴				
	月 日— 月 日	-					司机出车补贴				
	月 日— 月 日	-					未卧补贴				
	月 日— 月 日	-					小计	0	0	0	0

项目	报销数		审核数		
	单据张数	报销金额	单据张数	审核金额	说明：
住宿费			0	0	
车船票			0	0	主（分）管领导审批：
飞机票					
小计	0	0	0	0	
合计金额大写：					合计金额小写：

单位盖章　　　　会计：　　　　出纳：　　　　报销人：

图2-5

收　据　　　　No5005121

日期：　　年　　月　　日

收　：

金额（大写）　拾　万　仟　佰　拾　元　角　分

附　注：

发据单位盖章　　会计　　出纳　　经手人

①存根（白）②收据（红）③记账（蓝）

图2-6

自制原始凭证按其填制手续不同，又可分为一次凭证、累计凭证、汇总原始凭证和记账编制凭证4种，具体内容如下所示。

- **一次凭证**：指反映一项经济业务的凭证，若要同时反映若干项同类性质的经济业务，那么其填制手续必须是一次性完成的。企业的“收据”、“领料单”和“借款单”等都属于一次凭证。
- **累计凭证**：指在一定期间内，对若干不断重复发生的同类经济业务进行连续多次记载的凭证。累计凭证以期末累计数作为经济业务的记账依据，因此要到期后，该类凭证的填制手续才算完成，比如常用的限额领料单就属于累计凭证。
- **汇总原始凭证**：指将一定时期内若干份记录同类经济业务的原始凭证汇总，按要求编制成一张汇总凭证，进行会计核算，这样可以简化记账凭证的编制。“发料凭证汇总表”、“收料凭证汇总表”及“现金收入汇总表”等都属于汇总原始凭证。
- **记账编制凭证**：指先把某一项经济业务进行归类和整理，然后根据会计账簿重新编制记账的一种凭证。例如，在计算产品成本时编制的“制造费用分配表”就是根据制造费用明细账记录的数字，按费用的用途填制的。

②外来原始凭证

外来原始凭证是指在同外单位发生经济往来关系时，从外单位取得的凭证。外来原始凭证都是一次凭证，如企业购买材料或商品时从供货单位取得的发货票、出差人员出差时所发生的车船票及住宿票等都属于外来原始凭证。常见的发票格式如图2-7所示。

四川增值税普通发票

发 票 联　　开票日期：　　年　　月

购买方	名称： 纳税人识别号： 地址、电话： 开户行及账号：		密码区				
货物或应税劳务、服务名称		规格型号	单位	数量	单价	金额	税率	税额
合　计								
价税合计（大写）		（小写）					
销售方	名称： 纳税人识别号： 地址、电话： 开户行及账号：		备注				

复核：　　开票人：　　销售方：

图2-7

（2）记账凭证

记账凭证的填制依据是经过审核后确认无误的原始凭证或汇总原始凭证，会计人员据此进行记账，它可以用来确定经济业务应借、应贷的会计科目和金额，可以作为登记账簿时参考的直接依据。在登记账簿之前，应按实际发生经济业务的内容编制会计分录，然后据以登记账簿，在实际工作中，会计分录将通过填制记账凭证来完成。

由于原始凭证来自不同的单位，种类繁多、数量庞大且格式不一，不能清楚地表明应记入的会计科目的名称和方向。为了便于登记账簿，需根据原始凭证反映的不同经济业务，对其加以归类和整理，填制具有统一格式的记账凭证，确定会计分录，并将相关的原始凭证附在记账凭证后面。这样不仅可以简化记账工作、减少差错，而且有利于原始凭证的保管，便于对账和查账，提高会计工作质量。记账凭证按其适用的经济业务可分为专用记账凭证和通用记账凭证两类。

①专用记账凭证

它是专门记录某一类经济业务的记账凭证。按其所记录的经济业务与现金和银行存款的收付有无关系可分为收款凭证、付款凭证和转账凭证。

◆ **收款凭证**：指根据企业现金和银行存款收款业务的原始凭证进行填制，以记录企业现金和银行存款等货币资金收款业务的凭证。具体样式如图2-8所示。

收　款　凭　证　　　　出纳编号______

借方科目：　　　　年　月　日　　　　制单编号______

对方单位（或领款人）	摘要	贷方科目		金额										记账符号
		总账科目	明细科目	千	百	十	万	千	百	十	元	角	分	
		合计金额												

附凭证　张

会计主管　　　　记账　　　　出纳　　　　制单

图2-8

◆ **付款凭证**：它与收款凭证对应，是指根据企业现金和银行存款付款业务的原始凭证进行填制，以记录企业现金和银行存款等货币资金付款业务的凭证。具体样式如图2-9所示。

付　款　凭　证

出纳编号________

贷方科目：　　　　　　　　年　　月　　日　　　　制单编号________

对方单位（或领款人）	摘要	借方科目		金额										记账符号
		总账科目	明细科目	千	百	十	万	千	百	十	元	角	分	
		合计金额												

附凭证　　张

会计主管　　　　记账　　　　出纳　　　　制单

图2-9

◆ **转账凭证：**指根据转账业务或与转账业务相关的业务为依据填制的，以记录与现金、银行存款等货币资金收付款业务无关的转账业务。它记录的是经济业务发生时不需要收付现金和银行存款的各项业务。具体样式如图2-10所示。

转　账　凭　证

年　　月　　日　　　　凭证编号________

摘　要	总账科目	明细科目	借方										贷方										记账符号
			千	百	十	万	千	百	十	元	角	分	千	百	十	万	千	百	十	元	角	分	
		合计金额																					

附凭证　　张

会计主管　　　　记账　　　　出纳　　　　制单

图2-10

收款凭证和付款凭证是用来记录货币收付业务的凭证，因此它是出纳人员进行内外部收款和付款的依据，也是登记与其相关的现金日记账、银行存款日记账、明细分类账及总分类账的依据。

但出纳人员必须根据企业内部会计主管人员或指定人员审核批准的收款凭证和付款凭证进行款项的收付，而不能以现金、银行存款收付业务的原始凭证进行收付，这样既可以加强企业对于内部货币资金的管理，也可以对货币资金的有效使用进行监督。

②通用记账凭证

通用记账凭证是指用同一种格式记录全部经济业务，不再区分收款凭证、付款凭证和转账凭证。它适用于经济业务比较简单的单位，这样既可以简化凭证，减少工作量，又能对全部经济业务进行记录。

通用记账凭证按其包括的会计科目是否单一，分为复式记账凭证和单式记账凭证两类。常见格式如图2-11所示。

记　账　凭　证

年　月　日　　　　字第　号

摘要	总账科目	明细科目	记账√	借方金额										记账√	贷方金额									记账符号
				千	百	十	万	千	百	十	元	角	分		千	百	十	万	千	百	十	元	角	分	
大写：																									

附件　张

会计主管　　记账　　出纳　　制单

图2-11

- **复式记账凭证：** 指将某一项经济业务涉及的全部会计科目都列在一张记账凭证上，这种记账方式可以集中反映账户的对应关系，了解某项经济业务发生的所有事项，对经济业务进行全面系统的了解，所以又被称为多科目记账凭证。
- **单式记账凭证：** 与复式记账凭证刚好相反，是指当某一项经济业务涉及多个会计科目时，将每个会计科目单独用一张凭证进行记账，每张凭证只填列一个会计科目，而其他对方科目不用来记账，只作为参考。

另外，记账凭证按其是否经过汇总，可分为汇总记账凭证和非汇总记账凭证。

① 汇总记账凭证

汇总记账凭证是根据非汇总记账凭证按一定的方法汇总填制的记账凭证。汇总记账凭证按汇总方法不同，可分为分类汇总和全部汇总两类。

◆ **全部汇总凭证**：将一定期间的记账凭证全部汇总填制，如“科目汇总表”就是全部汇总凭证。

◆ **分类汇总凭证**：根据一定期间的记账凭证按其种类分别汇总填制，如根据收款凭证汇总填制的“现金汇总收款凭证”和“银行存款汇总收款凭证”；根据付款凭证汇总填制的“现金汇总付款凭证”和“银行存款汇总付款凭证”；以及根据转账凭证汇总填制的“汇总转账凭证”等都是分类汇总凭证。

常见的汇总凭证如科目汇总表，其格式如图2-12所示。

科 目 汇 总 表

借方发生额	科 目	贷方发生额
	合 计	

图2-12

② 非汇总记账凭证

非汇总记账凭证是没有经过汇总的记账凭证，前面介绍的收款凭证、付款凭证、转账凭证以及通用记账凭证等都是非汇总记账凭证。

3．原始凭证与记账凭证的联系与区别

原始凭证是记账凭证的基础，记账凭证是根据原始凭证编制的。在实际工作中，原始凭证附在记账凭证后面，作为记账凭证的附件；记账凭证是对原始凭证内容的概括和说明；原始凭证有时是登记明细账户的依据。

但是原始凭证与记账凭证由不同人员负责填制，两者在填制依据、记录事项及反映的信息等方面也不同，如表2-6所示的是原始凭证和记账凭证的区别。

表 2-6

比较项目	原始凭证	记账凭证
由谁填制	经办人员填制	会计人员填制
填制依据	根据发生或完成的经济业务填制	根据审核后的原始凭证填制
与经济业务的关系	仅用以记录、证明经济业务已经发生或完成	依据会计科目对已经发生或完成的经济业务归类、整理
凭证的作用	是填制记账凭证的依据	是登记账簿的依据
反映的信息类型	反映的是经济信息	反映的是会计信息

会计凭证的填制与审核

经办人员对于取得的凭证具有直接的责任，所以在取得时要严格审核，在填制时要根据规范要求认真填写，并交与财务部门再次复核，再根据审核无误的原始凭证登记入账形成会计凭证。

1．原始凭证的填制

原始凭证大部分都是由本单位业务经办部门和人员填制或取得的。为了完整、清晰、准确且及时地记录经济业务，使原始凭证真正具有法律效力，必须使经办人员充分认识到原始凭证在经营管理中的作用，了解和掌握原始凭证的填制要求和方法。原始凭证的填制要求主要有以下4个方面。

◆ 数据真实，手续完备

原始凭证的数据真实要求做到：对各项业务的实际发生和完成情况进行认真、真实和完整的记录；凭证上的信息都必须真实可靠（包括日期、编号、经济业务内容和有关人员的签名盖章等）；对于从外部取得的凭证，凭证上必须有填制单位公章或有关部门的专用章；从个人处取得的凭证，必须有填制人员的签字或盖章；如果是单位对外开出的凭证，那么要求凭证上必须加盖本单位的公章或有关部门的专用章，否则凭证是无效的；单位购买实物的原始凭证必须要有验收证明；支付款项的原始凭证必须有收款单位和收款人的证明。以上事项中凡有一项不能确认或不真实的凭证，单位都应该拒收。

◆ 内容完整，书写清楚

要严格按照规定的格式和内容逐项规范地填写经济业务完成情况，不得遗漏或简略。一式几联的凭证必须用双面复写纸（发票和收据本身具备复写纸功能的除外）套写，单页凭证必须用蓝黑墨水书写或打字机打印。凭证上的文字要工整、清晰且易于辨认，要符合文字和数字书写规范。

◆ 连续编号，及时填制

单位内部的所有凭证都要进行连续编号，并完整地保存以便查考。对于已经编号的重要凭证因为某些原因需要作废的，要在作废凭证上加盖“作废”戳记，并连同存根一起保存，不得随意撕毁，保持编号的连续性。此外，原始凭证的填制或取得必须及时，经办人员必须在经济业务发生或完成的第一时间进行记录，日期均以填制凭证当天的日期为准，在填制完成后应及时按规定的程序将原始凭证送交财会部门。

◆ 发现错误，规范修改

原始凭证出现错误时，不能随意涂改或挖补，而应按规定方法或程序进行修改，否则将被视为无效凭证。对于记载的内容有错误的，应当由出具单位重开或更正，并在更正处加盖出具单位印章；对于凭证上记载金额出错的，不得在原始凭证上更正，必须由出具单位重新开具。

【实账处理】——员工报销办公费用填制报销单

2016年5月13日，甲公司员工李四借备用金1500元装订资料和购买办公用品。2016年5月14日，装订资料共花费310元，购买办公用品共花费726.15元。根据收到的发票填制了费用报销单，并归还剩余的备用金463.85元。

1. 2016年5月13日，李四借备用金，应根据借款金额填制借款单，再由各个相关部门签字并加盖公司的财务专用章，样本如图2-13所示。

借款单 No5001151

日期： 2016 年 5 月 13 日

部 门	办公室	姓名	李四
借款事由	购买办公用品、装订资料		
借款金额	（大写）零 拾 零 万 壹 仟 伍 佰 零 拾 零 元 零 角 零 分		
预计还款报销日期	2016年5月14日	¥ 1500.00	
审批意见	⇩ 公司经理填审核意见并签字	借款人	李四 2016 年 5 月 13日

①存根（白） ②收据（红） ③记账（蓝）

发据单位盖章 公司财务章　　会计：公司会计签字　　出纳：公司出纳签字

图2-13

2．2016年5月14日，李四购买办公用品和装订资料，收到外来原始凭证，并根据发票填制费用报销单，如图2-14和图2-15所示。

四川增值税普通发票

发　票　联　　　　开票日期：2016年5月13日

购买方	名称：甲公司全称 纳税人识别号：甲公司税务登记证的识别号 地址、电话：甲公司营业执照上的地址和电话 开户行及账号：甲公司的基本账户信息		密码区				
货物或应税劳务、服务名称	规格型号	单位	数量	单价	金额	税率	税额
资料装订费 A4纸		 箱	 5	300.97 141	300.97 705	3% 3%	9.03 21.15
合　计							
价税合计（大写）	壹仟零叁拾陆元壹角伍分		（小写）1036.15				
销售方	名称：销售方全称 纳税人识别号：销售方税务登记证的识别号 地址、电话：销售方营业执照上的地址和电话 开户行及账号：销售方的基本账户信息		备注				

复核：复核人签字　　开票人：开票人签字　　销售方：销售方的发票专用章

图2-14

费用报销单　　№6001141

报销部门：办公室　　日期：2016 年 7 月 10 日　　单据及附件共 1 页

报销项目	摘　要	金额（十万千百十元角分）	备注	
办公费	资料装订费	¥31000		
办公费	A4打印纸5件	¥72615		
			领导审批	相关领导审核意见
合　计		¥103615		
金额大写：零拾零万壹仟零佰叁拾陆元壹角伍分		原借款：1500 元	应退（补）款：463.85元	

发据单位盖章　　会计：　　出纳：　　报销人：李四

图2-15

2．原始凭证的审核

原始凭证是各单位经济业务发生的最初原始记录，它的正确与否直接影响会计信息的真实性，因此，原始凭证的审核是一项十分重要的工作。会计人员必须坚持原则、遵循制度，认真严格地审核原始凭证。原始凭证的审核一般包括如表2-7所示的3个方面的内容。

表 2-7

审核标准	具体内容
合法性审核	根据国家有关财经法规、法令、制度和单位的合同、预算、计划等，审核经济业务是否符合规定，有无弄虚作假、违法乱纪及贪污舞弊等行为
合理性审核	审核经济业务的办理是否符合公司规定的审批权限；财产物资的收发、领退和报废是否符合有关手续；费用的开支是否符合成本开支范围和规定的开支标准，是否贯彻了勤俭节约的原则，有无挥霍浪费或私费公报等现象
合规性审核	主要是审核原始凭证的填制是否符合要求，项目是否填写齐全，数字是否计算正确，大小金额是否一致，日期是否相符，数字和文字是否清晰，有无涂改、挖补现象，有关签名、盖章是否齐全等

3．记账凭证的填制

记账凭证的填制必须以审核无误的原始凭证为依据，做到内容完整、科目运用正确、摘要简练、字迹工整、书写清晰且编写及时。具体来说应符合如表2-8所示的要求。

表 2-8

填制要求	具体内容
格式应相对稳定	各种记账凭证的使用格式应相对稳定，特别是同一会计年度内，不宜随便更换，以免引起编号、装订和保管方面的不便和混乱
不同业务内容的凭证不能汇总填制	记账凭证可根据每一张原始凭证填制，也可根据若干张反映同类经济业务的原始凭证填制，还可以根据原始凭证汇总表填制，但不得将反映不同业务内容的原始凭证汇总填制在一张记账凭证上
填制日期的确定和要求	记账凭证的填写日期一般是会计人员填制凭证的当天日期，也可根据管理需要，填写经济业务发生的日期或月末日期，年月日应填写齐全
凭证按月连续编号	记账凭证必须按月连续编号，便于记账、查账，防止散落、丢失
摘要简单明了	记账凭证的摘要应简明扼要、概括清楚。对现金、银行存款的收付应写明收付对象、结算种类、支票号码和款项主要内容等
会计科目正确、完整，方向正确，关系清晰	应按照会计制度的规定，正确填写所使用的会计科目，包括总分类科目和明细分类科目，不得只写科目编号而不写科目名称。同时，应保证借贷科目记账方向正确，对应关系清晰

续表

填制要求	具体内容
金额相符	记账凭证的金额必须与原始凭证的金额相符。在填写金额数字时，阿拉伯数字要靠右下方书写，行次和栏次的内容要对应明确且准确
按规范进行修正	除期末转账和更正错误的记账凭证可以不附原始凭证外，其他记账凭证必须附有原始凭证，并注明张数；记账凭证在填制时，如果发生错误，应当重新填制，已经登记入账的记账凭证发生错误时，应用专门的错账更正法予以更正
签字或签章完整，责任明确	记账凭证上必须有填制人员、复核人员、记账人员和会计主管的签章。对于收付款凭证，还必须有出纳人员的签章，以明确经济责任
款项收付和入账手续规范	对于手续已经办理完的收、付款凭证，出纳人员应当即加盖“收讫”、“付讫”戳记，以免重收或重付。对于已经记入有关账簿的记账凭证，可在凭证相应的地方画“ √ ”，用来表示已经入账

【实账处理】——根据报销单填制记账凭证

2016年5月13日，甲公司员工李四借备用金1500元装订资料和购买办公用品。2016年5月14日，装订资料共花费310元，购买办公用品共花费726.15元。根据收到的发票填制了费用报销单，并归还剩余的备用金463.85元。根据以上原始凭证分别填制如图2-16和图2-17所示的记账凭证。

记　账　凭　证

2016年 5月 13日　　字第 1 号

摘　要	总账科目	明细科目	记账√	借方金额 千	百	十	万	千	百	十	元	角	分	记账√	贷方金额 千	百	十	万	千	百	十	元	角	分	记账符号
付李四借备用金	备用金	李四						1	5	0	0	0	0												
付李四借备用金	库存现金																		1	5	0	0	0	0	
大写：壹仟伍佰元整							¥	1	5	0	0	0	0					¥	1	5	0	0	0	0	

附件 1 张

会计主管　××　　记账　××　　出纳　××　　制单　××

图2-16

记　账　凭　证

2016年 5月 14 日　　　　字第 2 号

摘　要	总账科目	明细科目	记账√	借方金额										记账√	贷方金额										记账符号
				千	百	十	万	千	百	十	元	角	分		千	百	十	万	千	百	十	元	角	分	
付李四报办公费	管理费用	办公费						1	0	3	6	1	5												
收李四退回备用金	库存现金								4	6	3	8	5												
付李四报办公费	备用金	李四																	1	5	0	0	0	0	
大写：壹仟伍佰元整							¥	1	5	0	0	0	0					¥	1	5	0	0	0	0	

附件 2 张

会计主管　××　　记账　××　　出纳　××　　制单　××

图2-17

4．记账凭证的审核

为了保证记账凭证的准确性，除编制人员应当认真规范地填写外，必须由专人在登记账簿前，对已编制好的记账凭证进行严格的审核。审核的主要内容如下。

- ◆ 首先要审核记账凭证中是否附有原始凭证，若有，则按相关审核要求对原始凭证进行审核。
- ◆ 审核记账凭证与所附的原始凭证内容是否相符，金额是否相等；对于需要单独保管的原始凭证和文件的审核，看是否已经在凭证中加注说明。
- ◆ 审核记账凭证中应借、应贷科目和金额是否正确，账户对应关系是否清楚。
- ◆ 审核记账凭证所需填写的项目是否齐全、完整，有关人员是否都已签字或盖章。

在审核中若发现记录不全或错误时，应重新填制或按规定办理更正手续。只有经过审核且确认无误的记账凭证才能作为登记账簿的依据。

会计凭证的管理

会计凭证包括原始凭证和记账凭证，为了便于资料的查阅与传递，我们应该按日期和凭证号的顺序依次将凭证排列好并按统一的厚度装订成册，放入专门的文件柜中保存。

会计凭证的整理与装订

会计凭证按日期和凭证号依次排列好，月末，在记账或结账完毕后，按一定日期进行装订，并要求厚度适中且厚度一致，外观整齐、美观，便于相关人员快捷地查阅会计资料。

1．会计凭证的整理

会计凭证进行装订前，要对会计资料按纸张面积与记账凭证的纸张面积的大小进行整理、排序、粘贴和折叠，方便下一步装订，对于不同大小的纸张面积和凭证面积，具体的整理方式也不一样，主要有以下3种情况。

- **原始凭证的纸张面积大于记账凭证：**按记账凭证的面积尺寸，把原始凭证先从右向后，再从下向后两折叠。注意应把凭证的左上角或左侧面让出来，以便装订后可展开查阅。
- **如果原始凭证的纸张面积小于记账凭证：**一般不能和记账凭证一起直接装订，应将原始凭证按纸张和金额的大小排列，再粘贴在票据粘贴纸上，粘贴纸和记账凭证纸张的大小一样。粘贴时应将票据从小到大，再以从右至左、从下至上的顺序粘贴。如果票据过多，可以分成几张粘贴纸粘贴，不宜粘得过厚，并在粘贴纸上注明票据的张数和合计金额。
- **面积大且张数多的原始凭证：**这类原始凭证可单独装订并做好登记，注明会计凭证号，便于查阅。如工资表、材料消耗表等。

2．会计凭证的装订

会计凭证的装订是指把定期整理完毕的会计凭证按照编号顺序，外加封面和封底装订成册，并在装订线上加贴封签。在封面上，应写明单位名称、年度、月份、记账凭证的种类、起讫日期、起讫编号以及记账凭证和原始凭证的张数，并在封签处加盖会计主管的骑缝图章。会计凭证封面格式如图2-18所示。

会计凭证的装订应按照相应的流程逐项处理，这样才能保证凭证的装订规范和完整，方便保存和查阅。具体的装订程序如下。

- **第一步**：将原始凭证和记账凭证整理成相同尺寸后，根据日期和凭证编号顺序排列好，摘掉凭证上的大头针，装订时要将记账凭证汇总表和银行存款余额调节表放在最前面，再放封面和封底。

凭　证　封　面

年　月份

单位名称	
凭证名称	
册数	第　册　共　册
起讫编号	自第　号至第　号止共计　张
起讫日期	自　年　月　日　至　年　月　日

财会主管　　　　装订

图2-18

- **第二步**：在已经整理好的记账凭证左上角放一张8cm×8cm大小的包角纸。包角纸要厚一点，其左边和上边与记账凭证对齐。
- **第三步**：在包角纸上沿距左边5cm处和左沿距上边4cm处包角纸上划一条直线，并用两点将此直线等分，在等分直线的两点处将包角纸和记账凭证打上两个装订孔。
- **第四步**：用绳沿虚线方向穿绕扎紧（在背后扎结）。
- **第五步**：从正面折叠包角纸并粘贴好，再将多余部分剪掉。
- **第六步**：再将包角纸向后折叠并粘贴。
- **第七步**：将装订线印章盖于骑缝处，并注明年、月、日和册数编号。

会计档案的管理

为了加强会计档案的管理，有效保护和利用会计档案，根据《中华人民共和国会计法》和《中华人民共和国档案法》等有关法律和行政法规，中华人民共和国财政部特制定了《会计档案管理办法》。在实际业务中，我们要严格按照档案管理办法对会计档案进行管理。

1．会计档案的保管

单位会计档案完整性和安全性至关重要，因此，各单位都应该加强对会计档案的保管工作。在制度上，单位应明确制定和完善有关会计档案的收集、整理、保管、利用和鉴定销毁的管理制度；在防护措施上，单位应采取一些保证会计档案真实、安全、可用的安全防护措施或技术；在人员上，单位应成立档案机构或档案工作人员负责本单位的会计档案管理工作，对于没有条件的单位，可以将其会计档案委托给具备档案管理条件的机构代为管理。此外，任何单位的出纳人员不得参与会计档案的管理。

单位可以利用计算机和网络通信等信息技术手段管理会计档案，形成电子会计档案，但必须同时满足下列条件，如表2-9所示。

表 2-9

条件	具体内容
资料来源真实有效	形成的电子会计资料，其来源真实有效，由计算机等电子设备形成和传输
有效的会计核算系统	使用的会计核算系统能够准确、完整且有效接收和读取电子会计资料，能输出符合国家标准的归档格式的会计凭证、会计账簿及财务会计报表等会计资料，设定了经办、审核和审批等必要的审签程序
有效的电子档案管理系统	使用的电子档案管理系统能够有效接收、管理和利用电子会计档案，符合电子档案的长期保管要求，并建立了电子会计档案与相关联的其他纸质会计档案的检索关系
防止篡改的措施	采取有效措施防止电子会计档案被篡改
建立备份制度	建立电子会计档案备份制度，能够有效降低自然灾害、意外事故和人为破坏的影响
会计资料不存在永久或重要保存价值	形成的电子会计资料不属于具有永久保存价值或者其他重要保存价值的会计档案

单位的会计档案在形成后应及时交由单位的档案管理机构保管，档案的移交应规范，会计管理机构应编制会计档案移交清册，记录所需移交的档案，并按国家档案管理的有关规定将档案移交给单位的档案管理机构。

会计档案也有需要推迟移交的情况，对此需按以下要求执行：对于当年形成的会计档案，在会计年度终了后、移交给单位档案管理机构前，可由单位会计管理机构临时保管一年；对于因工作原因需要推迟移交的档案，经单位档案管理机构同意后才能推迟移交，且推迟时间不得超过3年。

提示：会计档案的对外出借规定

单位保存的会计档案一般不得对外出借。确因工作需要且根据国家有关规定必须出借的，应当严格按照规定办理相关手续。会计档案借用单位应当妥善保管和利用借入的会计档案，确保借入的会计档案的安全完整，并在规定时间内归还。

2．会计档案的保管年限

会计档案的保管期限从会计年度终了后的第一天算起，可分为永久和定期两类。定期保管期限一般分为10年和30年。各类别的会计资料保管期限明细如表2-10所示。

表 2-10

序号	档案名称	保管期限
一、	会计凭证	
1	原始凭证	30 年
2	记账凭证	30 年
二、	会计账簿	
3	总账	30 年
4	明细账	30 年
5	日记账	30 年
6	固定资产卡片	固定资产报废清理后保管 5 年
7	其他辅助性账簿	30 年
三、	财务会计报告	
8	月度、季度、半年度财务会计报告	10 年
9	年度财务会计报告	永久
四、	其他会计资料	
10	银行存款余额调节表	10 年
11	银行对账单	10 年
12	纳税申报表	10 年
13	会计档案移交清册	30 年
14	会计档案保管清册	永久
15	会计档案销毁清册	永久
16	会计档案鉴定意见书	永久

善始善终——出纳工作交接处理

出纳人员离职或因工作调动而要离开现工作岗位时，必须按有关规定和要求办理好工作的交接手续，做好工作的移交。通过交接，可以明确工作责任，便于接手工作的出纳人员熟悉工作，也有利于发现和处理出纳工作和资金管理工作中存在的问题，预防经济责任事故与经济犯罪的发生。

◆ 交接前的准备工作

为了使出纳工作移交清楚，防止遗漏，保证出纳交接工作顺利进行，移交工作的出纳人员在办理交接手续前，要做好以下准备工作。

（1）对交接前已经发生但未填制会计凭证的经济业务，进行会计凭证的填制。

（2）对以下事项进行核对：日记账与现金、银行存款总账；现金账面余额和实际库存现金数；银行存款账面余额和银行对账单。对于以上事项，若有任何一项核对不符，应了解原因并解决问题，在移交给接收人之前保证款项相符，若不符，则需要进行相关处理，相符后才能进行工作交接。

（3）尚未登记的账目应登记完毕，并在最后一笔余额后面加盖经办人员的印章。

◆ 正式交接过程

出纳人员准备好所要移交的资料后，根据资料编制移交清册，列明应移交的会计凭证、账簿、报表、印章、现金、有价证券、支票簿、发票、文件和其他会计资产物品等内容。实行会计电算化的单位，从事该项工作的移交人员还应当在移交清册中列明会计软件及密码、会计软件数据磁盘及有关资料、实物等内容。

出纳人员应明确出纳工作的交接期限，并在期限内完成由原出纳人员向接交人员的交接工作。工作交接的办理除了涉及接交人和移交人之外，还应有监交人，监交人一般由单位领导担任，负责移交人和接交人双方交接程序及手续的监督，并对交接过程中的可能事项进行协调。监交人必须参与交接的整个过程，见证交接工作的完成；移交人必须按移交清册进行逐项移交，做到没有遗漏；接交人应按清册进行逐项核对接收，对于有疑问的应立即提出处理，直至交接工作顺利完成。出纳人员交接过程中需要点收的事项如表2-11所示。

表 2-11

点收事项	具体点收要求
现金、有价证券	要根据出纳账和备查账簿余额进行点收。现金、有价证券必须与会计账簿记录保持一致。不一致时，移交人员必须限期查清
会计凭证、会计账簿	会计凭证、会计账簿等会计资料必须完整无缺。尤其在账簿交接时，接交人应着重核对账账、账物是否一致，核对无误后，交接双方还应在账簿的“经管人员一览表”上签章，并注明交接的年、月、日
银行存款账户余额	银行存款账户余额要与银行对账单核对，若不一致，应当编制银行存款余额调节表调节相符。若经调整，余额仍然不符，应及时查明原因，明确责任。银行存款余额调节表是为核对银行存款日记账和银行对账单是否一致而编制的表格
票据、印章和其他实物	移交人保管的票据、印章和其他实物，也必须交接清楚
保险柜密码，重要工作台、室的钥匙	应先按实际情况进行交接，待交代完毕后，要重新更换保险柜密码和重要工作台、室的锁具
电算化下账页的点收	实行电算化的单位，需要定期采用计算机打印活页账页的现金日记账、银行存款日记账和有价证券明细账的，在不能满页打印时，不可在实际操作状态下进行交接，应将账页打印出来，装订成册后再进行交接
待办事项和注意事项	移交时，还应对工作计划和待办事项交待清楚。移交人移交工作计划时，要由移交人详细地介绍计划执行情况以及在日后执行过程中可能出现的问题，以便接交人接管后能顺利地开展工作
移交清册的签字确认	交接完毕，交接双方和监交人要在移交清册上签名或盖章。移交清册一般一式三份，交双方各执一份，存档一份。在移交清册上必须填明单位名称、交接日期、交接双方和监交人的职务和姓名以及移交清册页数、份数和其他需要说明的问题与意见

◆ 出纳交接的相关责任

出纳交接工作结束的，在交接前后各期的工作责任应由当时的经办人负责，主要体现在以下3方面。

（1）接收人应认真接管移交工作，继续办理未了事项。

（2）接收人应继续使用移交后的账簿等资料，保持会计记录的连续性，不得自行另立账簿或擅自销毁移交资料。

（3）移交后，移交人对自己经办的、已办理移交的资料负完全责任，不得以资料已移交为借口推脱责任。

从下章开始将进入本书的实操内容讲解，在案例讲解部分，本书将模拟一家家具生产销售公司——四川良木家居有限公司（以下简称良木公司），并对该公司10～12月份发生的与出纳有关的经济业务进行处理，尽量还原真实的出纳工作流程和工作内容，让读者通过实账处理进行实战学习，从而快速熟悉并精通出纳工作。

Chapter 03

真金白银要管好——现金收付有凭有据

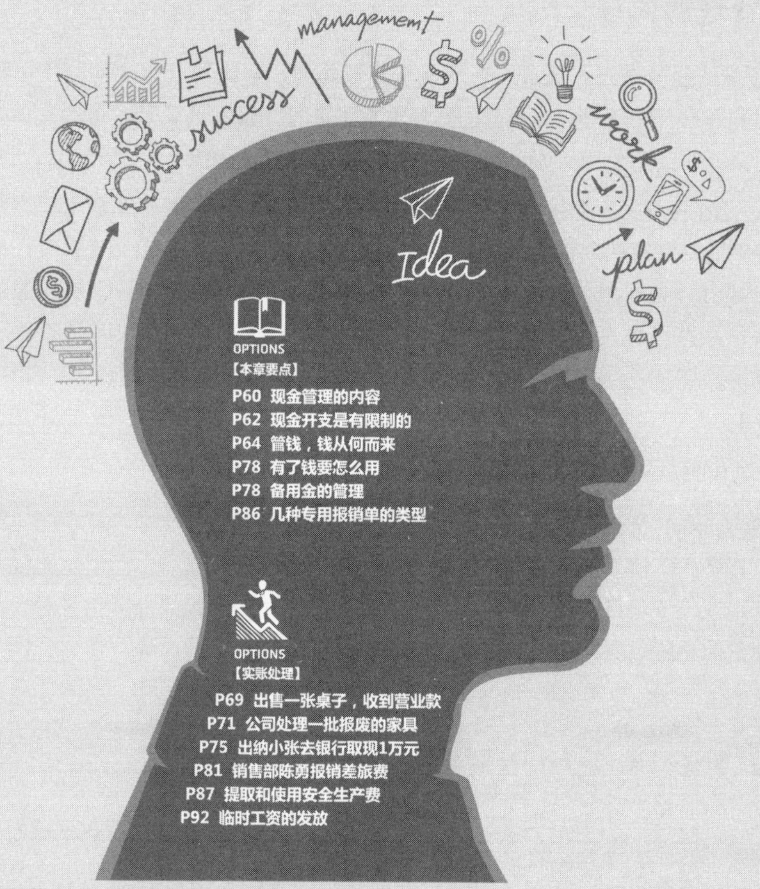

OPTIONS

【本章要点】

OPTIONS

【实账处理】

现金管理概述

现金管理是国家根据相关法律法规，对一切国有企业、事业、机关、团体、部队、学校及集体企业的现金使用范围、数量和库存进行管理监督的一项财经制度。而出纳的主要工作就是对现金的管理，包括库存现金和银行存款等。

现金管理的内容

现金管理的主要内容就是现金，现金是流动资产最主要的组成部分，也是流动性最强的资产。在日常经济业务的结算方式中，使用最多的就是现金结算，如职工借备用金或购买办公用品等。

现金流通的多少会直接影响社会的再生产能力，那么，如何确定现金的使用量呢？这就需要制定现金管理的规章制度。实行现金管理，对于保证货币发行权集中于中央、有计划地调节货币流通、节约使用现金、稳定市场物价、发挥银行对各项经济活动的监督作用、维护财经纪律以及促进企业开放和国民经济的加速发展，具有十分重要的意义。本节主要从现金的定义和现金管理的原则方面认识现金管理。

1. 现金的定义

现金（cash）是指立即可以投入流通的交换媒介，是我国企业会计中的一个总账账户，在资产负债表中并入货币资金，列作流动资产，但具有专门用途的现金只能作为基金或投资项目，列为非流动资产。现金是通用的交换媒介，也是对其他资产进行计量的一般尺度，从不同分类角度看，现金又有不同的内容，详见表3-1。

表 3-1

分类角度	具体内容	
从理论上讲	广义	广义的现金包括库存现金、银行活期存款、银行本票、银行汇票、信用证存款和信用卡存款等内容
	狭义	狭义的现金仅仅指库存现金，即企业金库或保险柜中存放的现金，包括人们经常接触的纸币和硬币等
从会计上讲	存放在企业并由出纳人员保管的现钞，包括库存的人民币和各种外币	

2. 现金管理的基本原则

现金管理是对现金收、付、存等各环节进行的管理。在经济活动中，出纳应该遵守现金管理的基本原则，具体内容如下。

- **收付合法原则**：指各单位在收付现金时必须符合国家的有关方针、政策和规章制度的规定。这里所说的合法有两层含义，一是现金的来源和使用必须合法；二是现金收付必须在合法的范围内进行。
- **钱账分管原则**：即管钱的不管账，管账的不管钱。它指经管现金的出纳人员不得兼管收入、支出、债权债务账簿的登记工作、稽核工作和会计档案的保管工作；负责经营收入、支出和债权债务登记工作的会计人员，不得兼管出纳账登记工作、现金的收付工作和现金的保管工作。
- **日清月结原则**：是出纳人员办理现金出纳工作的基本原则和要求，也是避免出现长账和短账的重要措施。即对每天发生的现金收付业务，要记入现金日记账，结出每天的库存现金余额，并把账面现金余额与实际库存现金余额核对，保证账实相符。现金日记账每月至少结一次账，业务多的可十天或半月定期结一次账，并与其他有关账面核对，看账账是否相符。
- **收付两清原则**：为了避免在现金收付过程中发生差错，防止收付发生长、短款，现金收付时要做到复核。不论工作多忙和金额大小，出纳人员对收付的现金都要进行复核，或由另外一名会计人员复核，切实做到现金收付不出差错。要做到收付款当面点清，对财会部门取交现金的人员，要督促他们当面点清，如有差错当面解决，以保证收付两清。

3. 现金管理的八不准

在实际经济业务中，会出现许多不规范的现金管理行为。为了分清和避免这些行为的出现，开户单位应按《现金管理暂行条例》及实施细则的规定，了解并遵守“八不准”准则。这“八不准”如下。

- 不准用不符合财务制度的凭证顶替库存现金。
- 不准谎报用途套取现金。
- 不准单位之间相互借用现金。
- 不准将单位收入的现金以个人名义存取。
- 不准利用银行账户代其他单位和个人存取现金。
- 不准保留账外公款（小金库）。
- 不准发行变相货币。

- ◆ 不准以任何票券代替人民币在市场上流通。

开户银行应按照《现金管理暂行条例》及其实施细则的规定和中国人民银行的有关规定，负责现金管理的具体实施，对各开户单位收支和现金使用进行监督管理。开户单位如有违反现金管理“八不准”的任何一种情况，开户银行可按照规定，有权责令开户单位停止违法活动，并根据情节轻重给予警告或罚款。

现金开支是有限制的

不是所有的经济业务活动都能以现金结算，为了安全和方便，大金额的款项不能直接使用现金支付。本节通过讲述现金使用范围和库存现金的限额来理解现金开支的限制。

1．现金使用范围

现金使用范围是指按照国家规定可以使用现金进行结算的范围。到底什么样的经济活动才能使用现金结算呢？根据《现金管理暂行条例》的规定，现金只能在以下范围内使用。

- ◆ 职工工资、各种工资性津贴。
- ◆ 支付给个人的各种资金，包括根据国家规定颁发给个人的科学技术、文化艺术、体育等方面的各种奖金。
- ◆ 各种劳保、福利费用以及国家规定的对个人的其他支出。
- ◆ 个人劳务报酬，包括稿费、讲课费及其他专门工作报酬。
- ◆ 单位出差人员必须随身携带的差旅费。
- ◆ 企业向个人收购农副产品和其他物资的价款。
- ◆ 结算起点（1000元）以下的零星支出。
- ◆ 中国人民银行确定需要支付现金的其他支出。

2．库存现金限额

库存现金限额是指国家规定由开户银行给各单位核定一个保留现金的最高额度。核定单位库存限额的原则是，既要保证日常零星现金支付的合理需要，又要尽量减少现金的使用。开户单位由于经济业务发展，需要增加或减少库存现金限额时，应当按照规定程序向开户银行提出申请。

库存现金限额由开户银行和开户单位根据具体情况商定。一般情况下，开户银行根据开户单位零星开支的需要，核定3～5天的日常零星数额作为该单位的库存现金限额。距离银行较远且交通不便地区的开户单位，其库存现金限额的核定天数可适当放宽到5天以上，但最多不得超过15天日常零星开支。日常零星开支不包括企业每月发放工资和不定期差旅费等大额现金支出。一个企业在几家银行开户的，由一家开户银行为其核定库存现金的限额。

健全现金的保管与清查制度

由于现金具有使用广泛、便利的优点，同时又具有使用不安全、不利于国家宏观管理和控制的缺点，因此，对于现金的管理，单位必须建立和健全现金的保管与清查制度。

1. 现金的保管

为加强对现金的管理，除工作时间需要的少量备用金可放在出纳员的抽屉里，其余则应放入出纳专用的保险柜内，不得随意存放。超过库存限额以外的现金应在下班前送存银行；限额内的库存现金当日核对清楚后，一律放在保险柜内，不得放在办公桌上或抽屉内。

单位的库存现金不准以个人名义存入银行，防止有关人员利用公款私存取得利息收入，也防止单位利用公款私存形成账外小金库。银行一旦发现公款私存，可以对单位处以罚款，情节严重的可冻结单位的现金支付。

库存现金包括纸币和铸币，出纳应实行分类保管。各单位的出纳对库存票币分别按纸币的票面金额、铸币的币面金额及整数和零数分类保管。

2. 现金清查制度

为确保库存现金安全完整，各单位应建立库存现金清查制度，由有关领导和专业人员组成清查小组，定期或不定期地对库存现金情况进行清查盘点，重点放在账款是否相符、有无白条抵库、有无私借公款、有无挪用公款及有无账外资金等违纪违法行为上。

在盘点前，不预先通知出纳员，以预防其先做手脚。盘点时间最好在一天业务没有开始之前或一天业务结束后，由出纳员将截至清查时现金收付账项全部登记入账，并结出账面余额。清查时出纳员应始终在场，并给予积极的配合。

清查结束后，应由清查人填制“现金清查盘点报告表”，填列账存、实存以及溢余或短缺金额，同时说明原因，上报有关部门或负责人进行处理。如图3-1所示为现金清查盘点报告表模板的效果。

现金清查盘点报告表

单位名称：　　　　　　　　　　年　月　日　　　　　　　　　　单位：元

清点现金			核对账目		
货币面值	张数	金额	项　目	金额	备注
100元			现金账面余额		
50元			加：收入凭证未记账		
20元			减：付出凭证未记账		
10元			调整后现金账面余额		
5元			实点现金		
2元			长款（+）		
1元			短款（-）		
5角					
2角					
1角					
5分					
2分					
1分					
实点合计					
财务主管：			出纳员：		

图3-1

管钱，钱从何而来

现金收入是指各单位在其所开展的生产经营和非生产经营性业务中取得的现金。它包括发生销售商品、提供劳务等业务时的现金收入，机关、团体和企事业单位提供非经营服务而取得的现金收入，单位内部的现金收入，出差人员退回的多余款项，向单位职工收取的违反制度罚款，以及执法单位取得的罚没收入等。在日常工作中，现金收入的一般流程如图3-2所示。

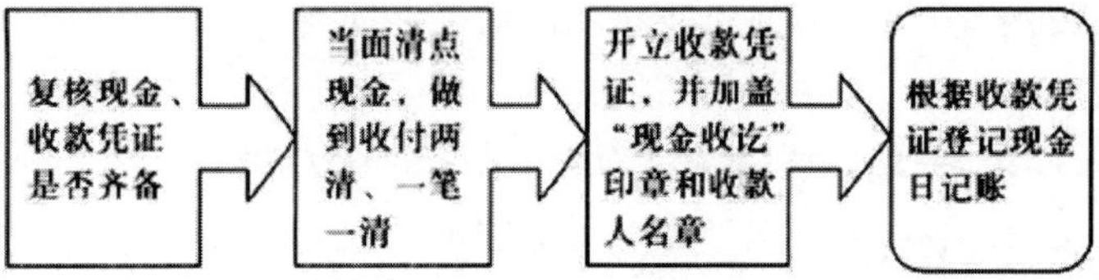

图3-2

本节根据实际经济业务中的会计情形，来详细地讲述企业现金收入的各种情况。

老板投资款

在成立新公司时，首先要有注册资本，而注册资本对公司来说就是一项收入。下面通过一个例子来说明老板向公司投资时的业务处理。

【实账处理】——老板李总投入现金20万元

2014年3月7日，李良成立一家四川良木家居有限公司（良木家居），注册资本为20万元。均以现金投资。出纳人员填制了如图3-3所示的收据凭证。

收　据　　　　No1005121

日期：　2014　年　3　月　7　日

收　到　李总投资款

备注：现金

金额（大写）贰拾零万零仟零佰零拾零元零角零分　¥200000.00

附　注：

①存根（白）②收据（红）③记账（蓝）

发据单位盖章　　会计　王伍　　出纳　张义　　经手人　李良

图3-3

收到投资款时，根据收据做以下的会计分录。

借：库存现金　　　　200000

　　贷：实收资本——李良　　　　200000

在公司不断发展和扩大时，根据公司需要，也会继续增加注册资本，对于这种情况下发生的老板投资款现金业务，出纳该怎么处理呢？

【实账处理】——李总增加注册资本5万元

2016年5月15日，公司因业务发展较好，经公司领导开会研究决定扩大业务范围，并新开了一家实体营业店。老板李总又增加注册资本5万元。出纳在清点现金后，开具了如图3-4所示的收据。

收　据　　　　No1005122

日期：　2016　年　5　月　15　日

收　到 李总投资款

备注：现金

金额（大写） 零 拾 伍 万 零 仟 零 佰 零 拾 零 元 零 角 零 分 ￥50000.00

附　注：

发据单位盖章　　会计 王伍　　出纳　张义　　经手人 李良

①存根（白）②收据（红）③记账（蓝）

图3-4

根据收据编制了如下的会计分录。

借：库存现金　　　　50000

　　贷：实收资本——李良　　　　50000

此外，公司在运营中难免会遇到资金周转问题，在急需资金时，除了老板自己投资外，也可以在银行同等利率下借一部分资金解决燃眉之急。

【实账处理】——李总向张总借入现金3万元

良木家居大力发展业务，销量提高，但应收账款未能及时收回，又要不停地购买材料扩大生产，导致公司资金周转出现困难。2016年7月12日，良木家居李良向合作企业张总借入现金3万元解决资金周转问题，如图3-5所示为出纳收到的李总向张总借入现金的借条。

借　条

兹因我××公司资金周转困难，而向 张总 借款，共借得款项人民币 叁万 元整。预计在2017年7月12日前如期归还。共借款 一年 。期间年利息按银行同期利率4.35%计算，利息共计 壹仟叁佰零伍元整，到期利息与本金一起归还。以上唯恐口说无凭，特立此借条为证。

立据出借人：张总　身份证号：41232119××××××　联系地址：×××　电话：×××××××

立据借款人：李总　身份证号：41232119××××××　联系地址：×××　电话：×××××××

见证人：　张×　身份证号：41232119××××××　联系地址：×××　电话：×××××××

保证人：　李×　身份证号：41232119××××××　联系地址：×××　电话：×××××××

借款日期：2016年7月12日

图3-5

会计分录如下。

借：库存现金　　　　30000

　　贷：短期借款——张总　　　　30000

需要注意的是，当出纳收到大于现金限额的大量现金时，为了确保现金的安全，应该及时存入开户银行。

提示：认识长期借款和短期借款

短期借款是指企业为了获得维持正常的生产经营活动所需的资金而向银行或其他金融机构等外单位借入的、还款期限在一年或一年以内的一个经营周期内的各种借款。长期借款是指企业向银行或其他金融机构借入的期限在一年以上（不含一年）或超过一年的一个营业周期以上的的各项借款。

职工或个人的集资款

公司的发展离不开员工，所以员工的积极性能促进公司更好地发展。公司可以制定一些激励措施，比如可以让员工集资购买公司设备，定期收取红利等。这样不仅能提高员工的积极性和责任心，也能为公司节约成本，充分利用资金。

【实账处理】——职工小陈投入2万元集资购买机器收取红利

某建筑公司承建了一处房产施工工程，准备采购挖掘机设备，单位为了解决资金困难，同时也为了激励公司员工工作的积极性，决定以集资的方式采购。职工小陈投入2万元集资款，并与公司签订合同，占总金额的5%，如图3-6所示。

集资协议书

因我公司资金困难，工地设备紧缺。经公司职工同意，为提高公司效益和职工的工作积极性，公司于2016年7月10日研究讨论决定：购买设备的资金由我公司职工自愿集资一部分。挖掘机购买后，公司对挖掘机拥有绝对产权。按照《中华人民共和国集资法》，特制定本协议书各条款：

1、本协议书所有职工，皆须声明系自愿参加；

2、本协议书系临时为本公司内部协商而制定，具有相应法律效应。

3、本协议书规定每位职工集资额度为人民币2万元。

4、本协议书要求集资职工在规定时间缴纳集资款，否则视为不自愿集资；

5、本次集资款之用途对所有集资职工公开，所有使用方式必须及时向集资职工通报，账目随时查询；

6、本协议书规定，公司不得擅自变更，解除，撤销或终止本协议书，集资职工因为退休、调离或其他因素，公司必须全额退还职工集资款，本协议书自行终止；

7、本协议书经集资职工签字（或）盖章并缴款后生效，一式两份，集资职工与公司各一份。

职工签字：陈生

公司盖章：××公司

2016年7月15日

图3-6

出纳收到小陈的集资款后，做了如图3-7所示的收据和相应会计分录。

收　据　　　　No1005123

日期：　2016　年　7　月　15　日

收　到　陈生集资购买挖掘机款

备注：现金

金额（大写）零 拾 贰 万 零 仟 零 佰 零 拾 零 元 零 角 零 分 ￥20000.00

附　注：挖掘机集资款

发据单位盖章　　会计 李×　　出纳 张×　　经手人 陈生

①存根（白）②收据（红）③记账（黄）

图3-7

会计分录如下。

借：库存现金　　　　　　　　　　　　　20000

　　贷：其他应付款——职工集资款　　　　　20000

收到营业款

对一般的零售商店来说，每日的营业额一般都由当天的收银员直接送存银行，不通过财务部门。当每日营业时间终了后，财务人员再根据收银员送存银行时的“现金交款单”的回单联和有关销售凭证填制银行存款收款凭证，不作为现金收款凭证。如果零售商店不是由收银员直接将现金收入送存银行，而是交给出纳人员送存银行，那么财务人员根据所收到的现金收入和有关销售凭证填制现金收款凭证。下面通过一个例子说明将现金交给出纳人员的账务处理。

【实账处理】——出售一张桌子，收到营业款

2016年7月15日，良木家居公司名下的零售店出售一张桌子，单价为4709元，增值税税率为3%。对方用现金支付。营业终了，出纳收到营业款及如图3-8所示的销售凭证。

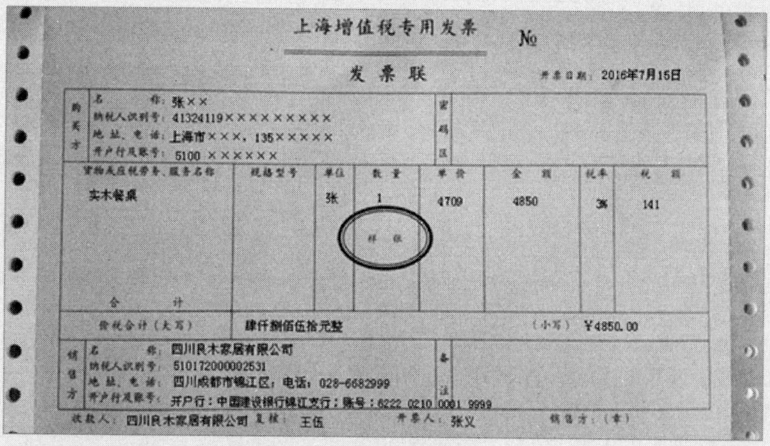
上海增值税专用发票　№

发票联　　开票日期：2016年7月15日

购买方　名称：张××
纳税人识别号：41324119×××××××××
地址、电话：上海市×××，135×××××
开户行及账号：5100 ××××××

货物或应税劳务、服务名称	规格型号	单位	数量	单价	金额	税率	税额
实木餐桌		张	1	4709	4850	3%	141
合计							

价税合计（大写）　肆仟捌佰伍拾元整　（小写）￥4850.00

销售方　名称：四川良木家居有限公司
纳税人识别号：510172000002531
地址、电话：四川成都市锦江区；电话：028-6682999
开户行及账号：开户行：中国建设银行锦江支行；账号：6222 0210 0001 9999

收款人：四川良木家居有限公司　复核：王伍　开票人：张义　销售方：（章）

图3-8

根据营业收入，算出应交增值税税款＝4709×3%＝141（元）

根据销售凭证以及算出的税款做出以下分录。

借：库存现金　　　　　　　　　　　　4850

　　贷：主营业务收入　　　　　　　　　　　4709

　　　　应交税费——应交增值税（销项税额）141

预收现金账款的处理

所谓预收现金，就是指收到的购货方或接受劳务单位或个人用现金预交的货款、劳务服务款或定金。预收现金款项应通过“预收账款”科目核算，不设“预收账款”科同的企业应通过“应收账款”科目核算，所以，企业在预收现金、编制现金收款凭证时，账户贷方应为“预收账款”或“应收账款”科目。

【实账处理】——预收购货款6000元

2016年7月24日，某公司到良木家居订购一批办公桌椅，因为量比较大，且需要定做，大概要一个星期左右的时间。

为了避免发生经济纠纷，良木家居向购买商收取了订金6000元，以现金支付，并开具了如图3-9所示的收据。

收　据　　　　No1005124

日期：2016 年 7 月 24 日

收　到 某公司订金

备注：现金

金额（大写）零 拾 零 万 陆 仟 零 佰 零 拾 零 元 零 角 零 分 ￥6000.00

附　注：

发据单位盖章　　会计 王伍　　出纳 张仁　　经手人 李某

①存根（白）②收据（红）③记账（黄）

图3-9

会计分录如下。

借：库存现金　　　　6000

　　贷：预收账款　　　　6000

变卖公司废旧资产的处理

在商品流通市场中，随着科技的不断发展，产品日新月异，一些产品逐渐被新的产品替代，久而久之，就失去了其本身的价值，而且也不能再被利用生成可再生资源，企业只能将其作为废品处理。有些产品虽然失去了价值，但仍可以再次被加工成新的产品，所以企业可以以变卖废旧物品的方式将其处理掉，这样不仅能大大提高资源的利用率，还能节约资金。

【实账处理】——公司处理一批报废的家具

2016年8月31日，良木公司盘点存货，发现一批报废的家具，于是卖给了废品回收站。废旧家具明细表如图3-10所示。

废旧家具明细表

编制单位：四川良木家居有限公司　　单位：元

序号	品名	原价	残值	回收价	备注
1	布艺床	2069	1599	1460	
2	乳胶床垫	1350	869	758	
3	玻璃茶几	899	628	580	
4	鞋柜	328	185	150	
5	餐椅	225	150	128	
合　计		4871	3431	3076	

单位主管：李良　　财务主管：王伍　　制表：张义

图3-10

会计分录如下。

借：库存现金　　3076

　　贷：其他业务收入　　3076

收到现金时，出纳人员填制了如图3-11所示的收据。

收　据　　　　No1005125

日期：2016 年 8 月 31 日

收　到 废品回收站废品回收费

备注：现金

金额（大写）零 拾 零 万 叁 仟 零 佰 柒 拾 陆 元 零 角 零 分 ￥3076.00

附　注：

发据单位盖章　　会计 王伍　　出纳 张仁　　经手人 王某

①存根（白）②收据（红）③记账（蓝）

图3-11

退款的处理

在购买商品后，购买商使用商品时如果发现有质量问题的，可以和销售商家及时沟通并协商处理方法。如果商品只是有些小瑕疵而没有安全隐患，不影响使用的，可以要求商家给予一定的优惠处理；如果商品质量问题严重，不能继续使用，可以要求商家换商品或进行退货退款的处理；如果使用后发现质量问题并导致严重后果的，可以要求商家给予一定的赔偿。下面通过一个例子来了解退货退款的处理。

【实账处理】——因材料质量问题退材料收到退款5800元

2016年8月10日，良木公司购买了一批用于生产桌椅的木料，已开票入账，15日用于生产时，发现木料有质量问题，与厂家友好协商后，同意退还材料并退货款5800元。首先物料部门填制如图3-12所示的出库单。

出　库　单　　　　No1016121

单位：四川良木家居　　2016 年 8 月 10 日

编号	名称	规格	单位	数量	单价	金额	备注
1	木材		批		5800	5800	退料
金额（大写）	零 拾 零 万 伍 仟 捌 佰 零 拾 零 元 零 角 零 分 ￥5800.00						

主管：刘江　　仓库：许志　　记账：张仁　　经手人：张某

①存根（白）②记账（红）③结算（蓝）

图3-12

收到现金时，出纳人员填制如图3-13所示的收据。

收　据　　№1005126

日期：2016 年 8 月 31 日

收　到 退木材费

备注：现金

金额（大写）零 拾 零 万 伍 仟 捌 佰 零 拾 零 元 零 角 零 分 ￥5800.00

附　注：

发据单位盖章　　会计 王伍　　出纳 张仁　　经手人 王某

①存根（白）②收据（红）③记账（蓝）

图3-13

退货退款的会计分录如下。

借：库存现金　　　　5800

　　贷：原材料　　　　5800

收到罚款的处理

为提高职工自身约束力、守法意识和工作的积极性，增强职工的创造力，公司会针对职工制定一些奖励或者惩罚措施。奖励的目的在于既使得职工在工作中得到心理及物质上的满足，又使职工不断奋发向上、争取更好的业绩，为公司带来更好的经济效益。惩罚的目的在于促使职工达到并保持应有的工作态度和工作效率，同时保障公司和员工共同利益。

罚款时可以直接从工资中扣除，也可以直接将现金交与出纳。下面通过一个例子来说明直接将罚款交与出纳的业务处理。

【实账处理】——收到职工小赵的迟到罚款50元

良木公司职工管理制度规定，职工上班迟到一小时内（含一小时）罚款50元。2016年9月5日，销售部小陈上班迟到半小时，缴纳50元罚款给出纳。出纳收到罚款后填制收据，如图3-14所示。

收　据　　　　No1005127

日期：　2016　年　9　月　5　日

收　到　销售部小陈因迟到罚款

备注：现金

金额（大写）零 拾 零 万 零 仟 零 佰 伍 拾 零 元 零 角 零 分 ￥50.00

附　注：

发据单位盖章　　会计 王伍　　出纳 张仁　　经手人 小陈

①存根（白）②收据（红）③记账（蓝）

图3-14

根据收据做出如下的会计分录。

借：库存现金　　　　50

　　贷：其他业务收入　　　　50

收到赔偿款的处理

日常商品流通过程中，商品会因各种原因发生一些损耗。商品损耗是指在商品销售过程中，由于各种原因造成的商品总价值的损失。商品损耗可以分为有形与无形两种，有形损耗包括我们可以看到的，诸如产品破损、丢失、过期和质量问题等；无形损耗包括采购人员吃回扣、收银人员盗窃物款、外部人员盗窃以及营运过程中陈列错误等导致的损失。对于不同原因造成的商品损耗有不同的会计处理，下面通过一个例子，了解实际工作中常见的由于外部因素导致商品损耗并收取赔偿款的处理。

【实账处理】——快递公司弄丢椅子赔偿500元

2016年9月20日，良木公司出售一张椅子到外地，客户要求通过物流公司邮寄，在快递邮寄过程中，由于快递员大意，弄丢了椅子，于是根据椅子价值快递公司要求赔偿了500元。填制了如图3-15所示的收据。

收　据　　　№1005128

日期：　2016　年　9　月　20　日

收　到　快递公司赔偿款

备注：现金

金额（大写）零 拾 零 万 零 仟 伍 佰 零 拾 零 元 零 角 零 分 ￥500.00

附　注：

发据单位盖章　　会计 王伍　　出纳 张仁　　经手人

①存根（白）②收据（红）③记账（蓝）

图3-15

会计分录如下。

借：库存现金　　　　500

　贷：其他业务收入　　　　500

银行存款变现金

公司成立后，应在当地银行开立一个一般银行账户，公司的所有流动资金都存入固定的开户行里，当需要现金时，出纳人员根据开户银行的要求填制好相关凭证到开户银行办理提现业务。一般来说，从银行提取现金的业务流程可以总结为如图3-16所示的3个步骤。

图3-16

【实账处理】——出纳小张去银行取现1万元

2016年7月15日，良木公司出纳小张去银行取现1万元作为备用金，填制了如图3-17所示的现金支票并编制了如下会计分录。

中国建设银行
现金支票存根
11783748
附加信息
备用金
出票日期 201 年 07 月 日
收款人：四川良木家居有限公司
金额：¥10000.00元
用途：备用金
单位主管 李良 会计 王伍

中国建设银行 现金支票 11783748
出票日期（大写）贰零壹陆 年 零柒 月 壹拾伍 日 付款行名称：建行锦江支行
收款人：四川良木家居有限公司 出票人账号：6222021000019999
人民币（大写）壹万元整 ¥1000000
用途 备用金
上列款项请从 我账户内支付
出票人签章
105452000018
复核 记账

图3-17

借：库存现金　　　　　　10000

　　贷：银行存款　　　　　　10000

收回职工个人借款

“有借有还，再借不难。”公司员工因公出差时，可自己先垫付所有费用，也可向领导申请一部分备用金。在出差过程中，所有公费项目都应向销售方索要正规发票。出差回来后，及时分类整理好各种票据，根据公司财务管理制度，按照程序报账，如有未用完的备用金，也应及时归还。

【实账处理】——收到陈勇归还借款500元

2016年8月25日，良木公司销售部小陈出差回来，归还剩余的备用金500元。出纳填制如图3-18所示的收据。

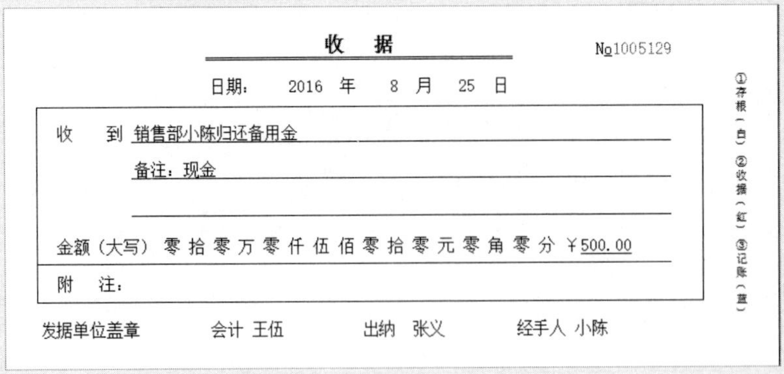
收　据　　No1005129
日期：2016 年 8 月 25 日
收　到 销售部小陈归还备用金
备注：现金
金额（大写）零 拾 零 万 零 仟 伍 佰 零 拾 零 元 零 角 零 分 ¥500.00
附　注：
发据单位盖章　会计 王伍　出纳 张义　经手人 小陈
①存根（白）②收据（红）③记账（蓝）

图3-18

会计分录如下。

借：库存现金　　　　　　　　500

　　贷：备用金——陈勇　　　　500

接受捐赠的收入

捐赠属于非交换交易的一种，通常是指某个单位或个人（捐赠人）自愿地将现金及其他资产无偿地转让给另一单位或个人（受赠人），或者无偿地清偿或取消购货单位或个人（受赠人）的负债。这里的其他资产包括债券、股票、产品、材料、设备、房屋、无形资产和劳务等。在实务中，民间非营利组织既可能作为受赠人，接受其他单位或个人的捐赠，也可能作为捐赠人，对其他单位或个人实施捐赠。下面这个实例讲的是企业收到捐赠时的账务处理。

【实账处理】——收到捐赠收入

为了帮助贫困山区留守儿童改善学习环境，某爱心企业发起了一场献爱心捐赠活动，各行各业纷纷献出爱心，送上祝福，最终该爱心企业因捐赠筹得25875元，并将爱心捐款全部用于购买留守儿童的学习生活用品。捐赠收入明细表如图3-19所示。

捐赠收入明细表

编制单位：　×××单位　　　　　　　　单位：元

序号	单位名称	姓名	金额	其他	备注
1	×××单位		3000		
2	×××单位		4700		
3	×××单位		2800		
4	×××单位		6875		
5	×××单位		5500		
6	×××单位		3000		
合　计			25875		

单位主管：　　　　财务主管：　　　　制表：

图3-19

收到捐赠收入时的会计分录如下。

借：库存现金　　　　　　　　　　　25875

　　贷：捐赠收入——限定性收入　　　　25875

有了钱要怎么用

现金支出是现金收入的对称，有狭义和广义之分。狭义指银行向市场投放货币。在我国，中国人民银行发行的人民币是唯一合法的通货，现金支出即付出人民币。广义则指社会各单位付出现金，如向职工发放工资、收购农副产品的支出款、提取储蓄存款和发放救济款等。本节主要介绍了企业中的现金支出的常见类型，如备用金的支出、员工报账支出和工资支出等。

备用金的管理

备用金是企业、机关、事业单位或其他经济组织等拨付给非独立核算的内部单位或工作人员备作差旅费、零星采购及零星开支等用途的款项。为了便于会计核算，会计可以单独设置“备用金”这一科目。备用金有两种管理形式，具体如下。

- **不固定金额的管理：** 不固定金额即指一些临时借款，比如，行政部门的人员接到了电力公司的通知，需要缴纳369.29元电费，相关人员从单位借出400元现金去交费。这类支出就属于不固定金额的临时借款。
- **固定金额的管理：** 固定金额就是指根据单位的规定，事先将一定数额的备用金预借给某人用于开展日常工作，事后定期凭发票报账，由出纳将用款人持有的现金差额补足。显然，这部分不在出纳手中掌管的现金数额不会很大，否则会有较大风险。这种情况下的数额支出审批需要由单位加以具体规定。

无论哪种管理形式，备用金都是以预借的形式从出纳转到用款人的手中。因此，用款人和出纳都应当按照单位的规定办理预借和报账的相关手续。出纳要管理好备用金，其关键点在于：对每笔支出的数额进行控制。下面通过具体的案例来讲解备用金的账务处理。

【实账处理】——销售部小陈借备用金

2016年8月20日，良木公司销售部小陈到外地出差，向财务部申请备用金1500元。小陈根据公司财务管理制度填制了如图3-20所示的借款单。

借 款 单　　　　No3001151

日期：　2016 年　8 月　20 日

部　门	销售部	姓名	陈勇
借款事由	到外地出差		
借款金额	（大写）零拾零万壹仟伍佰零拾零元零角零分		
预计还款报销日期	2016年8月25日	¥ 1500.00	
审批意见	同意借款。李良	借款人	陈勇 2016 年 8 月 20日

①存根（白）②收据（红）③记账（黄）

发据单位盖章　　　　会计：王伍　　　　出纳：张义

图3-20

出纳根据借款人提供的审批完成的借款单金额付款，会计分录如下。

借：备用金——陈勇　　　　1500

　　贷：库存现金　　　　1500

常见的报账类型

在公司的正常运转中，每个月都会有一些固定的费用发生。本节主要讲述了经济活动中常见的报账类型。如：购买办公用品的费用、差旅费、职工培训费、会务费、生活费、车辆使用费、通讯费和水电费的报销等。

1. 办公费用的报销

办公费是指基本生产车间耗用的文具、印刷、邮电、办公用品及报纸杂志等办公费用。办公费的核算内容包括：生产和管理部门用文具、纸张印刷品（包括各种规程、制度、报表、票据和账簿等的印刷费和购置费）、报纸杂志费以及图书资料费等。

【实账处理】——办公室王文购买办公用品

2016年7月10日，良木公司王文购买办公用品一批，价税共计700元，销售商已开具正规发票（见图3-21），王文根据发票明细内容填制好费用报销单（见图3-22），并已通过领导的审批，遂向账务部申请备报账款700元。相关会计分录如下。

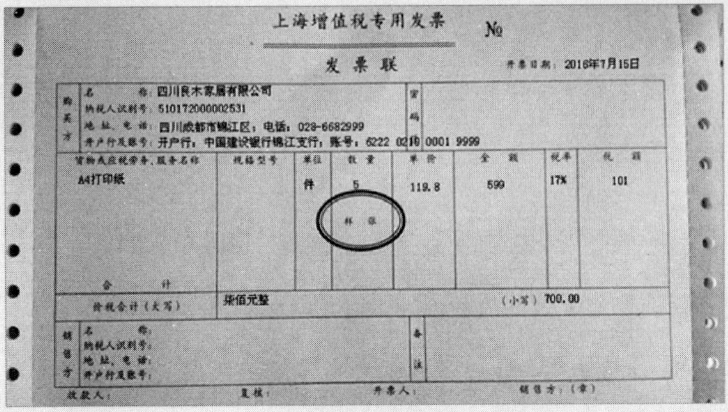
上海增值税专用发票 №
发票联 开票日期：2016年7月15日
购买方 名称：四川良木家居有限公司
纳税人识别号：510172000002531
地址、电话：四川成都市锦江区；电话：028-6682999
开户行及账号：开户行：中国建设银行锦江支行；账号：6222 0210 0001 9999
货物或应税劳务、服务名称	规格型号	单位	数量	单价	金额	税率	税额
A4打印纸		件	5	119.8	599	17%	101
合计							
价税合计（大写）	柒佰元整				（小写）700.00		

销售方 名称：
纳税人识别号：
地址、电话：
开户行及账号：
备注
收款人： 复核： 开票人： 销售方：（章）

图3-21

费 用 报 销 单 №4001141

报销部门：办公室 日期：2016 年 7 月 10 日 单据及附件共 1 页

报销项目	摘要	金额（十万千百十元角分）	备注
办公用品	A4打印纸5件	¥70000	
			领导审批
合计		¥70000	
金额大写：零拾零万零仟柒佰零拾零元零角零分		原借款： 0元	应退（补）款：700元

发据单位盖章 会计：王伍 出纳：张义 报销人：王文

图3-22

借：管理费用——办公费 700

贷：库存现金 700

2．差旅费用的报销

差旅费是行政事业单位或企业的一项重要的经常性支出项目，主要包括因公出差期间所产生的交通费、住宿费、伙食费和公杂费等各项费用。

财政部要求，各单位应当严格按照差旅费制度和厉行节约、反对浪费的有关规定，加强出差审批管理，从严控制出差人数和天数，严格差旅费预算管理和报销审核程序，控制差旅费支出规模。对违反差旅费管理规定的行为，有关部门应依法依规追究相关单位和人员的责任。

【实账处理】——销售部陈勇报销差旅费

2016年8月25日，良木公司销售部陈勇出差回来，出差途中，车费、住宿费、伙食费共花费1000元，他根据各类票据填制好如图3-23所示的差旅费报销单，并由财务审核无误，领导审批完成。陈勇将报销单交给出纳。由于8月20日，陈勇借备用金1500元，本次差旅费报销将冲销其备用金。

差 旅 费 报 销 单

报销部门：销售部　　　　2016年 8月25日

姓名		职别				出差事由					
出差地点	日期	区间	人数	天数	其中：途中天数	局内/局外	补贴项目	人数	天数	标准	金额
	8月20日-8月25日	成都-上海	1	5			伙食补贴	1	5	80	400
	月 日- 月 日	-					交通费补贴				
	月 日- 月 日	-					司机出车补贴				
	月 日- 月 日	-					未卧补贴				
	月 日- 月 日	-					小计	1	5	80	400

项目	报销数		审核数		
	单据张数	报销金额	单据张数	审核金额	说明：
住宿费	1	450	1	450	
车船票	4	150	4	150	主（分）管领导审批：
飞机票					
小计	5	600	5	600	
合计金额大写：壹仟元整					合计金额小写：1000.00

单位盖章　　会计：王伍　　出纳：张义　　报销人：陈勇

图3-23

会计分录如下。

借：管理费用——差旅费　　1000

　　贷：备用金——陈勇　　1000

3．职工教育经费的报销

职工教育经费是指企业按工资总额的一定比例提取，用于职工教育事业的一项费用，是企业为职工学习先进技术和提高文化水平而支付的款项。单位职工不但有取得劳动报酬的权利和享有集体福利的权利，还有接受岗位培训及后续教育的权利，为此需要企业投入一定的教育经费。下面通过一个实例来了解发生职工教育经费的账务处理。

【实账处理】——财务部王伍报销财务培训费

自2016年5月1日起，中国全面实施“营改增”，营业税将退出历史舞台。为了适应新的财务政策，2016年5月8日，良木公司组织财务人员集体培训“营改增”政策的内容。此次培训共计3天，共有两名财务人员参加培训，共发生培训费2600元。王伍根据票据填制如图3-24所示的费用报销单。

费 用 报 销 单 No4001142

报销部门：财务部　　日期：2016 年 5 月 8 日　　单据及附件共 5 页

报销项目	摘　要	金额（十万千百十元角分）	备注	
培训费	报财务培训费	¥260000	备注	财务部2人参加培训
			领导审批	
合　计		¥260000		
金额大写：零拾零万贰仟陆佰零拾零元零角零分		原借款：0元	应退（补）款：2600元	

发据单位盖章　　会计：王伍　　出纳：张义　　报销人：王伍

图3-24

出纳员根据审批完成的费用报销单，付给报销人审核后的金额，且以现金付讫。会计分录如下。

借：应付职工薪酬——职工教育经费　　2600

　　贷：库存现金　　2600

4．企业会务费的报销

会务费，顾名思义是因为召开会议所发生的一切合理费用，包括租用会议场所费用、会议资料费、交通费、茶水费、餐费及住宿费等。各单位应严格控制会务费的支出，一般情况下不予以报销，但特殊情况需要报销的，必须办理相关手续，且满足以下3个条件。

◆ 主管部门召开的工作会议。

◆ 公司有下达正式的会议通知。

◆ 与会务有关的费用都取得合法票据。

下面通过一个实例，讲解如果遇到会务费，我们应该如何进行账务处理工作。

【实账处理】——某建筑单位报销会务费

2016年5月30日，某建筑公司下达正式文件，定于2016年6月3日于某酒店召开2016年半年度工作总结会，要求各下属单位负责人准时参加，不得缺席。由单位办公室文某负责此次会议的正常进行，共计发生会务费2150元。

2016年6月5日，文某根据会议当天的各项支出填制了如图3-25所示的费用报销单，并收到现金2150元。会计分录如下。

费用报销单

No4001143

报销部门：办公室　　日期：2016 年 6 月 5 日　　单据及附件共 7 页

报销项目	摘要	金额 十	万	千	百	十	元	角	分	备注	各下属单位负责人参加
会务费	2016年6月3日召开半年度工作总结会		¥	2	1	5	0	0	0		
										领导审批	
合计			¥	2	1	5	0	0	0		
金额大写：零拾零万贰仟壹佰伍拾零元零角零分		原借款：0 元								应退（补）款：2150元	

发据单位盖章　　会计：　　出纳：　　报销人：文某

图3-25

借：管理费用——会务费　　2150

　　贷：库存现金　　2150

5．职工生活费的报销

公司为了给职工生活提供方便，减轻家务劳动，可以根据情况设立食堂解决职工的生活问题，也可以在工资表中增加生活补助（以现金的方式发放）。下面通过一个实例，讲解公司设立食堂时的生活费的报销问题。

【实账处理】——良木公司2016年7月发生的生活费

良木公司在郊区建立一个厂房，有员工50人。为了解决职工的生活问题，同时提高公司生产效率，公司建造了职工食堂，由厨师小何负责采购菜品，办公室王文负责生活费的报销。2016年8月1日，王文根据小何提供的7月份的采购清单，共花费1000元，填制了如图3-26所示的费用报销单。会计分录如下。

费用报销单　　No4001144

报销部门：办公室　　日期：2016 年 8 月 1 日　　单据及附件共 2 页

报销项目	摘　要	金额（十万千百十元角分）	备注
职工福利费	2016年7月职工生活费	¥100000	
合　计		¥100000	领导审批
金额大写：零拾零万壹仟零佰零拾零元零角零分		原借款：0元	应退（补）款：1000元

发据单位盖章　　会计：王伍　　出纳：张义　　报销人：王文

图3-26

借：应付职工薪酬——职工福利费　　1000

　　贷：库存现金　　1000

6. 车辆使用费的报销

为了更好地实现会计核算，对于公司使用的公车所发生的各项费用，应单独设立“车辆使用费”明细科目进行核算。车辆使用费主要包括公车使用时发生的各种保险费、车辆保养和维修费、车辆加油费、车辆过路费及车辆停车费等。

为保证公司资产的完整性，维护好机动车辆的使用性能，控制和降低机动车辆各项费用，公司可以根据实情制定车辆使用管理办法。驾驶员应时刻注意安全，由于驾驶不慎而人为造成机动车损坏的，扣除保险公司赔偿部分的修理费用后，应由驾驶人员全额赔偿；由于违反交通法规造成的损失，公司一概不予报销；车辆因自然磨损造成的机械故障与车辆负责人无关的，费用由公司承担。

【实账处理】——驾驶员李尚报销车辆使用费

良木公司公车驾驶员李尚，于2016年6月21日去车站接李总，发生洗车费10元，停车费20元，加油费320元，过路费48元，共计398元。李尚根据各类票据填制了如图3-27所示的费用报销单，经财务部门审核后，再由领导李良审批完成，交由出纳员张义并领取报账款398元。相关会计分录如下。

借：管理费用——车辆使用费　　398

　　贷：库存现金　　398

费用报销单

No4001145

报销部门：办公室　　日期：2016 年 6 月 21 日　　单据及附件共 4 页

报销项目	摘要	金额（十万千百十元角分）	备注
车辆使用费	洗车费	¥1000	
	停车费	¥2000	
	过路费	¥4800	领导审批
	加油费	¥32000	
合计		¥39800	
金额大写：零拾零万零仟叁佰玖拾捌元零角零分		原借款：0 元	应退（补）款：398元

发据单位盖章　　会计：王伍　　出纳：张义　　报销人：李尚

图3-27

7．职工通信费的报销

通信费是在公司联系业务时发生的必要开支，包括职工电话费、办公室座机费、邮寄费和网络费用等。这几类费用的处理都是在收到发票后直接进入管理费用，设“管理费用——通信费”明细科目进行核算。

【实账处理】——报销通信费

2016年8月，良木公司业务不断扩张，职工电话费开支也成正比增加，共发生270元电话费，预缴网络费500元，邮寄费30元。2016年8月31日，办公室王文根据发票填制了如图3-28所示的费用报销单。同时编制如下会计分录。

费用报销单

No4001146

报销部门：办公室　　日期：2016 年 8 月 31 日　　单据及附件共 3 页

报销项目	摘要	金额（十万千百十元角分）	备注
通信费	电话费	¥27000	
	网费	¥50000	
	邮寄费	¥3000	领导审批
合计		¥80000	
金额大写：零拾零万零仟捌佰零拾零元零角零分		原借款：0 元	应退（补）款：800元

发据单位盖章　　会计：王伍　　出纳：张义　　报销人：王文

图3-28

借：管理费用——通信费　　　　　　800

　　贷：库存现金　　　　　　　　　　800

8．公司水电费的报销

在公司的经营过程中，水电费是一项最基本的开支，一般情况下，公司在收到水电费的缴纳通知后，都必须按时缴纳。而缴纳的水电费通常计入“管理费用——水电费”这一明细科目，下面通过案例来讲解公司水电费报账的会计处理。

【实账处理】——良木公司8月份水电费报销

2016年8月份，良木公司发生水费480元，电费300元，共计780元。2016年8月31日，办公室王文根据发票填制了如图3-29所示的费用报销单，相关会计分录如下。

费用报销单　　No4001147

报销部门：办公室　　日期：2016 年 8 月 31 日　　单据及附件共 2 页

报销项目	摘要	十	万	千	百	十	元	角	分	备注
水电费	水费			￥	4	8	0	0	0	
	电费			￥	3	0	0	0	0	
										领导审批
合计				￥	7	8	0	0	0	
金额大写：零拾零万零仟柒佰捌拾零元零角零分		原借款：0元								应退（补）款：780元

发据单位盖章　　会计：王伍　　出纳：张义　　报销人：王文

图3-29

借：管理费用——水电费　　　　　　780

　　贷：库存现金　　　　　　　　　　780

几种专用报销单的类型

除了上节内容所讲的常见报销类型外，根据行业性质的不同也会有不同的会计处理，而有一些报账类型是针对固定行业设置的。本节主要讲述了几种不常见的特殊的一些报销单类型的处理，比如安全生产费的处理、购买小型设备的处理、销售费的处理、文明工地施工费的处理等。

1. 安全生产费

安全生产费用（简称安全费用）是指企业按照规定标准提取，在成本中列支，专门用于完善和改进企业安全生产条件的资金。安全费用按照“企业提取、政府监管、确保需要、规范使用”的原则进行财务管理。

【实账处理】——提取和使用安全生产费

某矿山企业因涉及人身安全问题，公司按开采的原矿产量按月提取安全生产费，提取标准为：井下矿山为8元/吨，原矿产量为20万吨/月。2016年6月使用安全生产储备支付生产检查等费用性支出3万元。报账人编制了如图3-30所示的费用报销单。

费用报销单

No4001148

报销部门：安全部　　日期：2016 年 6 月 30 日　　单据及附件共 2 页

报销项目	摘要	金额 十	万	千	百	十	元	角	分	备注
安全生产费	安全设备一批	¥	3	0	0	0	0	0	0	
										领导审批
合计		¥	3	0	0	0	0	0	0	
金额大写：零拾叁万零仟零佰零拾零元零角零分		原借款： 0 元								应退（补）款：30000元

发据单位盖章　　会计：　　出纳：　　报销人：

图3-30

2016年6月提取安全生产费用＝200000×8＝1600000（元）

借：制造费用　　1600000

　　贷：专项储备　　1600000

使用安全生产费的会计分录如下。

借：专项储备　　30000

　　贷：库存现金　　30000

2. 购买小型设备的处理

企业为生产产品、提供劳务、出租或者经营管理而持有的、使用时间超过12个月的，价值达到一定标准的非货币性资产，包括房屋、建筑物、机器、机械、运输工具以及其他与生产经营活动有关的设备、器具和工具等，在会计核算中，可以认定为固定资产。对于一些小型设备，使用时间长，但其价值不高，可以当作低值易耗品处理。低值易耗品是指不作为固定资产核算的各种用具物品，如工具、管理用具、玻璃器皿以及在经营过程中使用的包装容器等。

【实账处理】——低值易耗品的处理

2016年5月5日，某网络公司采购了一些内存条、硬盘等与计算机相关的产品，共3500元。其中内存条共20条，共800元，硬盘共10个，共2700元。根据公司财务制度的规定，单个设备金额超过3000元及以上的作为固定资产处理。而内存条等单个价值不足3000元，所以按照公司财务制度规定，将内存条和硬盘按低值易耗品处理。采购员根据发票填制了如图3-31所示的费用报销单，并已完成审批流程，交与财务部出纳员并领取报账款3500元。

费用报销单 No4001149

报销部门： 日期：2016 年 5 月 5 日 单据及附件共 1 页

报销项目	摘要	金额（十万千百十元角分）	备注
低值易耗品	内存条20条	¥80000	
	硬盘10个	¥270000	
			领导审批
合计		¥350000	
金额大写：零拾零万叁仟伍佰零拾零元零角零分		原借款： 0 元	应退（补）款：3500元

发据单位盖章 ×× 会计：×× 出纳：×× 报销人：××

图3-31

低值易耗品有两种处理方法。

【方法一，一次转销法的会计处理】

购买低值易耗品时的会计分录。

借：低值易耗品 3500

贷：库存现金 3500

使用时的会计分录。

借：管理费用 3500

贷：低值易耗品 3500

【方法二，五五摊销法，即使用时摊销50%，报废时摊销余下的50%】

购买时的会计分录。

借：低值易耗品　　　　3500

　　贷：库存现金　　　　3500

使用时的会计分录。

借：待摊费用　　　　3500

　　贷：低值易耗品　　　　3500

同时列入成本的会计分录。

借：管理费用　　　　1750

　　贷：待摊费用　　　　1750

报废时的会计分录。

借：管理费用　　　　1750

　　贷：待摊费用　　　　1750

3．销售费用的报销

销售费用是指企业在销售产品、自制半成品和提供劳务等过程中发生的费用，包括由企业负担的包装费、运输费、广告费、装卸费、保险费、委托代销手续费、展览费、租赁费（不含融资租赁费）、销售服务费、销售部门人员工资、职工福利费、差旅费、办公费、折旧费、修理费、物料消耗、低值易耗品摊销及其他经费等，是企业销售成本的组成部分。

【实账处理】——销售部陈勇报销销售费用

良木公司为了推广公司的产品，于2016年7月3日委托某广告公司印刷宣传单，发生印刷费650元。销售部收到发票后填制了如图3-32所示的费用报销单。

费用报销单经财务部审核无误后，再经领导审批完成，陈勇将报销单交由账务部出纳员张义并领取报账款650元。出纳员再将报销单交由会计王伍做出以下会计分录。

费用报销单 No4001150

报销部门：销售部　　日期：2016 年 7 月 3 日　　单据及附件共 1 页

报销项目	摘要	金额 十	万	千	百	十	元	角	分	备注
销售费	广告费			¥	6	5	0	0	0	
										领导审批
合计				¥	6	5	0	0	0	
金额大写：零拾零万零仟陆佰伍拾零元零角零分		原借款：0 元								应退（补）款：650元

发据单位盖章　　会计：王伍　　出纳：张义　　报销人：陈勇

图3-32

借：销售费用　　650

　　贷：库存现金　　650

4．文明工地施工费

文明工地施工费即文明施工措施费，是指按照国家现行的建筑施工安全、施工现场环境与卫生标准等有关规定，购置和更新施工防护用具及设施、改善安全生产条件和作业环境所需要的费用。概言之，是指工程项目建设中的安全、文明施工所采用的安全防护等文明施工措施费。

国家住房与城乡建设部曾以建办〔2005〕89号文件印发了《建筑工程安全防护、文明施工措施费用及使用管理规定》的通知。其中第一条指出："为加强建筑工程安全生产、文明施工管理，保障施工从业人员的作业条件和生活环境，防止施工安全事故发生，根据《中华人民共和国安全生产法》、《中华人民共和国建筑法》、《建设工程安全生产管理条例》、《安全生产许可证条例》等法律法规，制定本规定。"

【实账处理】——文明工地施工费的处理

某建筑企业于2016年3月1日开工修建房屋，为了积极响应国家建筑要求和提升企业形象，企业于 2016年3月5日购买大量标识标牌和各类条幅，建设良好的文明施工场所。共花费2750元，负责人根据票据填制了如图3-33所示的费用报销单。

费用报销单

No4001151

报销部门：　　　　日期：2016 年 3 月 5 日　　　　单据及附件共 1 页

报销项目	摘要	金额（十万千百十元角分）	备注
文明工地施工费	标识标牌	¥275000	
			领导审批
合计		¥275000	
金额大写：零拾零万贰仟柒佰伍拾零元零角零分		原借款：0 元	应退（补）款：2750元

发据单位盖章 ××　　会计：××　　出纳：××　　报销人：××

图3-33

会计分录如下。

借：工程施工——文明工地施工费　　2750

　　贷：库存现金　　2750

不得坐支现金

坐支现金即收到现金以后不往银行存，直接将收到的现金用于开支。开户单位支付现金，可以从本单位库存现金限额中支付或者从开户银行提取，不得用本单位的现金收入直接支付。因特殊情况需要坐支现金的，应当事先报经开户银行审查批准，由开户银行核定坐支范围和限额。坐支单位应当定期向开户银行报送坐支金额和使用情况。同时，收支的现金必须入账。按照有关规定，允许坐支的单位主要包括如下一些。

- 基层供销社、粮店、食品店和委托商店等销售兼营收购的单位向个人收购而支付的款项。
- 邮局以汇兑收入款支付个人汇款。
- 医院以收入款项退还病人支付的住院押金、伙食费及输血费等。
- 饮食店等服务行业的营业找零款项等。
- 其他有特殊情况而需要坐支的单位或情况。

单位应严格按照开户银行核定的坐支范围和坐支限额坐支现金，不得超过该范围和限额，同时要在单位的现金账上如实反映。坐支现金的情况关系企业的会计核算和国家对企业经营状况的监督，如果收入不入账就直接作为现金支付了，国家就很难对企业经营情况进行有效的监督。

按照财务规定：企业收入和支出应该是两条线操作，即收到的现金要存入银行，支出的现金要从日常备用金中支取。但是，如果不按照财务收支两条线操作，将两者混淆，收入不存入银行而直接用于单位购货、费用开支及借款等业务，这些行为就是坐支现金。

【实账处理】——坐支现金的实例

某网吧在经营中，每日收银员负责将营业款存入网吧开户行中，老板根据存入金额核算每日收入情况。2016年10月3日，营业额达到8000元，因客人较多，出现零售断货情况。为了不影响正常营业，收银员遂向供货方进货一批，共980元，同时直接从营业款中拿出980元付给供货商。当日存入银行的营业款就为7020元。

解析：此例中，收银员的这种做法不正确。收银员未经过老板的同意，私自用营业款付购货款，发生了坐支现金的行为。这样，不能真实地反映当天的收入和成本情况。按照规定，当天的的营业款应及时存入银行，所发生的支出应单独申请备用金，且从日常的备用金中支出。这样，既能准确地反映出每日的营业状况，也能更好地核算营业成本，从而达到控制成本的作用。

工资类的结算

工资是工钱的一种类型，即员工的薪资，是固定工作关系里的员工应得的薪酬，是雇主或者法定用人单位依据法律规定、行业规定或与员工之间的约定，以货币形式对员工的劳动给予的报酬，是劳务报酬（劳酬）中的一种主要形式。一般情况下，工资是公司直接通过银行转入个人银行账户中的，但有些临时工的工资可直接以现金发放。下面我们来看一个案例，了解临时工资的会计处理方法。

【实账处理】——临时工资的发放

良木公司为了推广公司的产品，于2016年7月3日委托某广告公司印刷宣传单，并招聘了5位临时工于2016年7月5日发放宣传单，共两天，工资50元/天/人。销售部陈勇编制了如图3-34所示的工资表。

会计分录如下。

借：销售部——工资　　　　500

　　贷：库存现金　　　　500

临时工工资表

编制部门：销售部　　2016年7月6日　　单位：元

序号	姓名	标准（元/天）	天数	应发数	实发数	领款人签字
1	张　燕	50	2	100	100	
2	李　婷	50	2	100	100	
3	张中良	50	2	100	100	
4	赵　飞	50	2	100	100	
5	邓　乐	50	2	100	100	
合　计				500	500	

单位领导：李良　　复核：王伍　　编制:陈勇

图3-34

核算良木家居公司2016年10～12月现金收付款业务

本章主要讲述了现金管理和现金收付方面的具体内容。下面通过良木公司2016年10～12月份的具体业务进一步深入了解现金收付款业务。

2016年10月份有关现金收付的业务如下。

1．2016年10月3日，记5号凭证。办公室购入办公用品一批，共花费540元，以现金付讫。

借：管理费用——办公费　　540

　　贷：库存现金　　540

2．2016年10月5日，记7号凭证。营业收入15000元，以现金收讫。

主营业务收入＝15000÷（1＋3%）≈14563.11（元）

增值税销项税额＝15000－14563.11＝436.89（元）

借：库存现金　　15000

　　贷：主营业务收入　　14563.11

　　　　应交税费——应交增值税（销项税额）　　436.89

3．2016年10月7日，记10号凭证。出纳张义到开户行取现30000元。

借：库存现金　　　　　　　　　　30000

　　贷：银行存款　　　　　　　　　　30000

4．2016年10月7日，记11号凭证。销售部赵英出差借备用金2000元。

借：备用金——赵英　　　　　　　2000

　　贷：库存现金　　　　　　　　　2000

5．2016年10月8日，记12号凭证。以库存现金支付国庆期间的广告宣传费2500元。

借：销售费用——广告宣传费　　　　2500

　　贷：库存现金　　　　　　　　　　2500

6．2016年10月9日，记13号凭证。办公室王文报购办公用品一批，现金付款1380元。

借：管理费用——办公费　　　　　1380

　　贷：库存现金　　　　　　　　　1380

7．2016年10月9日，记14号凭证。出售一张椅子，收到现金2400元。

主营业务收入＝2400÷（1＋3%）≈2330（元）

增值税销项税额＝2400－2330＝70（元）

借：库存现金　　　　　　　　　　　　2400

　　贷：主营业务收入　　　　　　　　　　2330

　　　　应交税费——应交增值税（销项税额）　70

8．2016年10月12日，记15号凭证。赵英出差回来，共花费2150元，用现金支付150元。

借：管理费用——差旅费　　　　　2150

　　贷：备用金——赵英　　　　　　　2000

　　　　库存现金　　　　　　　　　　150

9．2016年10月20日，记18号凭证。办公室王文报销通讯费450元，职工生活费1000元。

借：管理费用——通讯费　　　　　　450

　　　　　　——职工薪酬　　　　　1000

　　贷：库存现金　　　　　　　　　1450

10．2016年10月23日，记19号凭证。驾驶员报销车辆使用费324元。

借：管理费用——车辆使用费　　　　　324

　　贷：库存现金　　　　　　　　　　　324

11．2016年10月25日，记21号凭证。销售部赵勇突发疾病住院，良木公司为其垫付医药费共计2000元，以现金支付。

借：其他应收款——赵勇　　　　　2000

　　贷：库存现金　　　　　　　　　2000

12．2016年10月31日，记24号凭证。用现金付10月份水电费2595元。

借：管理费用——水电费　　　　　2595

　　贷：库存现金　　　　　　　　　2595

13．2016年10月31日，记25号凭证。收到营业款5600元，现金收讫。

主营业务收入＝5600÷（1＋3%）≈5436.89（元）

增值税销项税额＝5600－5436.89＝163.11（元）

借：库存现金　　　　　　　　　　　5600

　　贷：主营业务收入　　　　　　　　　5436.89

　　　　应交税费——应交增值税（销项税额）　163.11

2016年11月份有关现金收付的业务如下。

1．2016年11月2日，记2号凭证。销售部李雪出差借备用金3000元，以现金付讫。

借：备用金——李雪　　　　　3000

　　贷：库存现金　　　　　　　3000

2．2016年11月5日，记3号凭证。报销会计部门继续教育费300元。

借：管理费用——职工教育经费　　　300

　　贷：库存现金　　　　　　　　　300

3．2016年11月6日，记4号凭证。收到营业款5600元，现金收讫。

主营业务收入＝5600÷（1＋3%）≈5436.89（元）

增值税销项税额＝5600－5436.89＝163.11（元）

借：库存现金　　　　　　　　　　　5600

　　贷：主营业务收入　　　　　　　　　5436.89

　　　　应交税费——应交增值税（销项税额）　163.11

4．2016年11月7日，记5号凭证。李雪报差旅费2150元，退回850元。

借：库存现金　　850

管理费用——差旅费　　2150

贷：备用金——李雪　　3000

5．2016年11月13日，记8号凭证。付广告宣传费720元，现金付讫。

借：销售费用——广告宣传费　　720

贷：库存现金　　720

6．2016年11月17日，记11号凭证。赵勇以现金形式退还企业垫付的医疗费2000元。

借：库存现金　　2000

贷：其他应收款——赵勇　　2000

7．2016年11月20日，记12号凭证。付办公费572元，现金付讫。

借：管理费用——办公费　　572

贷：库存现金　　572

8．2016年11月20日，记13号凭证。办公室王文报销通讯费470元，职工生活费1105元。

借：管理费用——通讯费　　470

——职工薪酬　　1105

贷：库存现金　　1575

9．2016年11月25日，记14号凭证。收到营业款7250元，现金收讫。

主营业务收入＝7250÷（1＋3%）≈7038.83（元）

增值税销项税额＝7250－7038.83＝211.17（元）

借：库存现金　　7250

贷：主营业务收入　　7038.83

应交税费——应交增值税（销项税额）　211.17

10．2016年11月28日，记15号凭证。驾驶员报销车辆使用费370元。

借：管理费用——车辆使用费　　370

贷：库存现金　　370

11．2016年11月28日，记16号凭证。报销招待费1528元。

借：管理费用——业务招待费　　1528

贷：库存现金　　　　1528

12．2016年11月29日，记17号凭证。购买一台3000元的笔记本电脑。

借：固定资产　　　　3000

贷：库存现金　　　　3000

13．2016年11月30日，记18号凭证。用现金付11月份水电费2870元。

借：管理费用——水电费　　　　2870

贷：库存现金　　　　2870

2016年12月份有关现金收付的业务如下：

1．2016年12月4日，记3号凭证。报销邮寄费70元。

借：管理费用——通讯费　　　　70

贷：库存现金　　　　70

2．2016年12月8日，记5号凭证。收到营业款8100元，现金收讫。

主营业务收入＝8100÷（1＋3%）≈7864.08（元）

增值税销项税额＝8100－7864.08＝235.92（元）

借：库存现金　　　　8100

贷：主营业务收入　　　　7864.08

应交税费——应交增值税（销项税额）　235.92

3．2016年12月11日，记6号凭证。报销广告费1920元。

借：销售费用——广告费　　　　1920

贷：库存现金　　　　1920

4．2016年12月11日，记7号凭证。提取备用金20000元。

借：库存现金　　　　20000

贷：银行存款　　　　20000

5．2016年12月11日，记8号凭证。驾驶员报销车辆使用费812元。

借：管理费用——车辆使用费　　　　812

贷：库存现金　　　　812

6．2016年12月11日，记9号凭证。收到营业款24500元，现金收讫。

主营业务收入＝24500÷（1＋3%）≈23786.41（元）

增值税销项税额＝24500－23786.41＝713.59（元）

借：库存现金　　　　　　　　　　24500

　　贷：主营业务收入　　　　　　　　23786.41

　　　　应交税费——应交增值税（销项税额）　713.59

7. 2016年12月12日，记11号凭证。收到营业款21000元，现金收讫。

主营业务收入＝21000÷（1＋3%）≈20388.35（元）

增值税销项税额＝21000－20388.35＝611.65（元）

借：库存现金　　　　　　　　　　21000

　　贷：主营业务收入　　　　　　　　20388.35

　　　　应交税费——应交增值税（销项税额）　611.65

8. 2016年12月12日，记12号凭证。报销办公费1550元。

借：管理费用——办公费　　　　　1550

　　贷：库存现金　　　　　　　　　1550

9. 2016年12月15日，记14号凭证。办公室王文借备用金2700元。

借：备用金——王文　　　　　　　2700

　　贷：库存现金　　　　　　　　　2700

10. 2016年12月17日，记15号凭证。报销招待费1075元。

借：管理费用——业务招待费　　　1075

　　贷：库存现金　　　　　　　　　1075

11. 2016年12月28日，记20号凭证。报销会务费2140元。

借：管理费用——会务费　　　　　2140

　　贷：库存现金　　　　　　　　　2140

12. 2016年12月30日，记21号凭证。办公室王文报销通讯费465元、职工生活费1065元。

借：管理费用——通讯费　　　　　465

　　　　　　——职工薪酬　　　　1065

　　贷：库存现金　　　　　　　　　1530

13. 2016年12月31日，记24号凭证。用现金付12月份水电费2500元。

借：管理费用——水电费　　　　　2500

　　贷：库存现金　　　　　　　　　2500

14．2016年12月31日，记32号凭证。将现金90000元存入银行。

借：银行存款　　　　　　　　　　90000

　　贷：库存现金　　　　　　　　　　90000

2016年10～12月份良木公司其他业务如下。

1．2016年10月1日，记1号凭证。良木公司收到上海光明家具厂投资AX设备一台作为投资款，价值为75000元。

借：固定资产　　　　　　　　　　　　　　75000

　　贷：实收资本——上海光明家具厂　　　　　75000

2．2016年10月6日，记9号凭证。良木公司向德惠木材公司购进原材料46800元，暂未付款。

借：原材料　　　　　　　　　　　　　　46800

　　贷：应付账款——德惠木材公司　　　　　46800

3．2016年12月25日，记19号凭证。良木公司向A公司销售货物，共计30000元，未收到货款。双方约定，A公司10日内付款就享受现金折扣3%。

主营业务收入＝30000÷（1＋3%）≈29126.21（元）

增值税销项税额＝30000－29126.21＝873.79（元）

借：应收账款——A公司　　　　　　　　　30000

　　贷：主营业务收入　　　　　　　　　　　29126.21

　　　　应交税费——应交增值税（销项税额）　873.79

Chapter

04

银行账户要分立——银行业务处理

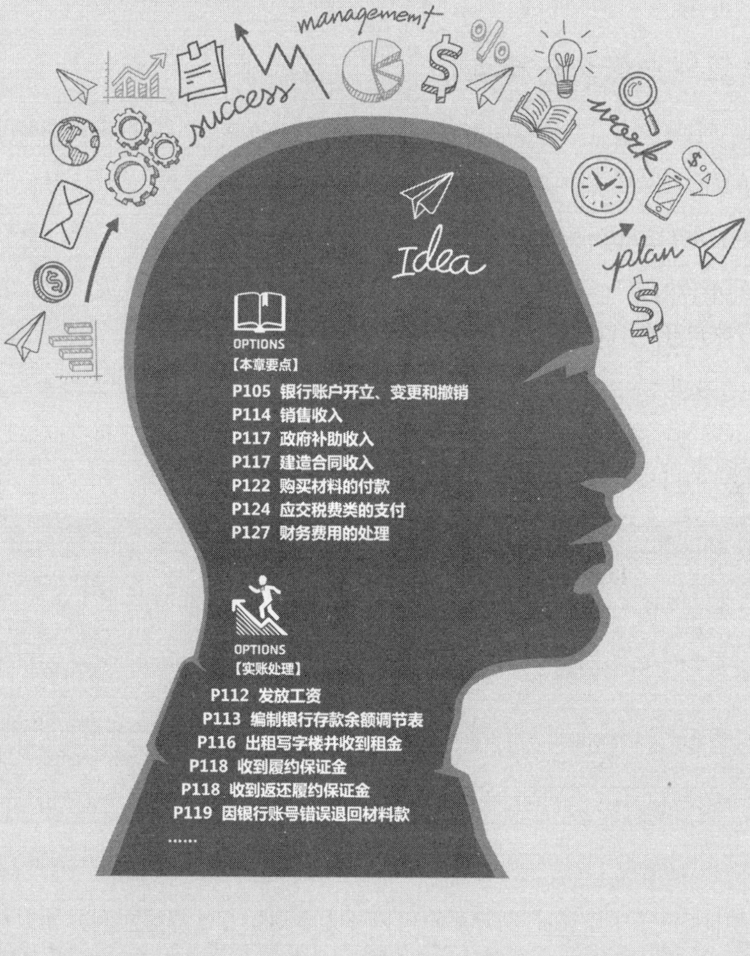

OPTIONS

【本章要点】

OPTIONS

【实账处理】

银行账户管理概述

在经济活动中，公司间会有大量的资金往来，除了小额资金的支付通常使用现金外，其他大额的、异地的或不能当面支付现金的业务一般都使用银行账户进行转账、汇款。各单位可结合实际发生的业务，在附近的银行开立单位银行账户，通过银行账户付款可保证资金的安全和使用的方便，也能更好地管理资金。本节主要讲述银行结算账户的概念、开立账户的程序和实际业务中常见的银行业务。

银行结算账户概念与特点

银行结算账户（Bank settlement accounts）是指存款人在经办银行开立的办理资金收付结算的人民币活期存款账户。

1. 银行结算账户的分类

不同的单位对银行结算账户的需求也各不相同，可以根据存款人、银行账户用途及银行账户开户地的不同分为不同的种类。

（1）存款人不同

根据不同的存款人，银行结算账户可以分为个人银行结算账户和单位银行结算账户。具体的内容如表4-1所示。

表 4-1

分类	概念	说明
个人银行结算账户	自然人以身份证或是相应的证件开立的银行结算账户	用于办理个人转账收付和现金支取等业务，而储蓄账户仅限于办理现金存取业务，不得办理转账结算
单位银行结算账户	存款人以单位名称开立的银行结算账户	单位从其银行结算账户支付给个人银行结算账户的款项，每笔超过 5 万元（不含 5 万元）的，应向其开户银行提供相关付款依据

（2）开户地不同

根据不同的开户地，银行结算账户可以分为本地银行结算账户和异地银行结算账户。

①本地银行结算账户

本地银行结算账户是指存款人符合法定条件，在营业执照注册地开立的银行账户，如基本存款账户和一般存款账户等。

②异地银行结算账户

异地银行结算账户是指存款人符合法定条件，根据需要在异地开立的账户。存款人有如下情形之一的，可以在异地开立有关银行结算账户。

- ◆ 营业执照注册地与经营地不在同一行政区域（跨省、市或县），需要开立基本存款账户的。
- ◆ 办理异地借款和其他结算需要开立一般存款账户的。
- ◆ 存款人因附属的非独立核算单位或派出机构发生的收入汇缴或业务支出需要开立专用存款账户的。
- ◆ 异地临时经营活动需要开立临时存款账户的。
- ◆ 自然人根据需要在异地开立个人银行结算账户的。

（3）用途不同

根据不同的用途，银行结算账户可以分为基本存款账户、一般存款账户、专用存款账户和临时存款账户。具体内容如表4-2所示。

表 4-2

分类	概念	说明
基本存款账户	存款人因办理日常转账结算和现金收付业务需要而开立的银行结算账户	基本存款账户是单位的主办账户，其他银行结算账户的开立必须以基本存款账户的开立为前提，并在其账户开户登记证上进行登记
一般存款账户	存款人在基本存款账户开户银行以外的银行营业机构开立的银行结算账户	一般存款账户可以办理现金缴存，但不得办理现金支取
专用存款账户	存款人对其特定用途资金进行专项管理和使用而开立的银行结算账户	特定用途资金主要包括基本建设资金和更新改造资金等需要专户管理的资金
临时存款账户	存款人因临时需要并在规定期限内使用而开立的银行结算账户	临时存款账户应根据有关开户证明文件确定的期限或存款人的需要确定其有效期限，最长不得超过两年

2．银行结算账户的使用原则

单位在开立和使用银行结算账户时，必须遵守《人民币银行结算账户管理办法》的有关规定和原则，具体有以下几个方面的原则。

（1）一个单位只能开立一个基本存款账户

当一个单位已经在银行开立了一个基本存款账户，且已经由中国人民银行当地分支机构核发开户许可证后，不能在同一个银行重复开立基本存款账户，但可以根据需要开立除基本存款账户以外的账户。

（2）存款人可自主选择开户银行

存款人可以根据单位的地理位置、发生的经济业务类型以及款项支付方式等自由地选择开户银行，没有规定必须在某个银行开立账户，但在办理时单位要提供真实、有效的文件用于办理相关手续。

（3）严格遵守法律法规

根据有关法律法规的规定，除了基本存款账户可以提取现金外，其他类别的存款账户不得提取现金，同时，不合法的收入不能存入银行结算账户等。对于这些规定，我们应严格遵守并执行，不得违背，否则要承担相应的责任。

（4）单位结算账户不得任意向个人银行结算账户划转资金

根据《人民币银行结算账户管理办法》的规定，只有合法的收入才能通过单位结算账户转入个人银行结算账户，单位转账支付给个人的款项必须向银行提供合法的（收）付款依据，款项达到应纳税标准的，税收代扣单位付款时应向其开户银行提供完税证明。

3．银行结算账户的管理

银行结算账户直接关系着单位的资产安全，所以出纳人员有义务和责任对结算账户进行妥善的管理。一般来说，银行结算账户的管理主要包括实名制管理、账户变更事项的管理、存款人预留银行签章的管理以及对账管理这4个基本内容。

（1）实名制管理

存款人应按账户管理规定用银行结算账户办理结算业务，不得出租、出借银行结算账户，不得利用银行结算账户套取银行信用或进行洗钱。

（2）账户变更事项的管理

存款人申请临时存款账户展期，变更、撤销单位银行结算账户以及补（换）发开户许可证时，可由法定代表人或单位负责人直接办理，也可授权他人办理。

（3）存款人预留银行签章的管理

存款人预留的银行签章是日后办理业务的重要依据，所以在预留时要根据开户行规定做到如下一些要求。

- **单位遗失预留公章或财务专用章：**应向开户银行出具书面申请、开户许可证及营业执照等相关证明文件；更换预留公章或财务专用章时，应向开户银行出具书面申请及原预留公章或财务专用章等相关证明文件。
- **个人遗失或更换预留个人印章、更换签字人：**应向开户银行出具经签名确认的书面申请及原预留印章或签字人的个人身份证件。

（4）对账管理

银行结算账户的存款人应按规定与银行及时核对账务。各单位根据实际情况和业务量可以每月末到开户行打印对账单，然后与单位银行存款余额进行核对；如果发生的业务量较多，可以每日终了与开户行进行核对，以免发生漏记和重记。

银行账户开立、变更和撤销

各个单位都应在注册地或单位法人住所地开立银行结算账户，符合规定可以在异地开立银行结算账户的除外。随着业务的不断变化或扩张，更换单位名称或法人变更，那么账户的信息也要及时变更，当单位注销或银行账户不再使用时，也要根据开户行的要求办理撤销银行账户业务。

1．银行账户的开立

单位开立银行结算账户的名称应与其提供的申请开户的证明文件的名称全称相一致。如果单位的名称过长，可使用规范化简称，但必须与预留银行的印章一致，并与银行在管理协议上明确约定。有字号的个体工商户开立银行结算账户的，名称应与其营业执照的字号相一致，无字号的个体工商户开立银行结算账户的，名称由“个体户”字样和营业执照记载的经营者姓名组成。开立银行结算账户的一般步骤如下所示。

- **第一步：**根据开户银行具体要求填写开户申请表，开户申请表样本如图4-1所示，一式两页。

开立单位银行结算账户申请书

存款人名称		电　话	
地　　址		邮　编	
存款人类别		组织机构代码	
法定代表人（　） 单位负责人（　）	姓名		
	证件种类	证件号码	
行业分类	A(　) B(　) C(　) D(　) E(　) F(　) G(　) H(　) I(　) J(　) K(　) L(　) M(　) N(　) O(　) P(　) Q(　) R(　) S(　) T(　)		
注册资金		地区代码	
经营范围			
证明文件种类		证明文件编号	
税务登记证 （国税或地税）编号			
关联企业	关联企业信息填列在“关联企业登记表”上		
账户性质	基本（　）　一般（　）　专用（　）　临时（　）		
资金性质		有效日期至	年　月　日

以下为存款人上级法人或主管单位信息：

上级法人或主管单位名称			
基本存款账户开户许可证核准号		组织机构代码	
法定代表人（　） 单位负责人（　）	姓　名		
	证件种类		
	证件号码		

以下栏目由开户银行审核后填写：			
开户银行名称		开户银行代码	
账户名称		账　号	
基本存款账户开户许可证核准号		开户日期	
本存款申请开立单位银行结算账户，并承诺所提供的开户资料真实、有效。 存款人（公章） 年　月　日	开户银行审核意见： 经办人（签章） 银行（签章） 年　月　日		人民银行审核意见：（非核准类账户除外） 经办人（签章） 银行（签章）

填写说明：

1、申请开单立临时存款账户，必须填列有效日期；申请开立专用存款账户，必须填列资金性质。

2、该行业标准由银行在营业场所公告，“行业分类”中各字母代表的行业种类如下：A：农、林、牧、渔业；B：采矿业；C：制造业；D：电力、燃气及水的生产供应业；E：建筑业；F：交通运输、仓库和邮政业；G：信息传输、计算机服务及软件业；H：批发和零售业；I：住宿和餐饮业；J：金融业；K：房地产业；L：租赁和商务服务业；M：科学研究、技术服务和地质勘查业；N：水利、环境和公共设施管理；O：居民服务和其他。

图4-1

◆ **第二步**：提供开户行所要求的资料，并送交盖有存款人印章的“印鉴卡”。

◆ **第三步**：开户银行审核存款人提供的所有资料。

◆ **第四步**：开户银行同意后，在5个工作日内将申请材料送交中国人民银行当地分支机构审核。

◆ **第五步**：审核无误后，中国人民银行在两个工作日内填制开户许可证，并将原件交给存款人。

开户申请表共计两页，表中的内容按开户行的要求填写，所填写的内容必须和单位的基本信息一致，并且提供相关证明材料，加盖公章，不得伪造、变造材料，否则，单位负责人要承担相应的法律责任。

有关人员在办理业务时，银行要审核办理时的印鉴是否和印鉴卡上所预留的一致，以免被人盗用。印鉴卡格式如图4-2所示。

印 鉴 卡 片　　　　No. 510000001652

单位名称	账号：
地　　址	邮编：
E-mail（电子信箱）地址：	
联 系 人：	电话：
印模：	
启用日期　　年　　月　　日	注销日期　　年　　月　　日

图4-2

当银行审核资料无误后，银行给开户单位发放开户许可证，开户许可证如图4-3所示。

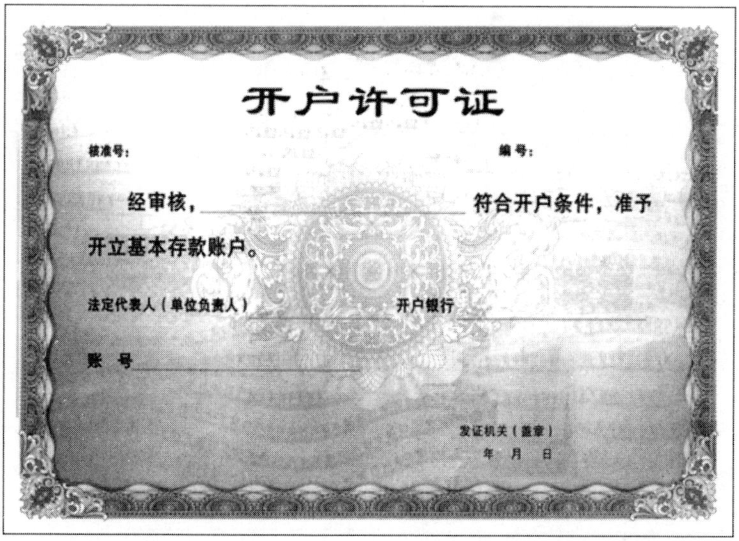
开户许可证

核准号：　　　　编号：

经审核，＿＿＿＿＿＿符合开户条件，准予开立基本存款账户。

法定代表人（单位负责人）＿＿＿＿　开户银行＿＿＿＿

账　号＿＿＿＿＿＿

发证机关（盖章）

年　月　日

图4-3

（1）基本存款账户的开立

具有民事权利能力和民事行为能力，并依法独立享有民事权利、承担民事义务的法人和其他组织都可申请开立基本存款账户。有些单位虽不是法人组织，但具有独立核算资格且有自主办理资金结算需要，也允许开立基本存款账户。申请开立基本存款账户时应出具的证明文件如表4-3所示。

表 4-3

存款人类别	开户资料	共同所需资料
企业法人	1. 《企业法人营业执照》正本 2. 《组织机构代码证》正本	1. 《组织机构代码证》正本 2. 法人（负责人）身份证复印件 3. 经办人身份证原件及复印件
国家机关	1. 政府人事部或编制委员会的批准文件 2. 《中央预算单位开户银行批复》或地方财政部门同意开户的证明	
非企业法人	《企业法人营业执照》、《个人独资企业营业执照》、《合伙企业营业执照》或《合伙企业分支机构营业执照》正本	
事业单位	1. 《事业单位法人登记证书》正本 2. 《中央预算单位开立银行账户批复》或地方财政部门同意开户的证明（仅限预算管理的事业单位）	
社会团体	《社会团体法人登记证书》、《社会团体分支机构登记证书》或《社会团体代表机构登记证书》正本	
民办非企业组织	《民办非企业单位登记证书》正本	
个体工商户	《个体工商户营业执照》正本	
工会	《工会法人资格证书》正本	
军队、武装部队	《军队单位开户核准通知书》或《武警部队单位开户核算单位通知书》	
异地常设机构	当地有权部门的批准文件	
居民、村民、社区委员会	政府主管部门的批文或证明	
其他组织	有权部门的批文	
外国驻华机构	1. 《外国（地区）企业常驻代表机构登记证》 2. 国家有关部门批文或证明	

（2）其他存款账户的开立

除了基本存款账户外，还可以根据银行要求开立其他存款账户。一般银行所需的资料如表4-4所示。

表 4-4

账户类型	开户资料	共同所需资料
一般存款账户	因结算需要开立的有关证明或借款合同	1．基本存款账户开户的资料； 2．基本存款账户开户许可证
专用存款账户	1．有权部门对资金需要专项管理和使用的法规、规章、批文或证明文件	
	2．存款人因其他结算需要开立的有关证明	
临时存款账户	1．临时机构：驻在地主管部门设立批文	
	2．临时经营：临时经营地工商行政管理部门批文、基本存款账户资料和基本存款账户开户许可证	
	3．异地建筑施工及安装单位：施工合同	
	4．注册验资：工商部门核发的《企业名称预先核准通知书》或有关部门批文	
	5．增资验资：股东会或董事会增资决议	

2．银行结算账户的变更

变更是指存款人的账户信息或资料发生变化或改变。根据账户管理的要求，存款人变更账户名称、单位的法定代表人或主要负责人及地址等其他开户资料后，应及时向开户银行办理变更手续，填写变更银行结算账户申请书。属于申请变更单位银行结算账户的，应加盖单位公章；属于申请变更个人银行结算账户的，应加盖个人签章。

在变更时，根据变更内容的重要性和办理简易程度，银行对于变更所提供的资料和期限也有不一样的要求，具体规定如下。

- ◆ 存款人更改名称，但不改变开户银行及账号的，应于5个工作日内向开户银行提出银行结算账户的变更申请，并出具有关部门的证明文件。
- ◆ 单位的法定代表人或主要负责人、住址以及其他开户资料发生变更时，应于5个工作日内书面通知开户银行并提供有关证明。

◆ 属于变更开户许可证记载事项的，存款人办理变更手续时，应上交开户许可证，由中国人民银行当地支行换发新的开户许可证。变更申请表如图4-4所示。

结算银行账户变更申请表

变更事项	变更前内容	变更后内容
开户名称		
开户银行		
银行行号		
账　　号		
变更原因：		
本存款人申请撤销上述银行账户，承诺所提供的证明文件真实、有效。 存款人（签章） 年　月　日		开户银行审核意见： 经办人（签章） 开户银行（签章） 年　月　日

填表说明：

本申请书一式三联，一联存款人留存，一联开户银行留存，一联中国人民银行当地支行留存。

图4-4

3．银行结算账户的撤销

撤销是指存款人因开户资格或其他原因终止银行结算账户使用的行为。存款人申请撤销银行结算账户时，应填写撤销银行结算账户申请书。属于申请撤销单位银行结算账户的，应加盖单位公章；属于申请撤销个人银行结算账户的，应加盖个人签章。银行在收到存款人撤销银行结算账户的申请后，对于符合销户条件的，应在两个工作日内办理撤销手续。银行结算账户撤销申请表如图4-5所示。

撤销银行结算账户申请表

账户名称						
开户银行名称						
开户银行代码			账 号			
账户性质	基本（ ） 专用（ ） 一般（ ） 临时（ ） 个人（ ）					
开户许可证核准号						
销户原因						
本存款人申请撤销上述银行账户，承诺所提供的证明文件真实、有效。 存款人（签章） 年 月 日			开户银行审核意见： 经办人（签章） 开户银行（签章） 年 月 日			

填表说明：

1、带括号的选项填“√”。

2、本申请书一式三联，一联存款人留存，一联开户银行留存，一联中国人民银行当地支行留存。

图4-5

存款人撤销银行结算账户前，必须与开户银行核对银行结算账户的存款余额，交回各种重要空白票据、结算凭证和开户许可证，银行核对无误后方可办理销户手续。如有下列所示情形之一的，存款人应向开户银行提出撤销银行结算账户的申请。

- ◆ 被撤并、解散、宣告破产或关闭的。
- ◆ 注销或被吊销营业执照的。
- ◆ 因迁址需要变更开户银行的。

撤销银行结算账户时，应先撤销一般存款账户、专用存款账户和临时存款账户，将账户资金转入基本存款账户后，方可办理基本存款账户的撤销。银行得知存款人有以上第1、2条情形的，存款人超过规定期限未主动办理撤销银行结算账户手续的，银行有权停止其银行结算账户的对外支付。存款人因以上第3条情形撤销基本存款账户后，需重新开立基本存款账户的，应在撤销其原基本存款账户后10日内申请重新开立基本存款账户。

存款人尚未清偿其开户银行债务的，不得申请撤销该银行结算账户。对于按照账户管理规定应撤销而未办理销户手续的单位银行结算账户，银行通知该单位银行结算账户的存款人，自发出通知之日起30日内办理销户手续，逾期视同自愿销户，未划转款项将列入久悬未取专户管理。存款人撤销核准类银行结算账户时，应交回开户许可证。

银行回单要及时拿回

银行存款账面余额要定期与开户行的银行对账单进行核对，以检查银行存款收付及结存情况，防止单位漏记、错记或重记等，保证存款账目的正确性。单位应按期对银行存款进行清查。

1．银行存款的会计核算

银行存款的会计核算分为总分类核算与序时核算，具体内容如下。

（1）银行存款的总分类核算

总分类核算就是总账中的核算。为了核算企业的银行存款，企业在总账中必须设置“银行存款”账户。该账户属于资产类账户。根据银行回单，借方登记银行存款的增加额，贷方登记银行存款的减少额，余额在借方，反映的是企业在银行存款的余额数。

【实账处理】——发放工资

2016年7月8日，某企业准备发放6月份职工工资，出纳填制一张现金支票，从银行提取现金80000元。会计根据支票存根联编制了如下分录，支票存根联如图4-6所示。

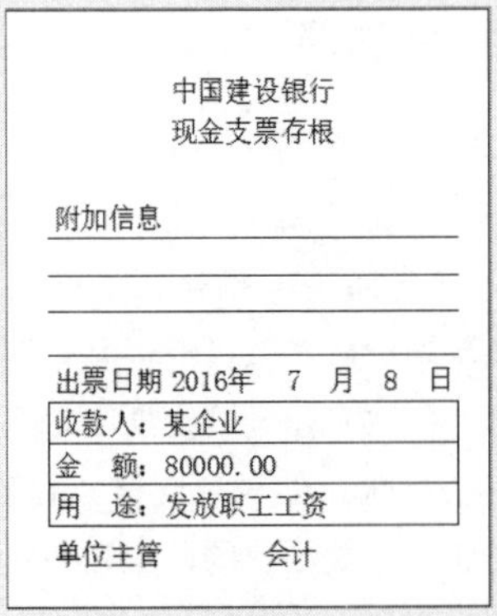
中国建设银行
现金支票存根

附加信息

出票日期 2016年 7 月 8 日

收款人：某企业
金　额：80000.00
用　途：发放职工工资

单位主管　　会计

图4-6

借：库存现金　　80000

　　贷：银行存款　　80000

（2）银行存款的序时核算

银行存款的序时核算就是对银行存款日记账的登记。为了及时反映企业的银行存款的收付情况，企业必须设置“银行存款日记账”账簿。银行存款日记账由出纳人员根据银行存款的有关记账凭证，收一笔记一笔，付一笔记一笔，每日结出余额，并定期与银行对账单和总账进行核对。

2．银行存款的清查

由于企业和银行之间存在时间性记账差异，可能引起企业银行存款的账面余额与开户行所提供的银行对账单不一致，这时就需要将银行日记账和银行流水一笔一笔地核对，直至找到问题并填制如图4-7所示的银行存款余额调节表，说明差异情况。银行提供的对账单必须要加盖业务章。

【实账处理】——编制银行存款余额调节表

2016年5月31日，甲公司银行存款账面余额为890563.45元，而在银行打印的银行对账单余额为884321.59元。出纳根据银行流水明细和银行日记账逐笔核对，发现少记一笔付款业务，银行流水显示，2016年5月28日付零星材料款6241.86元。出纳员编制了如图4-7所示的银行存款余额调节表。

银行存款余额调节表

编制单位：甲公司　　2016年5月份　　金额单位：元

银行账号：5100 4321 2456 3432　　开户行：　　币种：人民币

项目				金额					金额
企业银行存款账面余额				890563.45	银行对账单余额				884321.59
加：银行已收而企业未收的款项				0.00	加：企业已收而银行未收的款项				0.00
序号	记账日期	票据号码	摘要		序号	记账日期	票据号码	摘要	
减：银行已付而企业未付的款项				6241.86	减：企业已付而银行未付的款项				0.00
序号	记账日期	票据号码			序号	记账日期	票据号码	摘要	
1	2016/5/28		付零星材料款	6241.86					
调节后的存款余额：				884321.59	调节后的存款余额：				884321.59

财务主管：××　　复核：××　　出纳：××　　××年 ××月 ××日

图4-7

现金多了存银行

在经济业务中，单位资金的流动很大，除了按规定留一部分现金作为备用金外，其他资金都应存入单位开立的银行账户中。当库存现金超过限额时，出纳人员应及时将超过部分存入开户行。一般大额的营业收入也直接通过银行转账、汇款等方式转入单位的基本账户中，这样也能避免使用大量现金，从而排除安全隐患。

销售收入

销售收入是指企业在一定时期内产品销售的货币收入总额，销售收入也称营业收入。营业收入按经济业务发生的重要性，一般可分为主营业务收入和其他业务收入。可以用公式表示其等量关系：销售收入=产品销售数量×产品单价。

1．主营业务收入

主营业务收入是指企业经常性的、主要业务所产生的基本收入，如制造业销售产品、半成品和提供工业性劳务作业取得的收入；商品流通企业的销售商品收入；旅游服务业的门票收入、客户收入及餐饮收入等。主营业务收入发生时是在贷方，每到月末要转入本年利润的借方，“主营业务收入”科目月末没有余额，所以就没有借贷差。

主营业务收入可以记录当月发生额，也可设置累计发生额栏，累计栏填写当下会计年度截止到当期的累计发生额，但具体情况可以具体对待。

【实账处理】——销售商品一批

某造纸厂主要生产办公用的打印纸，是小规模纳税人，适用税率为3%。2016年8月12日，销售一批A3、A4打印纸，销售额为50000元。当天收到银行存款价税合计51500元，并打印出如图4-8所示的银行回单。计算增值税＝50000×3%＝1500元，并开具如图4-9所示的发票。

中国建设银行客户专用回单

币别：人民币　　　　2016年年8月12日

付款人	全　称	得胜办公用文具店	收款人	全　称	好帮手造纸厂
	账　号	2100 3452 7908 0984 3256		账　号	5100 2345 5150 4321 6439
	开户行	中国工商银行		开户行	中国建设银行
金额		伍万壹仟伍佰元整	小写：51500.00		
凭证种类			凭证号码		
结算方式			用途	购货款	
摘要：					

图4-8

四川增值税普通发票

发　票　联　　　　开票日期：2016年8月12日

购买方	名称：得胜办公文具店 纳税人识别号： 地址、电话： 开户行及账号：		密码区					
货物或应税劳务、服务名称		规格型号	单位	数量	单价	金额	税率	税额
A3纸、A4纸			箱			50000	3%	1500
合　计								
价税合计（大写）		伍万壹仟伍佰元整			（小写）51500.00			
销售方	名称：好帮手造纸厂 纳税人识别号： 地址、电话： 开户行及账号：		备注					

复核：　　　　开票人：　　　　销售方：

图4-9

根据发票和银行回单做出以下的会计分录。

借：银行存款　　51500

　　贷：主营业务收入　　50000

　　　　应交税费——应交增值税（销项税额）　　1500

2．其他业务收入

其他业务收入是指企业主营业务收入以外的所有通过销售商品、提供劳务及让渡资产使用权等日常活动中所形成的经济利益的流入。如材料物资及包装物销售、无形资产使用权实施许可、固定资产出租、包装物出租、运输和废旧物资出售等取得的收入。其他业务收入是企业从事除主营业务以外的其他业务活动所取得的收入，具有不经常发生的特点，每笔业务金额一般较小，占收入的比重较低。

【实账处理】——出租写字楼并收到租金

2016年3月20日，甲公司将自有的一幢写字楼出租给乙公司，并签订租赁合同。合同中约定乙公司于每月20日支付下月房租，租金每月为80000元。3月20日，甲公司收到乙公司汇到单位账户的租金，并打印出如图4-10所示的银行回单，会计分录如下。

借：银行存款　　　　　　　　　　　　　　80000

　　贷：其他业务收入——出租写字楼租金收入　80000

中国建设银行客户专用回单

币别：人民币　　　　　　　　　　2016年3月20日

付款人	全　称	乙公司	收款人	全　称	甲公司
	账　号	×××××		账　号	×××××
	开户行	中国建设银行		开户行	××银行
金额		捌万元整	小写：80000.00		
凭证种类			凭证号码		
结算方式			用途	房屋租金	
摘要：收到乙公司支付的房租。					

图4-10

3．营业外收入

营业外收入是指企业确认与企业生产经营活动没有直接关系的各种收入。营业外收入并不是由企业经营资金耗费所产生的，不需要企业付出代价，实际上是一种纯收入，不需要与有关费用进行配比。营业外收入主要包括：非流动资产处置利得、非货币性资产交换利得、债务重组利得、政府补助、盘盈利得和捐赠利得等。

【实账处理】——核对银行存款，盘盈所得

月末，出纳人员与单位开户行核对银行存款，发现对账单的金额大于账面金额，经过逐笔核对，发现2016年5月15日收到一笔销售款，销售价款合计共50980元，实际收到51000元。与客户沟通后最终将多收入的20元作为营业外收入处理。开了如图4-11所示的收据。

收　据　　No7005121

日期：　2016 年　5 月　15 日

收　到 银行盘盈所得

备注：银行存款收入

金额（大写）零拾零万零仟零佰贰拾零元零角零分 ￥20.00

附　注：

发据单位盖章　　会计 王伍　　出纳 张义　　经手人 张义

①存根（白）②收据（红）③记账（黄）

图4-11

5月15日，确认多收销售价款为营业外收入，会计分录如下。

借：银行存款　　20

　　贷：营业外收入——流动资产盘盈　　20

政府补助收入

政府补助收入是指民间非营利组织接受政府拨款或者政府机构给予的补助而取得的收入。民间非营利组织接受政府补助所获得的资产通常为银行存款，应当按照实际收到的金额入账。如果民间非营利组织接受政府补助所获得的资产为非现金资产，则其计量方式与接受捐赠的非现金资产的计量方式是一致的。

【实账处理】——取得政府补贴30万元

甲企业为非营利组织企业，近期资金困难，为了安置职工就业，2016年6月5日，甲企业按照国家有关规定申请财政补贴资金30万元，并办理了补贴资金的申请手续。2016年6月25日，甲企业实际收到了300000元的政府补助，应做如下的会计分录。

借：银行存款　　300000

　　贷：递延收益　　300000

建造合同收入

建造合同是指为了一项或数项在设计、技术、功能和最终用途等方面密切相关的资产而订立的合同。其中，所建造的资产主要包括房屋、道路、桥梁和水坝等建筑物，以及船舶、飞机和大型机械设备等。建造合同收入包括合同规定的初始收入及因合同变更、索赔或奖励等形成的收入。

【实账处理】——收到履约保证金

2016年 2月14日，某高速公路公司乙与施工单位甲签订建造合同，合同约定由甲单位承建某段高速公路，2016年3月1日开工，合同工期为两年，合同金额为4000000元。乙公司要甲单位在开工日前缴纳5万元履约保证金，在质保期满后予以返还。乙公司承诺在开工之日支付预付账款100000元，从第二次计价款中扣除。

2016年2月23日，乙公司收到甲公司的履约保证金，银行收讫，会计分录如下。

借：银行存款　　　　　　　　　　　50000

　　贷：其他应付款——履约保证金　　　　50000

【实账处理】——收到工程款

2016年4月12日，甲单位根据施工进度进行第一次计价，金额为859872元，2016年4月22日，收到乙公司第一次计价款859872元。甲单位在4月22日收到工程款时应做如下会计分录。

借：银行存款　　　　　　　　　　　859872

　　贷：应收账款——应收工程款　　　　859872

【实账处理】——收到返还履约保证金

2016年4月25日，乙公司返还甲单位履约保证金50000元。甲单位在4月25日收到返还履约保证金时应编制的会计分录如下。

借：银行存款　　　　　　　　　　　50000

　　贷：其他应收款——履约保证金　　　　50000

其他应收款的收入

其他应收款通常包括暂付款，是指企业在商品交易业务以外发生的各种应收、暂付款项。该科目核算企业除了买入返售金融资产、应收票据、应收账款、预付账款、应收股利、应收利息、应收代位追偿款、应收分保账款、应收分保合同准备金、其他应收款和长期应收款等以外的其他各种应收及暂付款项。

【实账处理】——收取职工返还的医疗费

丙公司职工小张于2016年5月21日突发疾病，昏迷不醒，同事紧急送往医院进行抢救，丙公司垫付了全部的医疗费。经过一段时间的休养，小张身体恢复健康并能正常上班。2016年7月12日，小张将公司为其垫付的1万元医疗费汇入公司账户。2016年7月12日，丙公司收到小张返还的医疗费时应编制的会计分录如下。

借：银行存款　　　　　　　　10000

　　贷：其他应收款——垫付款　　　10000

【实账处理】——向职工收取生活费

某建筑企业在外地有一个项目，项目上规定职工每天的生活费标准为15元，其中，项目部承担10元，职工个人根据考勤每天承担5元并制表从每月的工资中代收。2016年7月份，项目部共发生生活费3219元，其中，项目部应承担生活费2146元，全体职工应承担1073元。计提当月应收职工生活费的会计分录如下。

借：银行存款　　　　　　　　1073

　　贷：其他应收款——职工生活费　　1073

银行退款的收入

通过银行付款的业务向其他银行账户付款时，出纳人员应核对收款人的账户信息，要确认收款人名称、收款账号和收款银行开户行无误后再支付。如果有错写、漏写的信息都会导致银行退款。为了保证付款的及时性，出纳人员要认真复核收款账户信息。

【实账处理】——因银行账号错误退回材料款

2016年7月18日，甲公司向乙公司购买材料一批，通过网上银行支付材料款25400元。2016年7月19日，因甲公司将乙公司账户写错，未支付成功，退回甲公司账户。甲公司应用红字编制如下会计分录。

借：银行存款　　　　　　　　　　-25400

　　贷：应付账款——乙公司　　　　-25400

银行利息收入

当单位将钱存入银行时，根据开户行和单位的协议规定，在每个月月末或每个季度末结算并支付一次银行利息，利率以结算当天公布的银行存款活期利率为准，银行自动付给单位开户行账户。利息收入属于企业的一项财务费用，可以与发生的银行手续费等财务费用进行抵扣。

【实账处理】——收到银行利息

2016年9月27日，甲公司单位结算账户余额为650000元，当期年利率为1.4%。已知公司与银行约定每季度末结算并支付一次利息，所以，当天收到银行利息2275元。2016年9月27日，收到银行利息时应编制的会计分录如下。

借：银行存款　　　　　　　　　　2275

　　贷：财务费用——利息收入　　　　2275

银行借款收入

银行借款是指企业向银行或其他非银行金融机构借入的、需要还本付息的款项，包括偿还期限超过一年的长期借款和不足一年的短期借款，主要用于企业购建固定资产和满足流动资金周转的需要。

1．短期借款

短期借款是指企业用来维持正常的生产经营所需的资金或为抵偿某项债务而向银行或其他金融机构等外单位借入的、还款期限在一年或一年以内的一个经营周期的各种借款。进行账务处理时，财务人员直接根据借入的金额入账。

【实账处理】——短期借款

A公司因资金周转困难，2016年3月21日，向某商业银行借入10万元，借款期限不超过一年。会计分录如下。

借：银行存款　　　　　　100000

　　贷：短期借款　　　　　　100000

2．长期借款

长期借款是指企业向银行或其他金融机构借入的期限在一年以上（不含一年）或超过一年的一个营业周期以上的各项借款。我国股份制企业的长期借款主要是向金融机构借入的各项长期性借款，如从各专业银行、商业银行取得的贷款；除此之外，还包括向财务公司或投资公司等金融企业借入的款项。

长期借款以借款金额的现值进行计算，且利息费用进行分月摊销，期末计算出它的摊余成本。

【实账处理】——长期借款

2015年9月，某企业建造一座厂房，借入两年期的长期借款500000元，款项已存入银行，年利率为8%，每年付息一次，期满后一次还清本金。

2015年9月借入长期借款时编制的会计分录如下。

借：银行存款　　　　　　500000

　　贷：长期借款　　　　　　500000

银行各类付款业务的处理

当单位发生大额费用支出时，可以通过网上银行或到开户行办理支付手续，这样既保证了资金的安全，也提高了工作效率。本节主要介绍了企业中的银行支出常见事项，如应交税费、社会保险费、财务费用和偿还银行借款等。

购买材料的付款

常见的商品流通企业，经营过程中往往要购买大量的材料。为了资金的安全，一般用银行转账方式支付货款，根据和供应商签订的供销合同，可以在收到货物和发票时及时付款，也可以几个月或季度后进行一次性的结算付款。

1.见票付款

购货方在确认货物数量无误后，根据发票上的价税金额将其直接付给供应商，同时通过入库单增加原材料。

【实账处理】——直接支付货款

某建筑企业与材料供应商甲公司签订钢材供销合同，合同约定，建筑企业在收到甲公司提供的材料和发票后立即付款给甲公司。2015年9月15日，建筑企业向甲公司购入钢材20吨，单价为4760元/吨，增值税税率为17%，收到甲公司如图4-12所示的发票，建筑企业根据发票立即开具如图4-13所示的入库单，并通过网上银行转账，打印出如图4-14所示的银行回单。

计算增值税税额＝20×4760×17%＝16184（元）

四川增值税专用发票

发　票　联　　　　开票日期：2015年9月15日

购买方	名称：建筑公司 纳税人识别号： 地址、电话： 开户行及账号：	密码区	

货物或应税劳务、服务名称	规格型号	单位	数量	单价	金额	税率	税额
螺纹钢		T	20	4760	95200	17%	16184
合　计							
价税合计（大写）	壹拾壹万壹仟叁佰捌拾肆元整　（小写）111384.00						

销售方	名称：甲公司 纳税人识别号： 地址、电话： 开户行及账号：	备注	

复核：　××　　开票人：　××　　销售方：××

图4-12

入 库 单

No4216123

单位： 2015 年 9月 15 日

编号	名称	规格	单位	数量	单价	金额	备注
	螺纹钢		吨	20	4760	95200	
金额（大写）	零拾玖万伍仟贰佰零拾零元零角零分					¥95200.00	

主管： ×× 仓库：×× 记账：×× 经手人： ××

图4-13

中国建设银行客户专用回单

币别：人民币 2015年9月15日

付款人	全 称	某建筑企业	收款人	全 称	甲公司
	账 号			账 号	
	开户行			开户行	
金额		壹拾壹万壹仟叁佰捌拾肆元整		小写：111384.00	
凭证种类			凭证号码		
结算方式			用途	钢材款	
摘要：					

图4-14

根据以上附件编制如下的会计分录。

借：原材料——钢材 95200

应交税费——应交增值税（进项税额） 16184

贷：银行存款 111384

2.月结或分期付款

某些单位如果购进货物比较频繁，在购进货物前可以和供应商约定分期付款或者是几个月汇总后一起结算付款。这样避免了频繁付款而发生重复付款的情况。

【实账处理】——汇总付款

某建筑企业与材料供应商甲公司签订钢材供销合同，因建筑企业购买钢材比较频繁，为了提高效率，双方在合同中约定甲公司提供材料后及时提供发票，汇总3个月后一起付款。2015年9月15日，建筑企业向甲公司购入钢材20吨，单价为4760元/吨。增值税税率为17%，收到甲公司如图4-12所示的发票，建筑企业根据发票立即开具如图4-13所示的入库单，先登记入账，3个月后通过网上银行转账，支付货款给甲公司。

首先，根据发票和入库单登记入账，会计分录如下。

借：原材料——钢材　　　　　　　　　　95200

　　应交税费——应交增值税（进项税额）16184

　　贷：应付账款——甲公司　　　　　　　　111384

3个月付款后的会计分录如下。

借：应付账款——甲公司　　　　　　111384

　　贷：银行存款　　　　　　　　　　111384

应交税费类的支付

应交税费是指企业根据在一定时期内取得的营业收入和实现的利润等，按照现行税法规定，采用一定的计税方法计提的应缴纳的各种税费。应交税费包括企业依法缴纳的增值税、消费税、企业所得税、资源税、土地增值税、城市维护建设税、房产税、土地使用税、车船税、教育费附加和矿产资源补偿费等税费，以及在上缴国家之前，由企业代收代缴的个人所得税等。

【实账处理】——支付增值税

某建筑企业2015年9月份购入钢材款，发票如图4-12所示。2015年9月份确认主营业务收入409000元，增值税率为17%，为一般纳税人。计算2015年9月应交的增值税并缴纳。

2015年9月应交增值税销项税额＝409000×17%＝69530（元）

2015年9月应交增值税进项税额＝16184（元）

2015年9月应交增值税额＝应交增值税销项税额－应交增值税进项税额＝69530－16184＝53346（元）

付款后根据税务局的税款缴纳发票编制以下的会计分录。

借：应交税费　　　　　　　　53346

　　贷：银行存款　　　　　　　　53346

【实账处理】——支付附加税

A公司2016年10月份应交增值税为43500元，根据增值税计算税金及附加并付款（已知城市维护建设税税率为7%，教育费附加税率为3%，地方教育附加税率为2%）。

城市维护建设税＝43500×7%＝3045（元）

教育费附加＝43500×3%＝1305（元）

地方教育附加＝43500×2%＝870（元）

计提附加税的会计分录如下。

借：税金及附加——城市维护建设税　　3045
　　　　　　——教育费附加　　1305
　　　　　　——地方教育附加　　870
　贷：应交税费　　5220

2016年11月5日支付附加费的会计分录如下。

借：应交税费　　5220
　贷：银行存款　　5220

社会保险的缴纳

社会保险费是指在社会保险基金的筹集过程当中，雇员和雇主按照规定的数额和期限向社会保险管理机构缴纳的费用，它是社会保险基金的最主要来源，也可以认为是社会保险的保险人（国家）为了承担法定的社会保险责任，而向被保险人（雇员和雇主）收缴的费用。

【实账处理】——支付5月份社会保险费

甲企业共有员工100人，2016年6月8日计提了2016年5月份单位和职工应缴的社会保险共计356274.45元，计提表如图4-15所示，于2016年6月10日支付费用。首先，根据计提表编制以下分录。

计提2016年5月份社会保险费

序号	社保类别	单位金额	代缴个人金额	合计
1	基本养老	180,597.87	72,239.15	252,837.02
2	基本医疗	58,694.31	18,059.78	76,754.09
3	失业保险金	5,417.94	3,611.96	9,029.90
4	工伤保险	4,108.60		4,108.60
5	生育保险	4,514.95		4,514.95
6	大病医疗	9,029.89		9,029.89
合计		262,363.56	93,910.89	356,274.45

图4-15

借：管理费用　　　　　　　　　　262363.56

贷：应付职工薪酬——基本养老保险　　180597.87

　　　　　　　　——基本医疗保险　　58694.31

　　　　　　　　——失业保险　　　　5417.94

　　　　　　　　——工伤保险　　　　4108.6

　　　　　　　　——生育保险　　　　4514.95

　　　　　　　　——大病医疗保险　　9029.89

付社保时编制以下分录，且为职工代缴。

借：应付职工薪酬——社会保险费　　　262363.56

　　其他应收款——代缴个人社会保险费　93910.89

　　贷：银行存款　　　　　　　　　　356274.45

银行退款重付

在上节收款中讲到了因收款人账户信息填写错误会导致银行退款，支付不能成功。那么退回后再次支付的业务又怎么做账呢？下面通过一个例子来说明。

【实账处理】——退款后重付

2016年7月18日，甲公司向乙公司购买材料一批，通过网上银行支付材料款25400元。2016年7月19日，因甲公司将乙公司账户写错，未支付成功，退回甲公司账户。

2016年7月20日，出纳人员核对账户后再次支付材料款。

借：应付账款——乙公司　　　　25400

　　贷：银行存款　　　　　　　25400

财务费用的处理

财务费用指企业在生产经营过程中为筹集资金而发生的筹资费用，包括企业生产经营期间发生的利息支出（减利息收入）、汇兑损益（有的企业如商品流通企业和保险企业等进行单独核算的，不计入财务费用）、金融机构手续费、企业发生的现金折扣或收到的现金折扣等。

【实账处理】——现金折扣

甲公司在2016年9月1日向乙公司销售一批商品，开出的增值税专用发票上注明的销售价格为20000元，增值税税额3400元。为及早收回货款，甲公司和乙公司约定的现金折扣条件为：2/10，1/20，n/30。假定计算现金折扣时不考虑增值税税额。

2016年9月9日，乙公司向甲公司付清货款。根据甲公司和乙公司的付款规定，10日内付清货款，可按销售总价20000元的2%享受现金折扣，即400元（20000×2%），实际付款23000元（20000＋3400－400）。会计分录如下。

借：银行存款　　　　　　　　23000

　　财务费用　　　　　　　　　400

　　贷：应收账款——乙公司　　　　　　23400

【实账处理】——银行手续费

2016年2月10日，甲公司向在外地的丙公司购入材料一批，通过银行转账付清货款，因为是跨地支付，银行收取手续费10.5元。会计分录如下。

借：财务费用——金融手续费　　　10.5

　　贷：银行存款　　　　　　　　　10.5

借款利息的支付

在一般的借款中，银行按照当期的贷款利率会收取一定的利息。企业在支付利息时，账务又该怎么处理呢？收到银行借款时，根据借款合同建立相应的台账，登记借入时间和金额，并根据合同规定的日期偿还利息。

【实账处理】——支付银行利息

甲公司因资金周转困难，于2016年3月1日向银行借款100000元，贷款月利率为1%，借款期限为一年，并于每月1日支付利息。2016年4月1日，向银行支付借款利息1000元（100000×1%），会计分录如下。

借：应付利息　　　　　　　1000

　　贷：银行存款　　　　　　　1000

偿还银行借款

俗话说，“有借有还，再借不难。”资金周转困难时，可以通过借贷的方式进行周转，当借款到期或资金充裕时应及时归还借款本金和利息。

【实账处理】——归还银行借款

承接上一个案例，2017年3月1日，甲公司银行借款到期，按规定，应归还借款本金和最后一个月的利息共计101000元（100000+1000）。会计分录如下。

借：短期借款　　　　　　　100000

　　应付利息　　　　　　　1000

　　贷：银行存款　　　　　　　101000

固定资产清理费用

固定资产的清理是指固定资产的报废和出售，以及对因各种不可抗力的自然灾害而遭到损坏和损失的固定资产进行的清理工作。

【实账处理】——支付固定资产清理费用

乙公司报废一批固定资产，发生清理费用2500元。会计分录如下。

借：管理费用——固定资产清理费　　　　2500

　　贷：银行存款　　　　　　　　2500

年末分红

分红是股份公司在赢利情况下每年按股票份额的一定比例支付给投资者的红利，是上市公司对股东的投资回报。分红是在按规定提取法定公积金和公益金等项目后向股东发放的当年收益，是股东收益的一种方式。

【实账处理】——发放股利

甲公司2015年度净利润达到680000元，年终，经董事会研究决定，将净利润中的10%用于发放年终股东股利。应发放的股利=680000×10%=68000（元）

发放股利的会计分录如下：

借：应付股利　　　　　　　68000

　　贷：银行存款　　　　　　　68000

核算良木家居公司2016年10~12月银行收付款业务

本章主要讲述了银行账户管理和收付方面的具体内容。下面通过良木公司2016年10~12月份的具体业务进一步深入了解银行收付业务。

2016年10月良木公司涉及银行存款收付的业务如下。

1．2016年10月1日，记2号凭证。良木公司开展国庆大酬宾活动，当日营业额为120500元，税率3%，存入银行。

主营业务收入=120500÷（1+3%）=116990.29（元）

增值税销项税额=120500−116990.29=3509.71（元）

借：银行存款　　　　　　　　　　120500

　　贷：主营业务收入　　　　　　　　116990.29

　　　　应交税费——应交增值税（销项税额）　3509.71

2．2016年10月2日，记3号凭证。当日营业额为118750元，税率为3%，存入银行。

主营业务收入=118750÷（1+3%）≈115291.26（元）

增值税销项税额＝118750－115291.26＝3458.74（元）

借：银行存款　　　　118750

　　贷：主营业务收入　　　　115291.26

　　　　应交税费——应交增值税（销项税额）　3458.74

3．2016年10月2日，记4号凭证。购进原材料一批，共计36050元，银行付讫。

借：原材料　　　　36050

　　贷：银行存款　　　　36050

4．2016年10月4日，记6号凭证。当日营业额为55000元，存入银行。

主营业务收入＝55000÷（1＋3%）≈53398.06（元）

增值税销项税额＝55000－53398.06＝1601.94（元）

借：银行存款　　　　55000

　　贷：主营业务收入　　　　53398.06

　　　　应交税费——应交增值税（销项税额）　1601.94

5．2016年10月5日，记8号凭证。当日营业额为64800元，存入银行。

主营业务收入＝64800÷（1＋3%）≈62912.62（元）

增值税销项税额＝64800－62912.62＝1887.38（元）

借：银行存款　　　　64800

　　贷：主营业务收入　　　　62912.62

　　　　应交税费——应交增值税（销项税额）　1887.38

6．2016年10月7日，记10号凭证。出纳员张义到银行取现30000元作为备用金。

借：库存现金　　　　30000

　　贷：银行存款　　　　30000

7．2016年10月13日，记16号凭证。当日营业额45000元，存入银行。

主营业务收入＝45000÷（1＋3%）≈43689.32（元）

增值税销项税额＝45000－43689.32＝1310.68（元）

借：银行存款　　　　45000

　　贷：主营业务收入　　　　43689.32

　　　　应交税费——应交增值税（销项税额）　1310.68

8．2016年10月15日，记17号凭证。付德惠木材公司的材料款20000元，银行付讫。

借：应付账款——德惠木材　　20000

　贷：银行存款　　20000

9．2016年10月25日，记20号凭证。当日营业额为30000元，出纳员将款项存入银行。

主营业务收入＝30000÷（1＋3%）≈29126.21（元）

增值税销项税额＝30000－29126.21＝873.79（元）

借：银行存款　　30000

　贷：主营业务收入　　29126.21

　　应交税费——应交增值税（销项税额）　873.79

10．2016年10月31日，记22号凭证。发放10月份工资，共227800元。

借：管理费用——工资　　96000

　销售费用　　21000

　生产成本　　110800

　贷：其他应付款　　3189.2

　　银行存款　　224610.8

11．2016年10月31日，记23号凭证。付2016年10月份社保费用，共76085.2元（社保局核定，企业承担的五险的总扣缴比例为32%，个人五险的扣缴比例为1.4%）。

管理部门的社保＝96000×32%＝30720（元）

销售部门的社保＝21000×32%＝6720（元）

生产车间的社保＝110800×32%＝35456（元）

个人应缴社保＝（96000＋21000＋110800）×1.4%=3189.2（元）

借：管理费用——社保　　30720

　销售费用　　6720

　生产成本　　35456

　其他应付款　　3189.2

　贷：银行存款　　76085.2

12．2016年10月31日，记26号凭证。付2016年10月份手续费320元。

借：财务费用——金融机构手续费　　　　320

　　贷：银行存款　　　　　　　　　　　　　320

13．2016年10月31日，记27号凭证。计提2016年10月份税金及附加（根据当地税务局规定，该企业城市维护建设税适用税率为5%，教育费附加的税率为3%，地方教育附加的税率为2%）。

10月份应交增值税合计＝436.89＋70＋163.11＋3509.71＋3458.74＋1601.94＋1887.38＋1310.68＋873.79＋1427.18＝14739.42（元）

10月份城市维护建设税＝14739.42×5%≈736.97（元）

10月份教育费附加＝14739.42×3%≈442.18（元）

10月份地方教育附加＝14739.42×2%≈249.79（元）

借：税金及附加——城市维护建设税　　736.97

　　　　　　　——教育费附加　　　　442.18

　　　　　　　——地方教育附加　　　294.79

　　贷：应交税费　　　　　　　　　　　1473.94

2016年11月良木公司涉及银行存款收付的业务如下。

1．2016年11月2日，记1号凭证。当日营业额为30000元，存入银行。

主营业务收入＝30000÷（1＋3%）≈29126.21（元）

增值税销项税额＝30000－29126.21＝873.79（元）

借：银行存款　　　　　　　　　　　　30000

　　贷：主营业务收入　　　　　　　　　　29126.21

　　　　应交税费——应交增值税（销项税额）　873.79

2．2016年11月8日，记6号凭证。购入原材料25000元，银行付讫。

借：原材料　　　　　　　　25000

　　贷：银行存款　　　　　　　25000

3．2016年11月9日，记7号凭证。付德惠木材公司的材料款15000元，银行付讫。

借：应付账款——德惠木材　　　　15000

　　贷：银行存款　　　　　　　　　　15000

4．2016年11月13日，记9号凭证。付2016年10月职工奖金共22780元。

借：管理费用——工资　　9600

　　销售费用　　2100

　　生产成本　　11080

　　贷：银行存款　　22780

5．2016年11月15日，记10号凭证。当日营业额为28000元，当日收到8000元存入银行，剩余20000元暂未付。

主营业务收入＝28000÷（1＋3%）≈27184.47（元）

增值税销项税额＝28000－27184.47＝815.53（元）

借：银行存款　　8000

　　应收账款　　20000

　　贷：主营业务收入　　27184.47

　　　　应交税费——应交增值税（销项税额）　　815.53

6．2016年11月30日，记19号凭证。发放11月份工资，共208000元。

借：管理费用——工资　　96000

　　销售费用　　15000

　　生产成本　　97000

　　贷：其他应付款　　2912

　　　　银行存款　　205088

7．2016年11月30日，记20号凭证。良木公司借入6个月期限的借款共计120000元，月利率为2%，约定每月末支付利息。

借：银行存款　　120000

　　贷：短期借款　　120000

8．2016年11月30日，记21号凭证。付2016年11月份社保费用，共69472元。

借：管理费用——社保　　30720

　　销售费用　　4800

　　生产成本　　31040

　　其他应付款　　2912

　　贷：银行存款　　69472

9．2016年11月30日，记22号凭证。付银行手续费105元。

借：财务费用——金融机构手续费　　105

　　贷：银行存款　　　　　　　　　　105

10．2016年11月30日，记23号凭证。付2016年10月份应交税费。

10月份应交税费＝应交增值税＋附加税＝14739.42＋1473.94＝16213.36（元）

借：应交税费　　　　　　　　　　16213.36

　　贷：银行存款　　　　　　　　　　16213.36

11．2016年11月30日，记24号凭证。计提2016年11月份税金及附加。

11月份应交增值税合计＝163.11＋211.17＋873.79＋815.53＋728.16＋343.69＝3135.45（元）

11月份城市维护建设税＝3135.45×5%≈156.77（元）

11月份教育费附加＝3135.45×3%≈94.06（元）

11月份地方教育附加＝3135.45×2%≈62.71（元）

借：税金及附加——城市维护建设税　　156.77

　　　　　　　——教育费附加　　　　94.06

　　　　　　　——地方教育附加　　　62.71

　　贷：应交税费　　　　　　　　　　313.54

2016年12月良木公司涉及银行存款收付的业务如下。

1．2016年12月2日，记1号凭证。购原材料30000元。11日银行已付。

借：原材料　　　　　　　　　　30000

　　贷：银行存款　　　　　　　　30000

2．2016年12月3日，记2号凭证。收到营业款38000元。

主营业务收入＝38000÷（1＋3%）≈36893.2（元）

增值税销项税额＝38000－36893.2＝1106.8（元）

借：银行存款　　　　　　　　　　38000

　　贷：主营业务收入　　　　　　　　36893.2

　　　　应交税费——应交增值税（销项税额）　1106.8

3．2016年12月8日，记4号凭证。收到营业款57000元。

主营业务收入＝57000÷（1＋3%）≈55339.81（元）

增值税销项税额＝57000－55339.81＝1660.19（元）

借：银行存款　　57000

　　贷：主营业务收入　　55339.81

　　　　应交税费——应交增值税（销项税额）　　1660.19

4．2016年12月11日，记7号凭证。银行提取现金20000元。

借：库存现金　　20000

　　贷：银行存款　　20000

5．2016年12月11日，记10号凭证。收到营业款76000元。

主营业务收入＝76000÷（1＋3%）≈73786.41（元）

增值税销项税额＝76000－73786.41＝2213.59（元）

借：银行存款　　76000

　　贷：主营业务收入　　73786.41

　　　　应交税费——应交增值税（销项税额）　　2213.59

6．2016年12月12日，记13号凭证。收到营业款83900元。

主营业务收入＝83900÷（1＋3%）≈81456.31（元）

增值税销项税额＝83900－81456.31＝2443.69（元）

借：银行存款　　83900

　　贷：主营业务收入　　81456.31

　　　　应交税费——应交增值税（销项税额）　　2443.69

7．2016年12月22日，记16号凭证。王文报销差旅费3250元，冲销备用金，用银行存款支付550元。

借：管理费用——差旅费　　3250

　　贷：银行存款　　550

　　　　备用金　　2700

8．2016年12月25日，记17号凭证。收到营业款38490元。

主营业务收入＝38490÷（1＋3%）≈37368.93（元）

增值税销项税额＝38490－37368.93＝1121.07（元）

借：银行存款　　　　　　　　　　38490

　　贷：主营业务收入　　　　　　　　　　37368.93

　　　　应交税费——应交增值税（销项税额）　　1121.07

9．2016年12月25日，记18号凭证。支付购买原材料价款32000元。

借：原材料　　　　　　　　32000

　　贷：银行存款　　　　　　　　32000

10．2016年12月30日，记22号凭证。A公司向良木公司付货款。因为在10日内付款，A公司可享受3%的现金折扣。

现金折扣＝30000×3%＝900（元）

借：银行存款　　　　　　　　29100

　　财务费用　　　　　　　　　900

　　贷：应收账款　　　　　　　　30000

11．2016年12月30日，记23号凭证。付短期借款利息2400元。

借：应付利息　　　　　　　　2400

　　贷：银行存款　　　　　　　　2400

12．2016年12月31日，记25号凭证。将一张25000元的银行汇票贴现，贴现率为3%。

贴现费用＝25000×3%＝750（元）

借：银行存款　　　　　　　　24250

　　财务费用　　　　　　　　　750

　　贷：应收票据　　　　　　　　25000

13．2016年12月31日，记26号凭证。付12月份职工工资268690元。

借：管理费用——工资　　　　　　96000

　　销售费用　　　　　　　　　　35890

　　生产成本　　　　　　　　　136800

　　贷：其他应付款　　　　　　　　　3761.66

　　　　银行存款　　　　　　　　　264928.34

14．2016年12月31日，记27号凭证。付2016年12月份社保费用。

管理部门的社保＝96000×32%＝30720（元）

销售部门的社保＝35890×32%＝11484.4（元）

生产车间的社保＝136800×32%＝43776（元）

借：管理费用——社保　　　　30720

　　销售费用　　　　　　　　11484.8

　　生产成本　　　　　　　　43776

　　其他应付款　　　　　　　3761.66

　　贷：银行存款　　　　　　　89742.46

15．2016年12月31日，记28号凭证。付11月份应交税费。

应交税费＝11月份应交增值税＋应交附加税＝3135.45＋313.54＝3448.99（元）

借：应交税费　　　　　　3448.99

　　贷：银行存款　　　　　　3448.99

16．2016年12月31日，记29号凭证。计提2016年12月份税金及附加。

12月份应交增值税合计＝235.92＋713.59＋611.65＋1106.8＋1660.19＋2213.59＋2443.69＋1121.07＋873.79＝10980.29（元）

12月城市维护建设税＝10980.29×5%＝549.01（元）

12月教育费附加＝10980.29×3%＝329.41（元）

12月地方教育附加＝10980.29×2%＝219.61（元）

借：税金及附加——城市维护建设税　　　　549.01

　　　　　　　——教育费附加　　　　　　329.41

　　　　　　　——地方教育附加　　219.61

　　贷：应交税费　　　　　　　　　　1098.03

17．2016年12月31日，记30号凭证。付银行手续费135元。

借：财务费用——金融机构手续费　　　135

　　贷：银行存款　　　　　　　　　　135

18．2016年12月31日，记31号凭证。收到第四季度利息1031.77元。

借：银行存款　　　　　　　　　1031.77

　　贷：财务费用——利息收入　　　1031.77

19．2016年12月31日，记32号凭证。将现金90000元存入银行。

借：银行存款　　　　　　90000

　　贷：库存现金　　　　　　90000

2016年10月份结转业务的会计分录如下。

1．结转2016年10月份原材料102850元。

主营业务成本＝468000＋36050＋20000＝102850（元）

借：主营业务成本　　　　　102850

　　贷：原材料　　　　　　　102850

2．结转2016年10月份主营业务收入491310.58元。

主营业务收入＝14563.11＋2330＋5436.89＋116990.29＋115291.26＋53398.06＋62912.62＋43689.32＋29126.21＋47572.82＝491310.58（元）

借：主营业务收入　　　　　491310.58

　　贷：本年利润　　　　　　491310.58

3．结转2016年10月份成本、费用。

管理费用＝540＋1380＋2150＋450＋1000＋324＋2595＋96000＋30720＝135159（元）

销售费用＝2500＋21000＋6720＝30220（元）

生产成本＝110800＋35456＝146256（元）

借：本年利润　　　　　　416278.94

　　贷：管理费用　　　　　135159

　　　　销售费用　　　　　30220

　　　　生产成本　　　　　146256

　　　　财务费用　　　　　320

　　　　主营业务成本　　　102850

　　　　税金及附加　　　　1473.94

4．结转2016年10月份本年利润。

净利润＝491310.58－416278.94＝75031.64

借：本年利润　　　　　　75031.64

　　贷：利润分配　　　　　75031.64

2016年11月份结转业务的会计分录如下。

1．结转2016年11月份原材料25000元。

借：主营业务成本　　　　　　25000

　　贷：原材料　　　　　　　　　25000

2．结转2016年11月份主营业务收入104514.55元。

主营业务收入＝5436.89＋7038.83＋29126.21＋27184.47＋24271.84＋11456.31＝104514.55（元）

借：主营业务收入　　　　　　104514.55

　　贷：本年利润　　　　　　　　104514.55

3．结转2016年11月份成本、费用。

管理费用＝300＋2150＋572＋1575＋370＋1528＋2870＋9600＋96000＋30720＝145685（元）

销售费用＝720＋2100＋4800＋15000＝22620（元）

生产成本＝11080＋97000＋31040＝139120（元）

借：本年利润　　　　　　　　332843.54

　　贷：管理费用　　　　　　　　145685

　　　　销售费用　　　　　　　　22620

　　　　生产成本　　　　　　　　139120

　　　　财务费用　　　　　　　　105

　　　　主营业务成本　　　　　　25000

　　　　税金及附加　　　　　　　313.54

4．结转2016年11月份本年利润。

本年利润借方余额＝332843.54－104514.55＝228328.99（元）

借：本年利润　　　　　　　　－228328.99

　　贷：利润分配　　　　　　　　－228328.99

2016年12月份结转业务的会计分录如下。

1．结转2016年12月份原材料62000元。

主营业务成本＝30000＋32000＝62000（元）

借：主营业务成本　　　　62000

　　贷：原材料　　　　　　62000

2．结转2016年12月份主营业务收入366009.71元。

主营业务收入＝7864.08＋23786.41＋20388.35＋36893.2＋55339.81＋73786.41＋81456.31＋37368.93＋29126.21＝366009.71（元）

借：主营业务收入　　　　366009.71

　　贷：本年利润　　　　　366009.71

3．结转2016年12月份成本、费用。

管理费用＝70＋812＋1550＋1075＋2140＋1530＋2500＋3250＋96000＋30720＝139647（元）

销售费用＝35890＋11484.8＋1920＝49294.8（元）

生产成本＝136800＋43776＝180576（元）

财务费用＝900＋750＋135－1031.77＝753.23（元）

借：本年利润　　　　433369.06

　　贷：管理费用　　　　139647

　　　　销售费用　　　　49294.8

　　　　生产成本　　　　180576

　　　　财务费用　　　　753.23

　　　　主营业务成本　　62000

　　　　税金及附加　　　1098.03

4．结转2016年12月份本年利润。

本年利润借方余额＝433369.06－366009.71＝67359.35（元）

借：本年利润　　　　－67359.35

　　贷：利润分配　　　　－67359.35

Chapter 05

外汇货币要算清——银行票据要规范

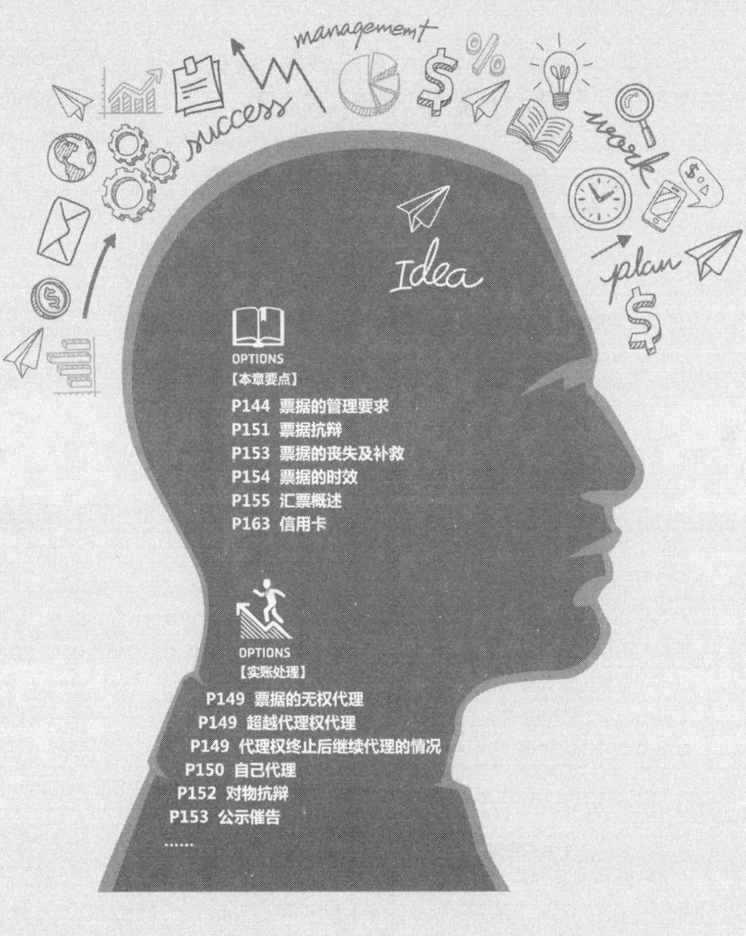

OPTIONS

【本章要点】

OPTIONS

【实账处理】

银行票据概述

除了日常生活中常用的现金和银行存款等支付结算方式外，企业还会通过一种有价证券进行支付，其中票据是最常见的。为了规范使用票据，我国制定了《票据法》对其进行约束管理。

票据的概念

票据是指在商业上由出票人签发的、承诺由本人或者委托他人在见票时或者指定日期无条件支付一定金额给持票人的一种有价证券。广义上的票据包括各种有价证券和凭证，如股票、国库券、企业债券、发票及提单等；狭义上的票据仅指《票据法》上规定的票据，即以支付金钱为目的的有价证券，分别是汇票、本票和支票这3种。

1．票据的特点

票据是在市场交换和流通中产生的，反映了当事人之间的债权债务关系。票据与票据权利具有紧密关系，它是有价证券的一种，具有独特的性质，具体特点如表5-1所示。

表 5-1

特　征	具体内容
债权金钱证券	债权证券：持票人可以根据票面所记载的金额向特定票据债务人使用其请求权，持票人使用的就是其债权的权利
	金钱证券：相对于持票人的权利，出票人就是见票付钱的权利
设权证券	指权利的发生必须首先作用在证券。票据上所表示的权利是由出票这种票据行为而创设。没有票据就没有票据上的权利
文义证券	票据上的一切权利义务，都严格依据票据上记载的文义而定，文义之外的任何理由、事项都不得作为根据

2．票据的职能

在生活中，特别是在商业活动中，票据发挥了各种不同的功能。根据它独特的性质可以分为支付、汇总、信用、结算和融资5个职能。具体的职能内容如下所示。

◆ **支付职能**：票据具有金钱债权的特征，可以替代现金作为支付方式，避免了运送和清点现金的麻烦及大额现金流通的危险性。越来越多的企业以票据作为支付方式。

- **汇兑职能**：指一国货币具有的购买外国货币的能力。异地付款时不方便使用现金，应付款的一方可以签发或者转让票据给异地的收款方。
- **信用职能**：指票据当事人可凭借自己的信誉，将未来才能获得的金钱作为现在的金钱来使用。这也是远期票据可以发挥的职能。
- **结算职能**：也可以称为债务抵销职能。互负票据债务的双方当事人，可以不必分别支付票据金额，而是在金额相同的范围内进行抵销。简化了程序，减少了费用。
- **融资职能**：即融通资金或调度资金。票据权利拥有者可以在票据到期前，在法律允许的范围内将票据权利转让给他人，从而立即获得其对价，或者用票据权利为他人设定质押。

3．票据的分类

票据的性质独特，且具有多种职能，所以，对于不同的使用者来说，对票据有不同的分类标准。根据不同的标准，票据可以分为不同的类别。

（1）根据出票人是否直接对票据付款，可以分为委托票据和自付票据。具体区别如图5-1所示。

委托票据	委托票据是指出票人不担任票据付款人，而是记载他人为付款人的票据，如汇票和支票
自付票据	自付票据是由出票人自己签发的，承诺自己在见票时无条件支付确定的金额给持票人的票据，如本票

图5-1

（2）根据票据所记载的到期日不同，可以分为即期票据和远期票据两类。具体内容如图5-2所示。

即期票据	即期票据也就是人们常说的见票即付，持票人可以随时请求付款。本票、支票均为即期票据，汇票也可以是即期票据
远期票据	远期票据指持票人必须在票据所记载的特定日期或者以一定方法计算的日期到来时，才有权请求付款，如汇票

图5-2

票据的管理要求

对于票据的管理，首先要了解票据可以享有的权利和应该承担的责任。对于应该享有的权利，我们怎么去合法合理地行使，怎样去取得？如果自己的合法权利受到损害，又该怎么去维护呢？

1. 票据法上的关系和票据基础关系

票据法上的关系与票据基础关系是两个不同的概念，具体介绍如下。

（1）票据法上的关系

票据法上的关系是指因票据行为及与票据行为有关的行为而产生的票据当事人之间的法律关系。票据法上的关系可以分为票据法上的票据关系和票据法上的非票据关系。

◆ 票据法上的票据关系

票据关系是指当事人基于票据行为而产生的票据权利义务关系。其中，票据的持有人享有票据权利，对在票据上签名的票据债务人可以主张行使票据法规定的权利。票据上签名的票据债务人负担票据责任，依自己在票据上的签名，按照票据上记载的文义承担债务人义务。

◆ 票据法上的非票据关系

非票据关系是指由票据法直接规定的，不基于票据行为而发生的票据当事人之间与票据有关的法律关系。如票据上的正当权利人对于因恶意而取得票据的人行使票据返还请求权而发生的关系，或因时效届满或手续欠缺而丧失票据上权利的持票人对于出票人或承兑人行使利益偿还请求权而发生的关系以及票据付款人付款后请求持票人交还票据而发生的关系等。

（2）票据基础关系

票据基础关系的发生是基于票据的授受行为，那么当事人之间授受票据，则是基于一定的原因或前提，这种授受票据的原因或前提关系即是票据基础关系。比如基于购买货物或返还资金而授受票据，该购货关系和返还资金关系即是票据基础关系。在法理上，票据基础关系往往都是民法上的法律关系。

2. 票据权利与责任

票据权利是指持票人基于票据行为所取得的、向票据债务人请求支付票据金额的权利。票据权利的性质是金钱债权，它包括了付款请求权和追索权两个方面。票据责任是指票据债务人基于其票据行为而发生的向持票人支付票据金额的义务。票据责任就是票据关系上的票据义务。票据义务人可以区分为主债务人和次债务人。主要内容和特征如表5-2所示。

表 5-2

分类	内容	特征
主债务人	是指本票出票人、汇票承兑人	是最终的偿还义务人，不再享有再追索权
次债务人	是指票据关系上除了主债务人之外的其他债务人	汇票上的出票人、背书人及保证人；本票上的背书人和保证人；支票上的出票人、背书人及保证人

（1）票据权利的取得

票据权利主要是根据票据行为的发生而取得的，但在实际业务中，票据权利还可能通过其他方式取得，比如法律规定直接取得的票据权利。

①依票据行为而取得票据权利

根据票据行为而取得票据权利，是最直接、最简便的方法。通过票据的行为而形成不同的票据权利，票据法所规定的、依票据行为取得票据权利的情形有如下4种。

- **依出票行为而取得：**出票行为是票据上的第一个票据行为，有效的出票可以使票据发生第一次票据权利。
- **依让与而取得：**是依照票据法上的让与方式而为的让与，一般是指让与背书，在例外情况下也可以是空白票据的单纯交付。善意取得是让与取得的特殊方式。
- **依票据保证而取得：**票据保证人提供了票据保证，票据权利人即可以向保证人行使票据权利。
- **依票据质押而取得：**票据质押行为虽然在严格意义上并未使得票据质权人取得票据权利，但是质权人可以像票据权利人一样直接行使票据权利。

②依法律规定而直接取得票据权利

在某些特殊情形下，当事人并非基于他人的票据行为而取得票据权利，而是基于法律规定直接取得票据权利，有两类情形，如图5-3所示。

因票据上的规定而取得

其中最主要的是，被追索人（含票据保证人）向持票人偿还票据金额、利息和费用，持票人可以取得票据权利

因其他法律规定而取得

其中主要的是，因为继承、法人合并或者分立、税收等原因而取得票据权利

图5-3

（2）票据权利的消灭

经过时间的推移或者发生票据行为，票据的权利会随着票据的行为发生不同的变化，甚至是消灭，直至持票人丧失其权利。票据权利消灭的原因有如图5-4所示的3点。

承兑付款

票据债务人向票据权利人主张付款，或者当票据债权人主张追索权时，被追索人向其履行债务后，其债权人的票据权利消灭

未进行票据保全

如果票据权利人没有按照规定期限提示承兑或者提示付款，或者在遭受拒绝付款时没有依法取证，其追索权消灭

消灭时效期已过

票据权利人没有在法定的消灭时效期间内行使权利的，其票据权利因此而消灭

图5-4

3．票据的伪造、变造

票据权利的合法性基于票据的真实性。票据上所填写的信息和签章等必须严格按照票据法的规定填写或加盖，不得伪造、变造信息。而伪造和变造又有什么不同呢？如表5-3所示。

表 5-3

分类	定义	内容
票据的伪造	是指假冒他人名义或虚构人的名义而进行的票据行为，包括票据的伪造和票据上签章的伪造	伪造背书签章、承兑签章或保证签章等
票据的变造	票据的变造是指无权更改票据内容的人，对票据上签章以外的记载事项加以变更的行为	变更票据上的到期日、付款日、付款地或金额等

（1）票据伪造的责任

票据的伪造行为是一种扰乱社会经济秩序、损害他人利益的行为，在法律上不具有任何票据行为的效力，所以其票据权利一开始就无效，故持票人即使是善意取得，对被伪造人也不能行使票据权利。对伪造人而言，由于票据上没有以自己名义所做的签章，因此也不承担票据责任。但是，如果伪造人的行为给他人造成损害的，应承担民事责任；构成犯罪的，还应承担刑事责任。

根据《票据法》的规定，票据上有伪造签章，但不影响票据上其他真实签章的效力的，持票人依法提示承兑、提示付款或行使追索权时，在票据上的真实签章

人不能以票据伪造为由而进行抗辩。

（2）票据变造的责任

按照当事人签章是在票据变造前还是变造后，决定票据变造所应承担的责任。如果当事人在票据变造之前签章，则应按一般票据处理；如果当事人在票据变造之后签章，则按变造之前的票据效力承担相应的责任。同时，尽管被变造的票据仍为有效，但是，票据的变造是一种违法行为，所以变造人的变造行为给他人造成经济损失的，变造人应对此承担赔偿责任；构成犯罪的，应承担刑事责任。

另外，银行以善意且符合规定和正常操作程序的要求，对伪造、变造的票据的签章以及需要交验的个人有效身份证件进行审查，未发现异常情况而支付金额的，对出票人或付款人不再承担受托付款的责任，对持票人或收款人不再承担付款的责任。

票据基本制度

在票据流通过程中，票据的出票、转让和付款等都有一定的规定，票据当事人必须按照票据法的规定办理。本节内容主要讲述票据的一些行为。

票据行为

票据行为是票据法律行为的简称，是指票据当事人以发生票据债务为目的、以在票据上签章为权利义务成立而发生的法律行为。我国票据法上的票据行为包括出票、背书、承兑和保证这4种。

1. 票据行为成立的条件

票据行为是一种民事法律行为，必须符合民事法律行为成立的一般条件。同时，票据行为又是特殊的要式民事法律行为，必须具备《票据法》规定的特别要件。据有关规定可知，票据行为的成立必须符合如下条件。

- **具备行为能力**：只要具备民事主体资格，公民（自然人）、法人和其他组织都具有票据权利。
- **意思表示真实**：以欺诈、偷盗或者胁迫等手段取得票据的，或者明知有前列情形，出于恶意而取得票据的，不得享有票据权利。

◆ **行为内容合法**：票据活动应当遵守法律和行政法规，不得损害社会公共利益。凡违背法律的规定而进行的票据行为，将不能取得票据行为的法律效力。

◆ **符合法定形式**：票据上的签章是票据行为表现形式中绝对应记载事项，如果无该内容，票据行为即为无效。我国《票据法》规定："票据上的签章，为签名、盖章或者签名加盖章。"

只有票据行为同时满足以上4个条件时，才能发生法律效力，达到行为人预期的目的，否则票据行为即为无效。

2. 票据行为的代理

票据行为是一种民事法律行为，可以由代理人进行，其法律效果归属于被代理人。《票据法》第五条规定："票据当事人可以委托其代理人在票据上签章，并应当在票据上表明其代理关系。"

（1）票据代理行为的有效要件

票据行为如果由代理人进行，除了需要满足票据行为的成立要件和其他生效要件外，还必须满足法律对于票据代理行为特别规定的生效要件。这些要件包括如下一些。

◆ 须明示本人的名义，并表明代理的意思

《票据法》第五条规定，代理人应当在票据上表明其代理关系。假如未作记载，而是以自己的名义进行票据行为，那么不论其是否确有使他人承受票据行为的法律效果的真实意思，均不承担代理的效果，而由"代理人"自己承担票据行为的法律效果。

◆ 代理人签章

代理人签章的方式适用票据行为人签章的一般规定。可以签名、盖章或者签名加盖章。

◆ 代理人有代理权

只有代理人有代理权，其以本人名义所为的票据行为的法律效果才能归属于本人。代理人的代理权可能基于法律规定（如无民事行为能力的人或限制民事行为能力人的监护人等情况），但是在绝大多数情形下，都是基于本人的授权而取得代理权。如果代理人欠缺代理权，则构成无权代理。

（2）票据行为的无权代理

无权代理是指在没有代理权的情况下以他人名义实施票据行为的现象。一般是指没有代理权、超越代理权和代理权终止后所进行的代理。《票据法》第五条规定："没有代理权而以代理人名义在票据上签章的，应当由签章人承担票据责任；

代理人超越代理权限的，应当就其超越权限的部分承担票据责任。”

【实账处理】——票据的无权代理

甲公司是一家批发零售公司，公司业务不断扩大。2016年3月14日，甲公司委托员工刘静代理公司在本市一个区的销售工作，并准备了盖有公司公章的空白销售合同。

解析：此例中，甲公司授权给公司员工刘静代理销售业务，所以除了刘静以外的人都没有权利代办甲公司该区域的销售业务，视为无权代理。

【实账处理】——超越代理权代理

A公司授权给公司员工张维，向B公司购入甲材料10件。当张维到B公司购买时，B公司甲材料降价，于是，在未经A公司领导同意的情况下，私自多买了5件。

解析：此例中，A公司员工张维对于多买的5件甲材料就属于超越代理权进行代理。如果公司认可，则张维不用负责；如果A公司以张维超越代理权为由拒绝多买的5件材料，则张维需要承担相应的费用。

【实账处理】——代理权终止后继续代理的情况

乙公司是销售纯牛奶业务的公司，公司员工刘慧从2015年3月开始一直代理乙公司与A客户订购业务。2016年9月，刘慧辞职，但未归还盖有乙公司公章的空白订购合同，乙公司也未向A客户说明刘慧已从公司辞职，而代理权已经终止。2016年10月，刘慧又与A客户签订了订购合同。

解析：此例中，刘慧在2016年10月与A客户签订订购合同的行为属无权代理，但A客户见到了刘慧出示的代理合同，可以认定为A客户为善意第三人。若A客户要乙公司履行义务，乙公司不得拒绝，不得损害相对人的利益。在乙公司履行合同义务后，可以要求刘慧进行赔偿。

（3）票据行为的滥用代理权

滥用代理权是指代理人行使代理权时，违背代理权的设定宗旨和代理行为的基本准则，有损被代理人利益的行为。主要有自己代理、双方代理及代理人和第三人恶意串通3种方式。

◆ **自己代理：**是指代理人以被代理人名义与自己进行民事行为。在这种情况下，代理人同时为代理关系中的代理人和第三人，双方的交易行为实际上只由一个人实施。

【实账处理】——自己代理

自然人甲有一台YR设备，自然人乙委托甲购入一台YR设备，且乙并不知道甲自己有一台这样的设备。而甲代表乙与自己签订了购销合同。

解析：此例中，甲代表乙与自己签订了合同，将设备卖给了乙，构成了滥用代理权，可能会损害乙的利益。被代理人乙知道情况后可以申请撤销代理权，且签订的购销合同无效。

◆ **双方代理**：又称同时代理，是指一人同时代理双方当事人的民事行为。

【实账处理】——双方代理

甲受乙的委托购买冰箱，又受丙的委托销售冰箱，甲此时以乙丙双方的名义订立购销冰箱的合同。

解析：在通常情况下，双方代理由于没有第三人参加进来，交易由一人包办，一个人同时代表双方利益，难免顾此失彼，难以达到利益平衡。在有些情况下，这种“一手托两家”的双方代理行为，也有可能满足两个被代理人的利益，甚至及时实现他们的利益。

◆ **代理人和第三人恶意串通**：是指代理人和第三人恶意串通，进行损害被代理人利益的行为。代理人的职责是替被代理人进行一定的民事行为，维护被代理人的利益。代理人与第三人恶意串通，违背了代理关系中被代理人对代理人的信任，属于滥用代理权的极端表现。

【实账处理】——代理人和第三人恶意串通

甲为乙的代理人，从丙处购买了水泥50袋，甲丙串通，实际只装了48袋，却向乙谎称购买了50袋水泥。

解析：甲与丙恶意串通损害了乙的利益，而损害被代理人的利益的行为是无效民事行为，所以，被代理人不予承受其代理行为的后果。

3. 票据行为的种类

票据的种类不一样，票据行为也不完全相同，常见的票据行为主要有出票、背书、承兑和保证这4种。具体内容如表5-4所示。

表 5-4

行为	定义
出票	是指票据创立和交付行为，即出票人依照法定格式制作票据，并交付收款人的行为
背书	是指持票人将票据权利转让他人时在票据上进行的行为
承兑	是指汇票的付款人承诺负担票据债务的行为
保证	是指票据保证人以担保票据债务的履行为目的而进行的票据行为。票据保证的目的是担保票据债务的履行，适用于汇票和本票，不适用于支票

4．票据行为无效

票据行为无效是指票据行为本身，因不符合票据法规定的要件而不产生票据效力。具体来说，指出票、背书、承兑和保证等行为中的单个或数个行为无效。根据票据行为独立性原理，某一票据行为无效并不影响其他票据行为的效力。除出票时的形式欠缺情形外，其他票据行为无效的，不会影响整个票据的效力。票据无效的原因主要有如下所示的3点。

- 被保证的票据债务一开始就不存在。
- 被保证的票据债务，因其所赖以发生的票据行为在形式上不完备而无效。
- 票据保证行为本身在形式上不完备。

票据抗辩

票据抗辩是票据债务人可以对票据权利人的权利主张提出对抗，从而拒绝履行票据债务的情形。比如，本票的受款人向出票人请求付款时，出票人主张付款日未到而拒绝其请求的行为就是一种票据抗辩。

1．票据抗辩的特点

票据抗辩是一种债务人拒绝履行债务的行为，当债务人觉得债务有问题或对票据本身有疑问时，可以提出抗辩，但是要以法律事由为依据。票据抗辩主要有如图5-5所示的3个特点。

拒绝履行债务

为了维护票据流通的安全，票据法赋予票据债务人抗辩权，规定抗辩事由，允许票据债务人遇有法定抗辩事由时，可以据此对抗持票人，不履行票据上记载的债务

图5-5

目的明确

票据法规定抗辩制度的目的是，由票据债务人依照法定事由对抗持票人的请求，拒不履行票据债务以保护债务人的正当权利

以法律事由为依据

因为票据抗辩有拒绝履行票据债务的效力，所以如果票据债务人任意或滥用抗辩，必然会影响票据的安全性、简便性和信用性，最终阻碍票据在流通领域内的流通。所以，抗辩要以法律事由为依据

图5-5（续）

2．票据抗辩的种类

票据债务人用以对抗票据权利主张的事由，被称为抗辩原因；其依法提出抗辩，阻止票据权利人行使票据权利的权利，则被称为票据抗辩权。根据票据抗辩原因及抗辩效力的不同，票据抗辩可分为如下两种类别。

- **对物抗辩：**物的抗辩是基于票据本身的内容发生的事由而进行的抗辩。由于这种抗辩是来自于票据本身，所以不论持票人是谁，也不论债务人是谁，都能成立。这种抗辩又称为绝对抗辩。
- **对人抗辩：**人的抗辩是指可用以对抗特定持票人的抗辩。当票据的持票人发生变更后，票据债务人的这种抗辩将受到影响。对人的抗辩是以特定的法律关系而产生和存在的，所以对人的抗辩又称为相对抗辩。

【实账处理】——对物抗辩

甲公司从乙公司购买了一批材料，2016年3月向乙公司开具3个月期限的银行承兑汇票，但汇票上没有出票人签名，由于乙公司经办人员粗心大意，未发现汇票的问题。2016年6月份汇票到期，乙公司持汇票向甲提示付款。但甲以票据上没有出票人签名为由进行抗辩。

解析：甲向乙公司开具了银行承兑汇票，是债务人，当乙公司向甲公司提示付款时，由于汇票上没有出票人签名，所以债务人甲公司可以对乙公司进行票据的对物抗辩。

【实账处理】——对人抗辩

甲公司从乙公司购买了一批材料，2016年3月向乙公司开具3个月期限的银行承兑汇票，乙公司确认汇票填写完整无误。但乙公司在2016年6

月票据到期时都还未向甲公司发货，而乙公司向甲公司提示付款，甲公司以未收到材料为由进行抗辩。

解析：甲向乙公司开具了银行承兑汇票，是债务人，当乙公司向甲公司提示付款时，由于乙公司还未向甲公司发货，所以债务人甲公司可以对乙公司进行票据的对人抗辩。

票据的丧失及补救

票据在流通过程中，由于种种原因可能导致其遗失，有些票据只要付款人见到票据就可以付款，如本票，遗失票据后很可能给票据持有人带来巨大的损失。所以，财务人员平时应该妥善保管票据，当票据不慎遗失时，也要及时采取补救措施，尽量减小损失。

1．票据丧失

票据丧失是指持票人并非出于本意而丧失对票据的占有。票据丧失包括绝对丧失与相对丧失，前者又称票据的灭失，指票据从物质形态上的丧失，如被火烧毁、被洗化或被撕成碎片等；后者又称票据的遗失，是指票据在物质形态上没有发生变化，只是脱离了原持票人的占有状态，如持票人不慎丢失或被人盗窃或抢夺。

2．票据丧失的补救

汇票、支票和本票的持票人在发生票据被盗、遗失或丧失后应采取哪些补救措施呢？根据我国《票据法》及1997年中国人民银行发布的《支付结算办法》的规定，票据丧失后可以采取的补救措施主要有挂失止付、公示催告和普通诉讼。详细内容如下所示。

- **挂失止付**：是指失票人将丧失票据的情况通知付款人，并由接收通知的付款人暂停支付的一种方式。
- **公示催告**：公示催告的申请人是票据的最后持有人，申请人必须向票据支付地的基层人民法院提出申请。公示催告期间转让票据的行为是无效行为，受让人的权利不予保护。
- **普通诉讼**：失票人应当在通知挂失止付后3日内，或在票据丧失后，依法向人民法院申请公示催告，或向人民法院提起诉讼。

【实账处理】——公示催告

2016年5月3日，甲公司出纳小张不慎遗失一张支票，小张立即根据规定进行公示催告。2016年5月4日，甲公司遗失的支票被乙捡到，乙随后到了丙商场进行购物，并用该支票进行了付款，丙商场找到甲公司开户行要求付款被拒付。

解析：由于甲公司在2016年5月3日遗失支票后已经立即进行了公示催告，根据规定，在公示催告期间进行转让的票据行为是无效的行为。因此，甲公司有权拒付该支票，而丙的损失只能向乙进行追索。

票据的时效

票据时效是指持票人可以有效地进行票据权利的行使的期间。 既包括付款请求权和追索权的行使，也包括请求承兑和请求做出拒绝证明书等。

1. 票据期间

《中华人民共和国票据法》第17条规定，我国票据时效的期间分为3种：两年、6个月和3个月。这3种期间分别适用于不同的票据权利。详细内容如下所示。

- **3个月时效**：持票人对其前手的再追索权，应当自清偿日或者被提起诉讼之日起3个月内行使。
- **6个月时效**：支票的持票人对出票人的权利和持票人对前手的追索权均应在6个月内行使。
- **两年时效**：汇票的持票人对出票人和承兑人的权利以及本票的持票人对出票人的权利均应在两年内行使。

2. 票据时效的计算

票据在有效的时间内不行使其合法权益，则其票据权利会随着票据时效结束而丧失。债务人可以时效已过为由进行票据抗辩而拒绝付款，这会给持票人带来损失。所以，票据权利在如下所示的期限内不行使权利的，票据权利也会消灭。

- 持票人对票据的出票人和承兑人的权利，自票据到期日起两年。见票即付的汇票、本票，自出票日起两年。
- 持票人对支票出票人的权利，自出票日起6个月。
- 持票人对前手进行的追索权，自被拒绝承兑或者被拒绝付款之日起6个月。
- 持票人对前手的再追索权，自清偿日或被提起诉讼之日起3个月。

【实账处理】——公示催告

甲公司出纳小张在2016年5月3日收到了一张30000元的支票，随手放在笔记本中，由于当时外地的分公司业务较多，需要过去帮忙，所以当天立即赶往分公司，于是将此事遗忘。当2016年12月21日，换新办公室收拾东西时才发现该支票，于是到银行提现，银行以支票过期为由进行拒付。

解析：2016年5月3日收到的支票，根据票据时效性的规定，支票应在6个月内行使其权利。而此例中，小张于2016年12月21日才去提现，已经过了票据时效，银行有权拒付。

银行票据种类“三票一卡”

在实际业务中，银行票据多种多样，但常见的票据分为汇票、本票和支票，涉及汇兑、托收承付、委托收款和银行转账等付款方式。本节主要通过票据的特点和业务处理，介绍这几种常用的票据。

汇票概述

汇票是出票人签发的，委托付款人在见票时，或者在指定日期无条件支付确定的金额给收款人或者持票人的票据。在国际结算中的使用最为广泛，也是最常见的信用工具。

1. 汇票的分类

汇票是一种委付证券，具有3个最基本的法律关系人物：出票人、持票人和付款人。根据其特有的性质可分为不同类型。详细内容如表5-5所示。

表 5-5

分类方式	种类	内容
出票人	银行汇票	是指汇票的出票人和付款人相同，都是银行
	商业汇票	是指出票人为企业法人、公司或者个人，付款人为其他个人或者银行的汇票

Chapter 01 Chapter 02 Chapter 03 Chapter 04 Chapter 05 Chapter 06 Chapter 07 Chapter 08

续表

分类方式	种类	内容
有无附属单据	光票汇票	是指见到符合要求的汇票可以直接付款，无须附上单据，银行汇票一般属于光票汇票
	跟单汇票	是指需要附带提单、仓单、保险单、装箱单或商业发票等单据才能进行付款的汇票。商业汇票一般属于跟单汇票
付款时间	即期汇票	又称见票即付汇票，指持票人向付款人提示付款后，付款人立即付款的汇票
	远期汇票	是指汇票在出票一定的期限后，或者在汇票上记载特定的日期，付款人在此日期前付款的汇票
承兑人	商业承兑汇票	是指汇票的承兑人为银行以外的任何商号或个人
	银行承兑汇票	指汇票的承兑人为银行，银行承兑汇票也属于远期汇票
流通地域	国内汇票	只能在国内流通的汇票
	国际汇票	国内国外都可以使用的汇票

汇票的种类繁多，一般企业间用得较多的是银行汇票和银行承兑汇票。前者是要企业在银行有存款才能申请开出相应金额的汇票；后者要看银行给企业的授信额度，一般情况是，企业向银行交一部分保证金，-余额可以使用抵押等手段支付。

2．汇票的特点

汇票使用起来具体自己独特的特点，具体如下所示。

◆ **信用好，承兑性强**：银行承兑汇票经银行承兑到期无条件付款，就把企业之间的商业信用转化为银行信用，收到银行承兑汇票就如同收到了现金。

◆ **流通性强，灵活性高**：银行承兑汇票可以背书转让，也可以申请贴现，不会占用企业的资金。

◆ **节约资金成本**：对于实力较强、信誉较高的企业来说，只需缴纳规定的保证金就能办理汇票。

3．汇票的使用原则

除了要了解以上所说的特点之外，在汇票的使用过程中，我们还必须要注意遵循签发、承兑和使用汇票的原则，具体内容如下所示。

◆ 使用汇票的单位必须是在银行开立账户的法人。

◆ 签发汇票必须以合法的商品交易为基础，禁止签发无商品交易行为的汇票。

◆ 汇票经承兑后，承兑人（付款人）负有无条件支付票款的责任。

◆ 汇票除了向银行贴现外，不准流通转让。

【实账处理】——汇票的业务处理

2016年3月1日，甲公司销售一批货物给乙公司，总价值为300000元，经两公司友好协商约定，乙公司签出一张由其承兑的300000元商业承兑汇票，如图5-6所示。到期日为2016年6月1日。

2016年3月1日，甲公司收到乙公司的商业承兑汇票时的会计分录如下。

借：应收票据　　　　　　300000

　　贷：应收账款　　　　　　300000

2016年5月25日，甲公司提示乙公司付款后，收到货款并存入银行，会计分录如下。

借：银行存款　　　　　　300000

　　贷：应收票据　　　　　　300000

商业承兑汇票

出票日期　贰零壹陆 年　零叁 月　零壹 日

付款人	全　称	乙公司	收款人	全　称	甲公司
	账　号			账　号	
	开户银行			开户银行	
出票金额		人民币 叁拾万元整（大写）			千 百 十 万 千 百 十 元 角 分：¥ 3 0 0 0 0 0 0 0
汇票到期日（大写）		贰零壹陆年零陆月零壹日	付款人开户行	行号	
交易合同号码				地址	
本汇票已经承兑，到期无条件支付票款。 承兑人签章 承兑日期　2016 年 3月 1 日			本汇票请予以承兑于到期日付款 出票人签章		

图5-6

本票概述

根据我国《票据法》的规定，本票主要是指银行本票，是出票人签发的，承诺自己在见票时无条件支付确定金额给收款人或者持票人的票据。

1．本票的特征

与其他票据相比，本票主要有如下所示的3个特点。

◆ **自付票据**：本票是由出票人本人对持票人进行付款。

◆ **基本当事人少**：本票的基本当事人只有出票人和收款人两个。

◆ **无须承兑**：本票由出票人本人承担付款责任，无须委托他人付款。所以，本票无须承兑就能保证付款。

2．本票的作用

根据本票的特征，经济业务中常常使用本票进行支付，也具有积极的作用，详细内容如图5-7所示。

一	商品交易中的远期付款，可先由买主签发一张以约定付款日为到期日的本票交给卖方，卖方可凭本票如期收到货款。如果卖方急需资金，可将本票贴现或转售他人
二	用作金钱的借贷凭证，由借款人签发本票交给贷款人收执
三	企业向外筹集资金时可以发行商业本票，通过金融机构予以保证后，销售于证券市场获取资金，并于本票到期日还本付息
四	客户提取存款时，银行本应付给现金，如果现金不够，可发给存款银行开立的即期本票交给客户，以代替现钞支付

图5-7

3．本票必须记载事项

拿到一张本票后，如何确定这张本票是否生效？根据《中华人民共和国票据法》规定，本票需要具备以下的必要项目才算有效。

◆ 标明其为“本票”字样。

◆ 无条件支付承诺。

◆ 有出票人签字。

◆ 有出票日期和地点。

◆ 有确定的金额。

◆ 有收款人或其指定人姓名。

另外，对本票责任承担的地点也应做出明确的约定，未记载付款地点的，以出票人的营业场所为付款地；未记载出票地的，以出票人的营业场所为出票地。

【实账处理】——本票的业务处理

甲公司为取得乙公司的银行本票，2016年6月24日将单位账户的5000元存入银行本票中，填制了如图5-8所示的银行本票，并到银行进行办理，根据银行回单做了会计分录。

中国建设银行
本　票

出票日期　贰零壹陆 年　零陆 月贰拾肆 日

收款人：甲公司			申请人：甲公司
凭票即付 人民币（大写）	伍仟元		
转账	现金		
转账		出票行签章	出纳　复核　经办

图5-8

借：其他货币资金——银行本票（乙公司）　5000

　贷：银行存款　5000

支票概述

支票是指出票人签发的委托银行等金融机构于见票时支付一定金额给收款人或其他指定人的一种票据，可以看作是汇票中的一种即期汇票。签发人不得签发空头支票（即支票出票人签发的支票金额，超出其在付款人处的存款金额），如果存款低于支票金额，银行将拒付给持票人，且出票人要负法律上的责任。

企业开立支票存款账户和领用支票必须有可靠的资信，并存入一定资金。支票可分为现金支票、转账支票和普通支票。支票一经背书即可流通转让，具有通货作用，成为替代货币发挥流通手段和支付手段职能的信用流通工具。运用支票进行货币结算可减少现金流通量，节约货币流通费。

1. 支票的记载事项

对于支票上所填的内容，根据其重要性可以分为绝对记载事项、相对记载事项和非法定记载事项。对于某些未记载事项，银行可以拒绝付款，其主要内容如表5-6所示。

表 5-6

分类	概念	内容
绝对记载事项	是票据法规定必填的记载事项，若欠缺某一项记载事项，则该票据无效	1．表明“支票”的字样；2．无条件支付委托；3．确定的金额；4．付款人名称；5．出票日期；6．出票人签章
相对记载事项	是指票据法规定应当记载而没有记载，若未记载可以通过法律规定进行推定而不会导致票据无效的事项	1．付款地；2．出票地
非法定记载事项	是指对支票没有法律效力的事项	1．支票的用途；2．合同编号；3．约定的违约金；4．管辖法院等

其中，根据我国《票据法》和《支付结算办法》的规定，对于绝对记载事项中的支票金额、收款人名称，在支票使用前，出票人可以进行补记。

2．支票的特点

在经济业务中，出纳常使用支票进行取现，使用比较便捷，具体有如图5-9所示的特点。

一 支票使用方便，手续比较简便，方式灵活

二 支票有提示付款期，自出票日起10日内

三 支票可以背书转让，但用于支取现金的支票不得背书转让

图5-9

3．支票的分类

因为支票使用方便且灵活，其使用往往比较频繁，针对不同用途可以使用不同类别的支票，支票的类别可以分为如表5-7所示的一些。

表 5-7

名称	含义
记名支票	指具有特定的收款人，在支票的收款人一栏，写明收款人姓名，取款时必须由此人签章，方可支取
不记名支票	又称空白支票，支票上不记载收款人姓名。取款时持票人无须在支票背后签章即可支取；仅凭交付而转让
划线支票	是指在支票正面画两道平行线的支票，且只能委托银行代收票款入账。使用划线支票的目的是为了在支票遗失或被人冒领时，还有可能通过银行代收的线索追回票款
保付支票	是指为了避免出票人开出空头支票，保证支票提示付款，支票的收款人或持票人可要求银行对支票进行“保付”

续表

名称	含义
现金支票	是专门制作的用于支取现金的一种支票。当客户需要使用现金时，随时签发现金支票，向开户银行提取现金，银行在见票时无条件支付给收款人确定金额的现金的票据
银行支票	是由银行签发，并由银行付款的支票，也是银行即期汇票。银行代客户办理票汇汇款时，可以开立银行支票
旅行支票	银行或旅行社为旅游者发行的一种固定金额的支付工具，是旅游者从出票机构用现金购买的一种支票

4. 支票的使用

支票的使用较频繁，为了提高使用效率，就要了解支票的使用，具体如下所示。

- 支票一律采用记名制，转账支票可以背书转让，现金支票不能背书转让。
- 支票签发的日期、大小写金额和收款人名称等不得更改，其他内容有误的，可以划线更正，并加盖预留银行印鉴之一证明。
- 支票发生遗失时，可以向付款银行申请挂失止付;挂失前已经支付款项的，银行不予受理。
- 出票人签发的空头支票及印章与银行预留印鉴不符的支票等，银行除将支票做退票处理外，还要按票面金额处以5%但不低于1000元的罚款，而持票人有权要求出票人赔偿支票金额2%的赔偿金。

【实账处理】——支票的业务处理

甲公司于2016年5月17日填制了如图5-10所示的现金支票，并到银行提取30000元作为备用金。

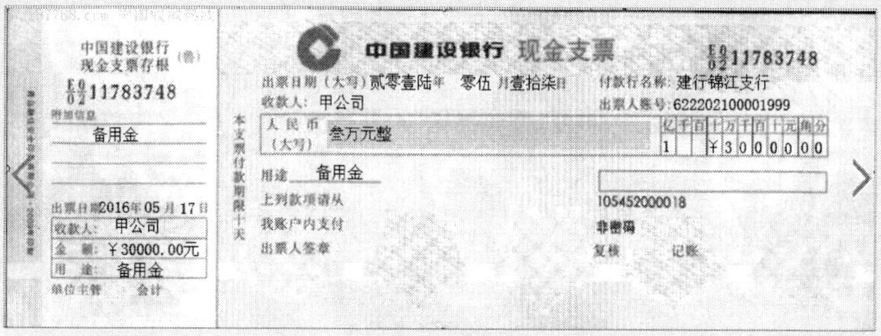
中国建设银行 现金支票存根
11783748
附加信息
备用金
出票日期2016年05月17日
收款人：甲公司
金 额：¥30000.00元
用 途：备用金
单位主管 会计

中国建设银行 现金支票 11783748
本支票付款期限十天
出票日期（大写）贰零壹陆年 零伍 月壹拾柒日 付款行名称：建行锦江支行
收款人：甲公司 出票人账号：622202100001999
人民币（大写） 叁万元整 ¥3000000
用途 备用金
上列款项请从
我账户内支付
出票人签章
105452000018
复核 记账

图5-10

取现后根据支票存根联做如下的会计分录。

借：库存现金　　30000

　　贷：银行存款　　30000

5．支票、汇票和本票的联系与区别

常用的票据中，汇票、本票和支票在某些功能上具有一定的相同点，都是一种支付票据，而在具体的使用中也会有不同的作用和使用方法。

（1）汇票、本票、支票的联系

汇票、本票和支票这3种票据都是一种可以流通转让的有价证券，具有相同的格式，具体的相同点如表5-8所示。

表 5-8

联系	内容
都是设权有价证券	即票据持票人凭票据上所记载的权利内容，证明其票据权利以取得财产
都是格式证券	票据的格式（其形式和记载事项）都是由法律（即票据法）严格规定的，不遵守格式对票据的效力有一定的影响
都是文字证券	票据权利的内容以及票据有关的一切事项都以票据上记载的文字为准，不受票据上文字以外事项的影响
都是可以流通转让的证券	作为流通证券的票据，可以经过背书或不作背书仅交付票据的简易程序而自由转让与流通
都是无因证券	即票据上权利的存在只依票据本身的文字确定，权利人享有票据权利只以持有票据为必要

除此之外，汇票、本票和支票都具有相同的票据功能，如汇兑、信用、支付功能，具体内容如表5-9所示。

表 5-9

功　能	内　容
汇兑	凭借票据的这一功能，解决两地之间现金支付在空间上的障碍
信用	票据本身不是商品，它是建立在信用基础上的书面支付凭证
支付	票据通过背书可作多次转让，在市场上成为一种流通、支付工具，减少现金的使用

（2）汇票、本票和支票的区别

汇票、本票和支票都属于狭义的票据范畴，其构成要素大致相同，都具有出票、背书和付款等这些流通证券的基本条件，都是可以转让的流通工具，但它们之间也有区别，主要区别如下。

- ◆ 汇票和支票有3个基本当事人，分别是出票人、付款人和收款人；而本票只有出票人和收款人两个基本当事人。
- ◆ 支票的出票人与付款人之间必须先有资金关系，才能签发支票；汇票的出票人与付款人之间不必先有资金关系；本票的出票人与付款人为同一个人，不存在所谓的资金关系。

◆ 支票和本票的主债务人是出票人；而汇票的主债务人，在承兑前是出票人，在承兑后是承兑人。

◆ 远期汇票需要承兑；支票一般为即期支付，无须承兑，本票也无须承兑。

◆ 汇票的出票人担保承兑付款，若另有承兑人，由承兑人担保付款；支票的出票人担保支票付款；本票的出票人自负付款责任。

◆ 支票和本票的持有人只对出票人有追索权，而汇票持有人在票据的有效期内，对出票人、背书人及承兑人都有追索权。

◆ 汇票有复本，而本票和支票没有复本。

◆ 支票和本票没有拒绝承兑证书，而汇票则有。

信用卡

信用卡又叫贷记卡，是一种非现金交易付款的方式，是简单的信贷服务。信用卡由银行或信用卡公司依照用户的信用度与财务状况发给持卡人，持卡人持信用卡消费时无须支付现金，待账单日时再进行还款。

信用卡是商业银行向个人和单位发行的，凭此向特约单位购物、消费和向银行存取现金，具有消费信用的特制载体卡片，其形式是一张正面印有发卡银行名称、有效期、号码和持卡人姓名等内容，背面有磁条、签名条的卡片。它具有如下特点。

◆ 信用卡是一种可在一定范围内替代传统现金流通的电子货币。

◆ 信用卡同时具有支付和信贷两种功能。持卡人可用其购买商品或享受服务，还可通过使用信用卡从发卡机构获得一定的贷款。

◆ 信用卡是集金融业务与电脑技术于一体的高科技产物，能减少现金货币的使用。

◆ 信用卡能提供结算服务，方便购物消费，增强安全感；能简化收款手续，节约社会劳动力；能促进商品销售，刺激社会需求。

信用卡类型的划分方式有很多，如按发卡对象、发卡机构、持卡人的信誉与资信及流通范围等。各划分方式下的具体类型如表5-10所示。

表 5-10

划分方式	种类	内容
发卡对象	公司卡	公司卡的发行对象为各类工商企业、科研教育等事业单位、国家党政机关、部队和团体等法人组织
	个人卡	个人卡的发行对象则为城乡居民个人，包括工人、干部、教师、科技工作者、个体经营户以及其他成年的、有稳定收入来源的城乡居民。个人卡是以个人的名义申领并由其承担用卡的一切责任

续表

划分方式	种类	内容
发卡机构	银行卡	这是银行发行的信用卡，持卡人可在发卡银行的特约商户购物消费，也可以在发卡行所有的分支机构或设有自动柜员机的地方随时提取现金
	非银行卡	这种卡又可以具体地分成零售信用卡和旅游娱乐卡。零售信用卡是商业机构所发行的信用卡，如百货公司和石油公司等，专用于在指定商店购物或在加油站加油等，并定期结账；旅游娱乐卡是服务业发行的信用卡，如航空公司和旅游公司等，用于购票、用餐、住宿和娱乐等
持卡人信誉与资信	普通卡	普通卡是对经济实力、信誉和地位一般的持卡人发行的，对持卡人的各种要求并不高
	金卡	金卡是一种缴纳高额会费、享受特别待遇的高级信用卡。发卡对象为信用度较高、偿还能力及信用较强或有一定社会地位的人。金卡的授权限额起点较高，附加服务项目及范围也宽得多，因而对有关服务费用和担保金的要求也比较高
流通范围	国际卡	国际卡是一种可以在发行国之外使用的信用卡，全球通用。境外五大集团（万事达卡组织、维萨国际组织、美国运通公司、JCB 信用卡公司和大来信用卡公司）分别发行的万事达卡（Master Card）、维萨卡（VISA Card）、运通卡（American Express Card）、JCB 卡（JCB Card）和大莱卡（Diners Club Card）等多数属于国际卡
	地区卡	地区卡是一种只能在发行国国内或一定区域内使用的信用卡。我国商业银行发行的各类信用卡大多数属于地区卡

核算良木家居公司2016年10～12月票据业务

本章主要讲述了银行票据的具体内容。下面通过良木公司2016年10～12月份的具体业务，进一步深入了解票据业务。

1．2016年10月4日，记6号凭证。销售收入49000元，收到商业汇票一张，3个月后到期。

主营业务收入＝49000÷（1＋3%）≈47572.82（元）

增值税销项税额＝49000－47572.82＝1427.18（元）

借：应收票据　　　　　　　　　　　　49000

贷：主营业务收入　　　　　　　　　　　47572.82

应交税费——应交增值税（销项税额）　1427.18

2．2016年11月4日，记3号凭证。销售收入25000元，收到银行汇票一张，2017年1月4日到期。

主营业务收入＝25000÷（1＋3%）≈24271.84（元）

增值税销项税额＝25000－24271.84＝728.16（元）

借：应收票据　　　　　　　　　　　25000

贷：主营业务收入　　　　　　　　　　　24271.84

应交税费——应交增值税（销项税额）　728.16

3．2016年11月17日，记12号凭证。销售收入11800元，收到商业汇票一张，一个月后到期。

主营业务收入＝11800÷（1＋3%）≈11456.31（元）

增值税销项税额＝11800－11456.31＝343.69（元）

借：应收票据　　　　　　　　11800

贷：主营业务收入　　　　　　　　11456.31

应交税费——应交增值税（销项税额）　343.69

4．2016年11月28日，记17号凭证。用商业汇票付德惠木材材料款11800元。

借：应付账款　　　　　　　11800

贷：应付票据　　　　　　　11800

5．2016年12月31日，记25号凭证。将一张25000元的银行汇票贴现，贴现率为3%。

贴现金额＝25000×3%＝750（元）

借：银行存款　　　　　　　24250

财务费用　　　　　　　　750

贷：应收票据　　　　　　　25000

Chapter 06

数字汇总报领导——登记账簿并编制报表

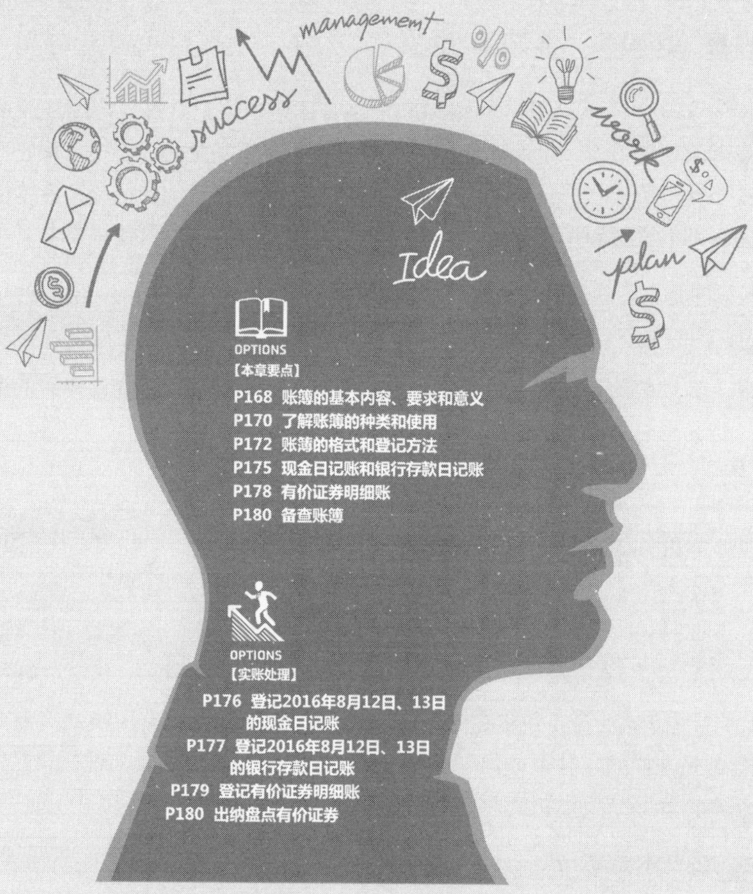

OPTIONS
【本章要点】

OPTIONS
【实账处理】

会计账簿概述

会计账簿简称账簿，是由具有一定格式、相互联系的账页所组成，用来序时、分类且全面地记录一个企业或单位经济业务事项的会计簿籍。账簿的登记是重要的会计核算基础工作，是连接会计凭证和会计报表的中间环节，做好这项工作，对于加强经济管理具有十分重要的意义。

账簿的基本内容、要求和意义

在会计核算中，会计人员通过取得和填制会计凭证来记录每一笔经济业务，对于某些业务的处理没有一定的连续性，不便于查阅。为了全面、连续且系统地反映和监督一个经济单位在一定时期内某一类或全部经济业务活动的情况，各单位必须在凭证的基础上设置和运用账簿。这就需要先了解账簿的基本内容和要求。

1．账簿的基本内容

各个单位可以结合自身经济业务的特点和经营管理的要求，按照会计核算的基本要求和会计规范的有关规定，设置必要的账簿，并做好登记工作。账簿的形式多种多样，但其也有最基本的组成内容，如表6-1所示。

表 6-1

基本内容	说明
封面	主要标明账簿的名称，如总分类账簿、现金日记账或银行存款日记账
扉页	标明会计账簿的使用信息，如科目索引、账簿启用和经管人员一览表等
账页	用来记录经济业务事项的载体，主要包括账户的名称、日期栏、记账凭证的种类和号数栏、摘要栏、金额栏、总页次和分户页次栏等

尽管各个单位的业务不可能完全一样，涉及的账簿信息也有所不同，但账簿的基本内容都是一样的，各个单位应该严格按照会计核算规定的要求进行设置，而且规定的基本内容必须要设置全面。

2．账簿的基本要求

对于账簿的登记，《会计基础工作规范》也提出了基本要求，有关账簿中符号、文字颜色、字迹清晰度和金额等都做了明确的规定。为了方便使用，企业可以根据业务特点制定设置账簿的要求，但必须是在《会计基础工作规范》中基本要求的前提下制定，不得与其相悖。规范地登记账簿既能使账簿使用者更直观地了解信息，也便于统一管理。对于账簿的基本要求，具体内容如表6-2所示。

表 6-2

基本要求	内容
准确完整	登记会计账簿时，应将会计凭证日期、编号、业务内容摘要、金额和其他有关资料逐项记入账内，做到数字准确、摘要清楚、登记及时和字迹工整
注明记账符号	登记完毕后，要在记账凭证上签名或者盖章，并注明已经登账的符号，表示已经记账。在记账凭证上设有专门的栏目供注明记账的符号，以免发生重记或漏记
顺序连续登记	各种账簿按页次顺序连续登记，不得跳行、隔页。如果发生跳行、隔页，更不得随便更换账页或撤出账页，作废的账页也要留在账簿中。如果发生跳行、隔页，应当将空行、空页划线注销，或者注明“此行空白”“此页空白”等字样，并由记账人员签名或者盖章
结出余额	凡需要结出余额的账户，结出余额后，应当在“借或贷”等栏内写明“借”或者“贷”等字样。没有余额的账户，应当在“借或贷”等栏内写“平”字，并在余额栏内用“0”表示
过次承前	每一账页登记完毕结转下页时应结出本页合计数及余额，写在本页最后一行和下页第一行有关栏内，并在摘要栏内注明“过次页”和“承前页”字样；也可以将本页合计数及金额只写在下页第一行有关栏内，并在摘要栏内注明“承前页”字样

3．账簿的主要意义

在实际业务中，账簿对财务工作起到了重要作用，通过登记账簿，汇总会计业务信息，能够全面地反映财务信息。设置账簿主要有以下意义。

◆ 通过账簿的设置和登记，记载、储存会计信息

将会计凭证所记录的经济业务记入有关账簿，可以全面反映会计主体在一定时期内所发生的各项资金运动，储存所需要的各项会计信息。

◆ 通过账簿的设置和登记，分类、汇总会计信息

账簿由不同的相互关联的账户构成，通过账簿记录，一方面可以分门别类地反映各项会计信息，提供一定时期内经济活动的详细情况；另一方面可以通过发生额和余额的计算，提供各方面所需要的总括会计信息，反映财务状况及经营成果。

◆ 通过账簿的设置和登记，检查、校正会计信息

账簿记录是将零散的会计凭证信息进行再一步检查、校正，进一步整理登记会计信息。

◆ 通过账簿的设置和登记，编表、输出会计信息

为了反映一定日期的财务状况及一定时期的经营成果，会计人员应定期进行结账工作，进行有关账簿之间的核对，计算出本期发生额和余额，据以编制会计报表，向有关各方提供所需要的会计信息。

了解账簿的种类和使用

当单位使用账簿时，首先要了解账簿有哪些类别，根据实际的经济业务选择适合的账簿，选择后要确定怎样使用。本节内容主要讲述了账簿的种类和启用。

1. 账簿的类别

为了适应各单位的经济业务和使用账簿的习惯，账簿根据不同的需求可分为不同的类别。

（1）按用途分类

因为各个单位所属行业不同，性质不同，有些业务繁杂，有些经济业务比较少，所以，各企业可以使用不同的账簿类型。按照账簿对于单位的用途，可以分为如表6-3所示的类别。

表 6-3

<table>
<tr><th>分类</th><th>说明</th><th>定义</th></tr>
<tr><td rowspan="2">序时账簿</td><td>普通日记账</td><td rowspan="2">又称日记账，是按照经济业务发生或完成时间的先后顺序逐日逐笔进行登记的账簿</td></tr>
<tr><td>特种日记账</td></tr>
<tr><td rowspan="2">分类账簿</td><td>总分类账</td><td rowspan="2">对全部经济业务事项按照会计要素的具体类别而设置分类账户进行登记的账簿</td></tr>
<tr><td>明细分类账</td></tr>
<tr><td>备查账簿</td><td colspan="2">又称辅助账簿，是对某些在序时账簿和分类账簿等主要账簿中都不予登记或登记不够详细的经济业务事项进行补充登记时使用的账簿</td></tr>
</table>

（2）按账页格式分类

各种账簿的用途有所不同，账页的格式设计也会有所不同，主要有两栏式、三栏式、多栏式、数量金额式和横线登记式等账簿，具体分类如下所示。

◆ **两栏式账簿**：只有借方和贷方两个基本栏目的账簿。各种收入、费用类账户都可以采用两栏式账簿。

◆ **三栏式账簿**：设有借方、贷方和余额3个基本栏目的账簿。比如，日记账、总分类账、资本和债权债务明细账簿。

◆ **多栏式账簿**：在账簿的两个基本栏目（借方和贷方）中按需要分设若干专栏的账簿。比如，收入和费用等明细账簿。

◆ **数量金额式账簿**：借方、贷方和金额3个栏目内都分设数量、单价和金额3小栏，借以反映财产物资的实物数量和价值量。比如，原材料、库存商品和产成品等明细账通常采用数量金额式账簿。

◆ **横线登记式账簿**：在同一张账页的同一行，记录某一项经济业务从发生到结束的相关内容。

（3）按外形特征分类

账簿是由账页一页一页组成的，形成订本式；当单位业务量较多时，可以在发生业务时登记一张，有需要增加或者减少的，可以随时增减，这种就叫作活页账。所以，根据账簿的外形特征可分成如表6-4所示的种类。

表 6-4

分　类	内　容	特　征
订本账	即订本式账簿，是在启用前将编有顺序页码的一定数量账页装订成册的账簿。这种账簿，一般适用于重要的和具有统驭性的总分类账、现金日记账和银行存款日记账	优点：可以避免账页散失，防止账页被抽换，比较安全； 缺点：同一账簿在同一时间只能由一人登记，这样不便于会计人员分工协作记账，也不便于计算机打印记账
活页账	即活页式账簿，是将一定数量的账页置于活页夹内，可根据记账内容的变化而随时增加或减少部分账页的账簿。活页账一般适用于明细分类账	优点：可以根据实际需要增添账页，不会浪费账页，使用灵活，并且便于同时分工记账； 缺点：账页容易散失和被抽换
卡片账	即卡片式账簿，是将一定数量的卡片式账页存放于专设的卡片箱中，账页可以根据需要随时增添的账簿	卡片账一般适用低值易耗品或固定资产等的明细核算。在我国一般只对固定资产明细账采用卡片账形式

2．账簿的设置

任何单位，不论经济业务的多少，都应该按照规定结合自身实际经济业务的特点和经营管理的需要，设置一定种类和数量的账簿。一般来说，要设置总账、明细账和出纳账簿等。而在设置账簿时有如下所示的原则。

◆ 账簿的设置要能保证全面、系统地反映和监督各单位的经济活动情况，为经营管理提供系统、分类的核算资料。

◆ 设置账簿要在满足实际需要的前提下，考虑人力和物力的节约，力求避免重复记账。

◆ 账簿的格式，要按照所记录的经济业务的内容和需要提供的核算指标进行设计，要力求简便实用，避免烦琐重复。

3．账簿的启用

要启用一本新的账簿，首先应在账簿封面上写明单位名称和账簿名称，并填写扉页上的内容，注明启用日期、账簿起止页数以及记账人员、会计机构负责人和会计主管人员姓名等，并加盖公章。

当记账人员、会计机构负责人或会计主管调动工作时，也要在启用表上注明交接日期、接办人员和监交人员姓名，并由交接双方签字或盖章。这是为了明确有关人员的责任，加强有关人员的责任感，维护会计账簿记录的严肃性和安全性。账簿的封面和扉页样本分别如图6-1和图6-2所示。

单位名称							
账簿册数	本年共	册	本册是第	册			
账簿页数	本册自	页至	页共	页			
会计年度	自	年	月	日至	年	月	日
单位负责人			财务负责人				

图6-1

账簿启用表												
单位名称												单位盖章
账簿名称												
账簿编号	年 总 册 第 册											
账簿页数	本账簿共计 页 第 页											
启用日期	年 月 日至 年 月 日											
经管人员	负责人			主办会计				记账				
	职别	姓名	盖章	职别	姓名	盖章		职别	姓名	盖章		
交接记录	职别	姓名		接管				移交				印花税票粘贴处
				年	月	日	盖章	年	月	日	盖章	

图6-2

账簿的格式和登记方法

账簿启用后，根据不同的账簿要求，要由不同的财务人员进行登记，比如，出纳人员只能登记现金日记账和银行存款日记账等出纳账簿，不能登记总账或明细账等账簿。对于不同的账簿类型，账簿的格式和登记要求也有所不同。本节主要讲述了几种主要账簿的格式和登记方法。

1．普通日记账的登记

普通日记账是序时账簿的一种，用来登记各单位全部经济业务的日记账。在账簿中，按照每日发生的经济业务的先后顺序进行登记，一般采用的是两栏式的账页格式，如图6-3所示。

普通日记账								
年		凭证		会计科目	摘要	借方金额	贷方金额	转账
月	日	字	号					

图6-3

普通日记账对经济业务进行序时登记，可以完整地反映经济活动的情况，保护原始凭证的真实性。主要有如下所示的3个优点。

- ◆ 每笔日记账分录都列示了相应交易与事项的完整借贷记录。
- ◆ 日记账备有足够的空栏来补充说明每一项交易与事项。
- ◆ 日记账是序时记录每笔交易与事项的，是一部按时间排列的企业经济活动的完整档案。

2．总分类账的登记

总分类账简称总账，是根据总分类科目开设账户，用来登记全部经济业务，进行总分类核算的分类账簿。它所提供的核算资料，是编制会计报表的主要依据，任何单位都必须设置总分类账。其样本格式如图6-4所示。

总　账

会计科目及编号名称：＿＿＿＿＿＿＿＿

年		记账凭证号数	摘要	页数	借方									贷方									借或贷	余额								
月	日				百	十	万	千	百	十	元	角	分	百	十	万	千	百	十	元	角	分		百	十	万	千	百	十	元	角	分

图6-4

总分类账一般采用订本式账簿，其账页格式一般采用“借方”、“贷方”和“余额”三栏式，根据实际需要，也可以在“借方”和“贷方”两栏内增设“对方科目”栏。总分类账的账页格式也可采用多栏式格式，比如把序时记录和总分类记录结合在一起的联合账簿，即日记总账。

总分类账的登记依据和方法，主要取决于所采用的会计核算形式。它可以直接根据各种记账凭证逐笔登记，也可以先把记账凭证按照一定方式进行汇总，编制成科目汇总表或汇总记账凭证，再据以登记总分类账簿。

3．明细分类账的登记

明细分类账是根据二级账户或明细账户开设账页，分类、连续地登记经济业务以提供明细核算资料的账簿，下面具体介绍其常见类型。

（1）三栏式明细分类账

三栏式明细分类账是设有借方、贷方和余额3个栏目，用以分类核算各项经济业务，提供详细核算资料的账簿，其格式与三栏式总账格式相同，适用于只进行金额核算的账户，样本如图6-5所示。

<table>
<tr><th colspan="33">明细账
______________</th></tr>
<tr><th colspan="2">年</th><th rowspan="2">记账凭证号数</th><th rowspan="2">摘要</th><th rowspan="2">页数</th><th colspan="9">借方</th><th colspan="9">贷方</th><th rowspan="2">借或贷</th><th colspan="9">余额</th></tr>
<tr><th>月</th><th>日</th><th>百</th><th>十</th><th>万</th><th>千</th><th>百</th><th>十</th><th>元</th><th>角</th><th>分</th><th>百</th><th>十</th><th>万</th><th>千</th><th>百</th><th>十</th><th>元</th><th>角</th><th>分</th><th>百</th><th>十</th><th>万</th><th>千</th><th>百</th><th>十</th><th>元</th><th>角</th><th>分</th></tr>
<tr><td></td><td></td><td></td><td></td><td></td><td></td><td></td><td></td><td></td><td></td><td></td><td></td><td></td><td></td><td></td><td></td><td></td><td></td><td></td><td></td><td></td><td></td><td></td><td></td><td></td><td></td><td></td><td></td><td></td><td></td><td></td><td></td><td></td></tr>
<tr><td></td><td></td><td></td><td></td><td></td><td></td><td></td><td></td><td></td><td></td><td></td><td></td><td></td><td></td><td></td><td></td><td></td><td></td><td></td><td></td><td></td><td></td><td></td><td></td><td></td><td></td><td></td><td></td><td></td><td></td><td></td><td></td><td></td></tr>
<tr><td></td><td></td><td></td><td></td><td></td><td></td><td></td><td></td><td></td><td></td><td></td><td></td><td></td><td></td><td></td><td></td><td></td><td></td><td></td><td></td><td></td><td></td><td></td><td></td><td></td><td></td><td></td><td></td><td></td><td></td><td></td><td></td><td></td></tr>
<tr><td></td><td></td><td></td><td></td><td></td><td></td><td></td><td></td><td></td><td></td><td></td><td></td><td></td><td></td><td></td><td></td><td></td><td></td><td></td><td></td><td></td><td></td><td></td><td></td><td></td><td></td><td></td><td></td><td></td><td></td><td></td><td></td><td></td></tr>
<tr><td></td><td></td><td></td><td></td><td></td><td></td><td></td><td></td><td></td><td></td><td></td><td></td><td></td><td></td><td></td><td></td><td></td><td></td><td></td><td></td><td></td><td></td><td></td><td></td><td></td><td></td><td></td><td></td><td></td><td></td><td></td><td></td><td></td></tr>
<tr><td></td><td></td><td></td><td></td><td></td><td></td><td></td><td></td><td></td><td></td><td></td><td></td><td></td><td></td><td></td><td></td><td></td><td></td><td></td><td></td><td></td><td></td><td></td><td></td><td></td><td></td><td></td><td></td><td></td><td></td><td></td><td></td><td></td></tr>
<tr><td></td><td></td><td></td><td></td><td></td><td></td><td></td><td></td><td></td><td></td><td></td><td></td><td></td><td></td><td></td><td></td><td></td><td></td><td></td><td></td><td></td><td></td><td></td><td></td><td></td><td></td><td></td><td></td><td></td><td></td><td></td><td></td><td></td></tr>
</table>

图6-5

（2）多栏式明细分类账

多栏式明细分类账是将属于同一总账科目的各明细科目合并在一张账页上登记的账簿，适用于成本费用类科目的明细核算，样本如图6-6所示。

<table>
<tr><th colspan="53">明细账
______________</th></tr>
<tr><th colspan="2" rowspan="2">年</th><th rowspan="3">记账凭证号数</th><th rowspan="3">摘要</th><th colspan="21">借　方</th><th colspan="20">贷　方</th><th rowspan="3">借或贷</th><th colspan="7" rowspan="2">余额</th></tr>
<tr><th colspan="7">合计</th><th colspan="7">进项税额</th><th colspan="7">已交税额</th><th colspan="7">合计</th><th colspan="7">销项税额</th><th colspan="6">进项税额转</th></tr>
<tr><th>月</th><th>日</th><th>万</th><th>千</th><th>百</th><th>十</th><th>元</th><th>角</th><th>分</th><th>万</th><th>千</th><th>百</th><th>十</th><th>元</th><th>角</th><th>分</th><th>万</th><th>千</th><th>百</th><th>十</th><th>元</th><th>角</th><th>分</th><th>万</th><th>千</th><th>百</th><th>十</th><th>元</th><th>角</th><th>分</th><th>万</th><th>千</th><th>百</th><th>十</th><th>元</th><th>角</th><th>分</th><th>万</th><th>千</th><th>百</th><th>十</th><th>元</th><th>角</th><th>万</th><th>千</th><th>百</th><th>十</th><th>元</th><th>角</th><th>分</th></tr>
<tr><td></td><td></td><td></td><td></td><td></td><td></td><td></td><td></td><td></td><td></td><td></td><td></td><td></td><td></td><td></td><td></td><td></td><td></td><td></td><td></td><td></td><td></td><td></td><td></td><td></td><td></td><td></td><td></td><td></td><td></td><td></td><td></td><td></td><td></td><td></td><td></td><td></td><td></td><td></td><td></td><td></td><td></td><td></td><td></td><td></td><td></td><td></td><td></td><td></td><td></td><td></td><td></td><td></td></tr>
<tr><td></td><td></td><td></td><td></td><td></td><td></td><td></td><td></td><td></td><td></td><td></td><td></td><td></td><td></td><td></td><td></td><td></td><td></td><td></td><td></td><td></td><td></td><td></td><td></td><td></td><td></td><td></td><td></td><td></td><td></td><td></td><td></td><td></td><td></td><td></td><td></td><td></td><td></td><td></td><td></td><td></td><td></td><td></td><td></td><td></td><td></td><td></td><td></td><td></td><td></td><td></td><td></td><td></td></tr>
</table>

图6-6

（3）数量金额式明细分类账

数量金额式明细分类账的借方（收入）、贷方（发出）和余额（结存）都分别设有数量、单价和金额3个专栏，适用于既要进行金额核算又要进行数量核算的账户，其样本如图6-7所示。

<table>
<tr><th colspan="38">明细账
______________</th></tr>
<tr><td colspan="14">存货仓名：______________</td><td colspan="12">规格：________</td><td colspan="12">单位：________</td></tr>
<tr><th colspan="2">年</th><th rowspan="3">记账凭证号数</th><th rowspan="3">摘要</th><th rowspan="3">页数</th><th colspan="11">收入</th><th colspan="11">发出</th><th colspan="11">结存</th></tr>
<tr><th rowspan="2">月</th><th rowspan="2">日</th><th rowspan="2">数量</th><th rowspan="2">单价</th><th colspan="9">金额</th><th rowspan="2">数量</th><th rowspan="2">单价</th><th colspan="9">金额</th><th rowspan="2">数量</th><th rowspan="2">单价</th><th colspan="9">金额</th></tr>
<tr><th>百</th><th>十</th><th>万</th><th>千</th><th>百</th><th>十</th><th>元</th><th>角</th><th>分</th><th>百</th><th>十</th><th>万</th><th>千</th><th>百</th><th>十</th><th>元</th><th>角</th><th>分</th><th>百</th><th>十</th><th>万</th><th>千</th><th>百</th><th>十</th><th>元</th><th>角</th><th>分</th></tr>
<tr><td></td><td></td><td></td><td></td><td></td><td></td><td></td><td></td><td></td><td></td><td></td><td></td><td></td><td></td><td></td><td></td><td></td><td></td><td></td><td></td><td></td><td></td><td></td><td></td><td></td><td></td><td></td><td></td><td></td><td></td><td></td><td></td><td></td><td></td><td></td><td></td><td></td><td></td></tr>
<tr><td></td><td></td><td></td><td></td><td></td><td></td><td></td><td></td><td></td><td></td><td></td><td></td><td></td><td></td><td></td><td></td><td></td><td></td><td></td><td></td><td></td><td></td><td></td><td></td><td></td><td></td><td></td><td></td><td></td><td></td><td></td><td></td><td></td><td></td><td></td><td></td><td></td><td></td></tr>
<tr><td></td><td></td><td></td><td></td><td></td><td></td><td></td><td></td><td></td><td></td><td></td><td></td><td></td><td></td><td></td><td></td><td></td><td></td><td></td><td></td><td></td><td></td><td></td><td></td><td></td><td></td><td></td><td></td><td></td><td></td><td></td><td></td><td></td><td></td><td></td><td></td><td></td><td></td></tr>
<tr><td></td><td></td><td></td><td></td><td></td><td></td><td></td><td></td><td></td><td></td><td></td><td></td><td></td><td></td><td></td><td></td><td></td><td></td><td></td><td></td><td></td><td></td><td></td><td></td><td></td><td></td><td></td><td></td><td></td><td></td><td></td><td></td><td></td><td></td><td></td><td></td><td></td><td></td></tr>
</table>

图6-7

（4）横线登记式明细分类账

横线登记式明细分类账将每一项相关业务登记在一行，从而依据每一行各栏目登记是否齐全来判断业务的进展情况。该明细分类账适用于登记材料采购、应收票据和一次性备用金等业务，样本如图6-8所示。

不同类型经济业务的明细分类账可根据管理需要，依据记账凭证、原始凭证或汇总原始凭证逐日逐笔或定期汇总登记。固定资产和债权债务等明细账应逐日逐笔登记；库存商品、原材料、产成品收发明细账以及收入、费用明细账等可以逐笔登记，也可定期汇总登记。

明细账

<table>
<tr><th colspan="2">年</th><th rowspan="3">记账凭证号数</th><th rowspan="3">摘要</th><th rowspan="3">计量单位</th><th rowspan="3">发票数量</th><th rowspan="3">实收数量</th><th colspan="24">借方</th><th colspan="8" rowspan="2">贷方</th><th colspan="8" rowspan="2">余额</th></tr>
<tr><th rowspan="2">月</th><th rowspan="2">日</th><th colspan="8">发票价格</th><th colspan="8">运杂费等</th><th colspan="8">合计</th></tr>
<tr><th>十</th><th>万</th><th>千</th><th>百</th><th>十</th><th>元</th><th>角</th><th>分</th><th>十</th><th>万</th><th>千</th><th>百</th><th>十</th><th>元</th><th>角</th><th>分</th><th>十</th><th>万</th><th>千</th><th>百</th><th>十</th><th>元</th><th>角</th><th>分</th><th>十</th><th>万</th><th>千</th><th>百</th><th>十</th><th>元</th><th>角</th><th>分</th><th>十</th><th>万</th><th>千</th><th>百</th><th>十</th><th>元</th><th>角</th><th>分</th></tr>
</table>

图6-8

出纳账簿运用

出纳账簿是会计账簿的一种，是出纳人员在工作中经常使用的。常见的出纳账簿有现金日记账、银行存款日记账、有价证券明细账及备查账簿。本节主要对出纳账簿的基本知识和登记方法做详细讲解。

现金日记账和银行存款日记账

出纳人员经常使用现金和银行存款，根据每日的业务应及时登记现金日记账和银行存款日记账，它们的登记规则基本相同，具体如表6-5所示。

表 6-5

规则	做法
复核收、付款凭证	现金出纳人员在办理收、付款时，应当对收款凭证和付款凭证进行仔细的复核，并将经过复核无误的收、付款记账凭证和其所附原始凭证作为登记现金日记账的依据。如果原始凭证上注明“代记账凭证”字样，在经有关人员签章后，也可作为记账的依据
内容与会计凭证一致	每一笔账都要记明记账凭证的日期、编号、摘要、金额和对应科目等。经济业务的摘要不能过于简略，应以能够清楚地表述业务内容为度，便于事后查对。日记账应逐笔分行记录，不得将收款凭证和付款凭证合并登记，也不得将收款付款相抵后以差额登记。登记完毕后应当逐项复核，复核无误后在记账凭证上的“账页”一栏内做出过账符号“√”，表示已经登记入账
逐笔登记，日清月结	为了及时掌握现金收、付和结余情况，现金日记账必须实行“当日账务当日记录，并于当日结出余额”；有些现金收、付业务频繁的单位，还应随时结出余额，以掌握收、支计划的执行情况
连续登记，不得跳页	现金日记账采用订本式账簿，其账页不得以任何理由撕去，作废的账页也应留在账簿中。在一个会计年度内，账簿尚未用完时不得以任何借口更换账簿或重抄账页。记账时必须按页次、行次和位次顺序登记，不得跳行或隔页登记，若不慎发生跳行、隔页时，应在空页或空行中划线注销，或注明“此行空白”、“此页空白”等字样，并由记账人员盖章，以示负责

续表

规则	做法
使用蓝黑墨水书写	按照红字冲账凭证冲销错误记录及会计制度中规定用红字登记的业务可以用红色墨水记账外，其余账务均以蓝黑墨水书写
每日结出余额	每日必须按规定结出余额。现金日记账不得出现贷方余额（或红字余额），上日余额＋本日收入－本日支出＝本日余额，与库存现金实存数核对，以检查每日现金收付是否有误

1. 现金日记账的登记

现金日记账是用来逐日反映库存现金的收入、付出及结余情况的特种日记账，企业应按币种设置现金日记账进行明细分类核算。现金日记账的格式一般有"三栏式"、"多栏式"或"收付分页式"3种。一般在实际工作中，最常使用的是"三栏式"账页格式。

【实账处理】——登记2016年8月12日、13日的现金日记账

2016年8月12日和13日，甲公司发生以下现金收支业务。

1. 2016年8月12日，记第5号凭证。出纳取现50000元作为备用金。

借：库存现金　　　　50000

　　贷：银行存款　　　　50000

2. 2016年8月12日，记第6号凭证。付员工报差旅费650元。

借：管理费用——差旅费　　　　650

　　贷：库存现金　　　　650

3. 2016年8月12日，记第8号凭证。付员工借备用金1000元。

借：备用金——员工　　　　1000

　　贷：库存现金　　　　1000

4. 2016年8月13日，记第10号凭证。买一批办公用品535元。

借：管理费用——办公费　　　　535

　　贷：库存现金　　　　535

5. 2016年8月13日，记第12号凭证。付7月电费890元。

借：管理费用——水电费　　　　890

　　贷：库存现金　　　　890

6．2016年8月13日，记第15号凭证。收到员工归还的备用金500元。

借：库存现金　　　　　　　　　　500

　　贷：备用金——员工　　　　　　500

出纳人员复核这两天的现金业务的所有附件与金额，逐笔登记现金日记账，如图6-9所示。

现金日记账

2016年		凭证		对方科目	摘要	借方									贷方									余额									核对
月	日	种类	号数			百	十	万	千	百	十	元	角	分	百	十	万	千	百	十	元	角	分	百	十	万	千	百	十	元	角	分	
8					承前页余额																					1	1	5	0	0	0	0	√
8	12	记	006	银行存款	取现作为备用金			5	0	0	0	0	0	0												6	1	5	0	0	0	0	√
8	12	记	006	管理费用	支付公司员工报差旅费														6	5	0	0	0			6	0	8	5	0	0	0	√
8	12	记	008	备用金	支付员工借备用金													1	0	0	0	0	0			5	9	8	5	0	0	0	√
8	12				本日合计			5	0	0	0	0	0	0				1	6	5	0	0	0			5	9	8	5	0	0	0	√
8	13	记	010	管理费用	支付办公用品费														5	3	5	0	0			5	9	3	1	5	0	0	√
8	13	记	012	管理费用	支付公司7月电费														8	9	0	0	0			5	8	4	2	5	0	0	√
8	13	记	015	备用金	收员工还备用金					5	0	0	0	0												5	8	9	2	5	0	0	√
8	13				本日合计					5	0	0	0	0				1	4	2	5	0	0			5	8	9	2	5	0	0	√

图6-9

2．银行存款日记账的登记

银行存款日记账是专门用来记录银行存款收支业务的一种特种日记账。银行存款日记账必须采用订本式账簿，其账页格式一般采用“收入”（借方）、“支出”（贷方）和“余额”三栏式。银行存款收入数额应根据有关的现金付款凭证登记，每日业务终了时，应计算并登记当日的银行存款收入合计数、银行存款支出合计数以及账面结余额，以便检查监督各项收入和支出款项，避免出现坐支现金的现象，并有利于定期同银行送来的对账单进行核对。

【实账处理】——登记2016年8月12日、13日的银行存款日记账

2016年8月12日、13日，甲公司发生以下关于银行收支的业务。

1．2016年8月12日，记第4号凭证，出纳取现50000元作为备用金。

借：库存现金　　　　　　50000

　　贷：银行存款　　　　　　50000

2．2016年8月12日，记第7号凭证，收到营业款45000元（假设不涉及税费）。

借：银行存款　　　　　　　　45000

　　贷：主营业务收入　　　　　　45000

3．2016年8月12日，记第9号凭证，甲公司购入一批材料共计30000元（假设不涉及税费）。

借：原材料　　　　　　　　30000

　　贷：银行存款　　　　　　30000

4．2016年8月13日，记第11号凭证，收到营业款64000元（假设不涉及税费）。

借：银行存款　　　　　　　　64000

　　贷：主营业务收入　　　　　　64000

5．2016年8月13日，记第16号凭证，付给供应商前欠货款15000元。

借：应付账款　　　　　　15000

　　贷：银行存款　　　　　　15000

出纳人员复核这两天的银行存款业务的所有附件与金额，逐笔登记银行存款日记账，如图6-10所示。

银行存款日记账

开户行　商业银行

账　号　6124099971236760

2016年		凭证		对方科目	摘要	借方									贷方									余额									核对
月	日	种类	号数			百	十	万	千	百	十	元	角	分	百	十	万	千	百	十	元	角	分	百	十	万	千	百	十	元	角	分	
8					承前页余额																				4	5	8	7	0	0	0	0	√
8	12	记	004	库存现金	取现作为备用金												5	0	0	0	0	0	0		4	0	8	7	0	0	0	0	√
8	12	记	007	主营业务收入	收到营业款			4	5	0	0	0	0	0											4	5	3	7	0	0	0	0	√
8	12	记	009	原材料	购入原材料一批												3	0	0	0	0	0	0		4	2	3	7	0	0	0	0	√
8	12				本日合计			4	5	0	0	0	0	0			8	0	0	0	0	0	0		4	2	3	7	0	0	0	0	√
8	13	记	011	主营业务收入	收到营业款			6	4	0	0	0	0	0											4	8	7	7	0	0	0	0	√
8	13	记	013	应付账款	支付供应商欠款												1	5	0	0	0	0	0		4	7	2	7	0	0	0	0	√
8	13				本日合计			6	4	0	0	0	0	0			1	5	0	0	0	0	0		4	7	2	7	0	0	0	0	√
					过次页																												

图6-10

有价证券明细账

有价证券是指标有票面金额，用于证明持有人或该证券指定的特定主体对特定财产拥有所有权或债权的凭证。有价证券是虚拟资本的一种形式，它本身没有价值，但有价格。有价证券按其所表明的财产权利的不同性质，可分为商品证券明细账、货币证券明细账及资本证券明细账3类。具体内容如图6-11所示。

商品证券明细账

商品证券是证明持券人有商品所有权或使用权的凭证，取得证券就等于取得商品所有权。这种证券代表的商品所有权受法律保护，主要有提货单、运货单和仓库栈单等

货币证券明细账

货币证券是指本身能使持券人或第三者取得货币索取权的有价证券，货币证券主要包括两大类：一类是商业证券，主要包括商业汇票和商业本票；另一类是银行证券，主要包括银行汇票、银行本票和支票

资本证券明细账

资本证券指由金融投资或与金融投资有直接联系的活动产生的证券。持券人对发行人有一定的收入请求权，主要有股票、债券及其衍生品，如基金证券和可转换证券等

图6-11

出纳人员对于单位所有的有价证券应进行分类保管，建立健全有价证券账簿，逐笔登记有价证券的张数与金额，并定期与账面金额进行核对，如果有盘盈盘亏等情况，要及时查找原因并填写盘点表。

【实账处理】——登记有价证券明细账

2016年3月13日，某公司收到商业汇票一张，到期日为2016年4月12日，票面金额为9700元。2016年3月14日，收到转账支票一张，到期日为2016年4月13日，票面金额为14300元。2016年3月20日，收到本票两张，到期日为2016年4月19日，票面金额为1500元，共3000元。出纳员根据收到的有价证券逐笔登记，如图6-12所示。

有价证券明细账

序号	有价证券	证券日期	到期日	证券金额	张 数	合计金额	备注
1	汇 票	2016年3月13日	2016年4月12日	9700	1	9700	
2	支 票	2016年3月14日	2016年4月13日	14300	1	14300	
3	本 票	2016年3月20日	2016年4月19日	1500	2	3000	
合 计					4	27000	

图6-12

【实账处理】——出纳盘点有价证券

2016年4月1日，乙公司出纳员对公司有价证券进行盘点，结果表明，有汇票一张，票面金额10000元，共计10000元；转账支票一张，票面金额15000元，共计15000元；本票两张，票面金额为1500元，共计3000元，并与账面相符。出纳员根据盘点情况填写了有价证券盘点报告表，如图6-13所示。

有价证券盘点报告表

经管部门　　　　2016年4月1日

名称	发行年度期别	到期日	每张面值	账面张数	盘点张数	盘盈亏		
						张数	金额	
汇 票	2016年3月13日	2016年4月12日	10000	1	1			差异原因说明
支 票	2016年3月14日	2016年4月13日	15000	1	1			
本 票	2016年3月20日	2016年4月19日	1500	2	2			
								处理对策
总经理		部门主管		主管		保管人		盘点人

说明：1、适用盘点项目：股票、公债、金融票券。

2、用途：财务部门与经管部门共同盘点及共同签订。

经管部门说明差异原因及拟处理对策呈核。

图6-13

备查账簿

备查账簿是指对一些在序时账簿和分类账簿中不能记载或记载不全的经济业务进行补充登记的账簿，对序时账簿和分类账簿起补充作用。

相对于序时账簿和分类账簿这两种主要账簿而言，备查账簿属于辅助性账簿，它可以为经营管理提供参考资料，如委托加工材料登记簿和租入固定资产登记簿等。备查账簿具有如下所示的特征。

- **根据需要设置**：不是每个企业都要设置备查账簿，具体可以根据企业的管理需要来决定。
- **格式自由确定**：备查账簿没有固定格式，与其他账簿之间也没有太多的钩稽关系，其格式可根据企业内部管理的需要自行确定。
- **采用活页式**：备查账簿一般采用活页式，以便于查账，但要注意妥善保管，要保证账簿的安全和完整。

备查账簿根据不同的业务类型可以分为很多种类，常用的几种备查账簿有：

应收账款备查簿、应收票据备查簿、分期收款发出商品备查簿、委托加工来料备查簿及在用低值易耗品备查簿等。具体内容如表6-6所示。

表 6-6

名称	用法
应收账款备查簿	该备查簿用于登记财务报表内（或账内）需要说明原因的重要应收款项或表外（或账外）的应收款项
分期收款发出商品备查簿	该备查簿用于详细记录分期收款发出商品的数量、成本、售价、代垫运杂费、已收取的货款和尚未收取的货款等有关情况
应收票据备查簿	该备查簿用于逐笔登记每一应收票据的种类、号数、出票日期、票面金额、票面利率和交易合同号，付款人、承兑人、背书人的姓名或单位名称，到期日、背书转让日、贴现日期、贴现率、贴现净额和未计提的利息及收款日期、收回金额和退票情况等信息
委托加工来料备查簿	该备查簿用于登记企业对外进行来料加工装配业务而收到的原材料和零件等收发结存数额。收到的物资由于所有权不属于本企业，不应包括在“原材料”科目的核算范围内
在用低值易耗品备查簿	对于在用低值易耗品以及使用部门退回仓库的低值易耗品，应当加强实物管理，在该备查簿上进行登记。对于施工企业，应当对其加强实物管理，并在备查簿上进行登记
应付票据备查簿	该备查簿用于详细登记每一张应付票据的种类、号数、签发日期、到期日、票面金额、票面利率、合同交易号、收款人姓名或单位名称以及付款日期和金额等信息。应付票据到期结清时，应当在备查簿内逐笔注销
应付债券备查簿	企业发行债券时，应将待发行债券的票面金额、票面利率、还本期限与方式、发行总额和发行日期等登记在应付债券备查簿中
递延税款备查簿	采用纳税影响会计法进行所得税会计处理的企业，应当设置该备查簿，详细记录发生时间性差异的原因、金额、预计转回期限和已转回金额等情况
发票备查簿	该备查簿详细登记增值税专用发票和普通发票的领购、缴销及结存等情况

登记良木家居公司2016年10～12月的账簿

本章主要讲述了经济业务中与出纳有关的账簿及其登记方法，下面通过良木家居有限公司2016年10～12月中与出纳有关的业务来深入了解账簿的登记工作。

1．根据良木公司2016年10～12月份的现金业务，财务人员登记了现金日记账，如图6-14所示。

现 金 日 记 账

2016年 月	日	凭证 种类	号数	对方科目	摘要	借方（百十万千百十元角分）	贷方（百十万千百十元角分）	余额（百十万千百十元角分）	核对
10					承前页			1150000	√
10	3	记	005	管理费用	付办公室报购办公用品费		54000	1096000	√
10	5	记	007	主营业务收入	收营业收入	1500000		2596000	√
10	7	记	010	银行存款	取现	3000000		5596000	√
10	7	记	011	备用金	付赵英借备用金		200000	5396000	√
10	8	记	012	销售费用	付广告宣传费		250000	5146000	√
10	9	记	013	管理费用	付办公室报购办公用品费		138000	5008000	√
10	9	记	014	主营业务收入	收营业收入	240000		5248000	√
10	12	记	015	管理费用	付赵英报差旅费		15000	5233000	√
10	20	记	018	管理费用	付办公室报销通讯费和职工生活费		145000	5088000	√
10	23	记	019	管理费用	付驾驶员车辆使用费		32400	5055600	√
10	25	记	021	其他应收款	垫付销售部赵勇医药费		20000	5035600	√
10	31	记	024	管理费用	付水电费		259500	4776100	√
10	31	记	025	主营业务收入	收营业务收入	560000		5336100	√
10					本月合计	5300000	1113900	5366100	
					本年累计	5300000	1113900	5336100	
11	2	记	002	备用金	付李雪借备用金		300000	4856100	√
11	5	记	003	管理费用	付财务部报继续教育费		30000	4826100	√
11	6	记	004	主营业务收入	收到营业款	560000		5386100	√
11	7	记	005	管理费用	收退回现金	85000		5471100	√
11	13	记	008	销售费用	付广告宣传费		72000	5399100	√
11	17	记	011	其他应收款	收赵勇退回现金	200000		5599100	√
					过次页				

现 金 日 记 账

2016年 月	日	凭证 种类	号数	对方科目	摘要	借方（百十万千百十元角分）	贷方（百十万千百十元角分）	余额（百十万千百十元角分）	核对
11					承前页			5599100	√
11	20	记	012	管理费用	付办公费		57200	5541900	√
11	20	记	013	管理费用	付通讯费和生活费		157500	5384400	√
11	25	记	014	主营业务收入	收到营业款	725000		6109400	√
11	28	记	015	管理费用	付驾驶员报销车费		37000	6072400	√
11	28	记	016	管理费用	付业务招待费		152800	5919600	√
11	29	记	017	固定资产	付购买笔记本电脑		300000	5619600	√
11	30	记	018	管理费用	付11月份水电费		287000	5332600	√
11					本月合计	1570000	1393500	5332600	
11					本年累计	6870000	2687400	5332600	
12	4	记	003	管理费用	付报销邮寄费		7000	5325600	√
12	8	记	005	主营业务收入	收到营业款	810000		6135600	√
12	11	记	006	销售费用	付广告费		192000	5943600	√
12	11	记	007	银行存款	提取现金	2000000		7943600	√
12	11	记	008	管理费用	报销车辆使用费		81200	7862400	√
12	11	记	009	主营业务收入	收到营业款	2450000		10312400	√
12	12	记	011	主营业务收入	收到营业款	2100000		12412400	√
12	12	记	012	管理费用	付办公费		155000	12257400	√
12	15	记	014	备用金	付王文借备用金		270000	11987400	√
12	17	记	015	管理费用	付报招待费		107500	11879900	√
12	28	记	019	管理费用	付报会务费		214000	11665900	√
12	30	记	020	管理费用	付通讯费和生活费		153000	11512900	√
12	31	记	023	管理费用	付12月水电费		250000	11262900	√
12	31	记	031	银行存款	将现金存入银行		9000000	2262900	√
12					本月合计	7360000	10429700	2262900	
12					本年累计	14230000	13117100	2262900	
					过次页				

图6-14

2．根据2016年10～12月份的银行存款业务登记了银行存款日记账，如图6-15所示。

银行存款日记账

开户行　建设银行
账　号 6222021000019999

2016年 月	日	凭证 种类	号数	对方科目	摘要	借方（百十万千百十元角分）	贷方（百十万千百十元角分）	余额（百十万千百十元角分）	核对
					承前页余额			25870000	√
10	1	记	2	主营业务收入	收到营业款	12050000		37920000	√
10	2	记	3	主营业务收入	收到营业款	11875000		49795000	√
10	2	记	4	原材料	付购进原材料		3605000	46190000	√
10	4	记	7	主营业务收入	收到营业款	5500000		51690000	√
10	5	记	9	主营业务收入	收到营业款	6480000		58170000	√
10	7	记	011	银行收入	取现		3000000	55170000	√
10	13	记	17	主营业务收入	收到营业款	4500000		59670000	√
10	15	记	18	应付账款	付德惠木材材料款		2000000	57670000	√
10	25	记	21	主营业务收入	收到营业款	3000000		60670000	√
10	31	记	22	管理费用	付2016年10月份工资		22461080	38208920	√
10	31	记	23	管理费用	付2016年10月份社保		7608520	30600400	√
10	31	记	27	财务费用	付2016年10月份财务费用		32000	30568400	√
10					本月合计	43405000	38706600	30568400	
10					本年累计	43405000	38706600	30568400	
11	2	记	001	主营业务收入	收到营业款	3000000		33568400	√
11	8	记	007	原材料	付购入原材料		2500000	31068400	√
					过次页				

银行存款日记账

开户行　建设银行
账　号 6222021000019999

2016年 月	日	凭证 种类	号数	对方科目	摘要	借方（百十万千百十元角分）	贷方（百十万千百十元角分）	余额（百十万千百十元角分）	核对
					承前页			31068400	√
11	9	记	007	应付账款	付德惠木材材料款		1500000	29568400	√
11	13	记	009	管理费用	付10月份奖金		2278000	27290400	√
11	15	记	010	主营业务收入	收到营业款	800000		28090400	√
11	30	记	019	管理费用	付11月份工资		20508800	27222964	√
11	30	记	020	短期借款	借入短期借款	12000000		19581600	√
11	30	记	021	管理费用	付11月份社保		6947200	12634400	√
11	30	记	022	财务费用	付11月份财务费用		10500	12623900	√
11	30	记	023	应交税费	付10月份应交税费		1621336	11002564	√
11					本月合计	15800000	35365836	11002564	
11					本年累计	59205000	74072436	11002564	
12	2	记	001	原材料	付购买原材料		3000000	8002564	√
12	3	记	002	主营业务收入	收到营业款	3800000		11802564	√
12	8	记	004	主营业务收入	收到营业款	5700000		17502564	√
12	11	记	007	库存现金	提取现金		2000000	15502564	√
12	11	记	010	主营业务收入	收到营业款	7600000		23102564	√
12	11	记	013	主营业务收入	收到营业款	8390000		31492564	√
12	22	记	016	管理费用	报销差旅费		55000	31437564	√
12	25	记	017	主营业务收入	收到营业款	3849000		35286564	√
12	25	记	018	原材料	付购买原材料		3200000	32086564	√
					过次页				

银行存款日记账

开户行　建设银行
账　号 6222021000019999

2016年 月	日	凭证 种类	号数	对方科目	摘要	借方（百十万千百十元角分）	贷方（百十万千百十元角分）	余额（百十万千百十元角分）	核对
					承前页			32086564	√
12	30	记	022	应收账款	收到欠款	2910000		34996564	√
12	30	记	023	应付利息	付短期借款利息		240000	34756564	√
12	31	记	025	应收票据	应收票据贴现	2425000		37181564	√
12	31	记	026	管理费用	付12月份职工工资		26492834	10688730	√
12	31	记	027	管理费用	付12月份社保费用		8974246	1714484	√
12	31	记	028	应交税费	付11月份应交税费		344899	1369585	√
12	31	记	030	财务费用	付银行手续费		13500	1356085	√
12	31	记	031	财务费用	收到银行利息	103177		1453262	√
12	31	记	032	库存现金	将现金存入银行	9000000		10453262	√
12					本月合计	43777177	44320479	10453262	
12					本年累计	102982177	118392915	10453262	
					过次页				

图6-15

3．根据2016年10～12月份所发生的业务编制了10～12月的科目汇总表，如图6-16所示。

科 目 汇 总 表

2016年10月

借方发生额	科目	贷方发生额
75,000.00	固定资产	
	实收资本	75,000.00
434,050.00	银行存款	387,066.00
491,310.58	主营业务收入	491,310.58
	应交税费（销项）	14,739.42
	应交税费	1,473.94
102,850.00	原材料	102,850.00
135,159.00	管理费用	135,159.00
102,850.00	主营业务成本	102,850.00
53,000.00	库存现金	12,939.00
2,000.00	备用金	2,000.00
	应付账款	46,800.00
30,220.00	销售费用	30,220.00
146,256.00	生产成本	146,256.00
3,189.20	其他应付款	3,189.20
1,473.94	营业税金及附加	1,473.94
49,000.00	应收票据	
320.00	财务费用	320.00
2,000.00	其他应收款	
491,310.58	本年利润	491,310.58
	利润分配	75,031.64
2,119,989.30	合计	2,119,989.30

科 目 汇 总 表

2016年11月

借方发生额	科目	贷方发生额
3,000.00	备用金	3,000.00
15,700.00	库存现金	13,935.00
145,685.00	管理费用	145,685.00
104,514.55	主营业务收入	104,514.55
16,213.36	应交税费（销项）	3,135.45
	应交税费	313.54
22,620.00	销售费用	22,620.00
	其他应收款	2,000.00
3,000.00	固定资产	
158,000.00	银行存款	353,658.36
25,000.00	原材料	25,000.00
26,800.00	应付账款	
139,120.00	生产成本	139,120.00
20,000.00	应收账款	
2,912.00	其他应付款	2,912.00
	短期借款	120,000.00
105.00	财务费用	105.00
313.54	营业税金及附加	313.54
36,800.00	应收票据	11,800.00
25,000.00	主营业务成本	25,000.00
104,514.55	本年利润	104,514.55
	利润分配	-228,328.99
849,298.00	合计	849,298.00

科 目 汇 总 表

2016年12月

借方发生额	科目	贷方发生额
139,647.00	管理费用	139,647.00
73,600.00	库存现金	104,297.00
366,009.71	主营业务收入	366,009.71
49,294.80	销售费用	49,294.80
3,448.99	应交税费（销项）	10,980.29
	应交税费	1,098.03
437,771.77	银行存款	443,204.79
2,700.00	备用金	2,700.00
30,000.00	应收账款	30,000.00
62,000.00	原材料	62,000.00
753.23	财务费用	753.23
	应付利息	-2,400.00
180,576.00	生产成本	180,576.00
3,761.66	其他应付款	3,761.66
1,098.03	营业税金及附加	1,098.03
	应收票据	25,000.00
62,000.00	主营业务成本	62,000.00
366,009.71	本年利润	366,009.71
	利润分配	-67,359.35
1,778,670.90	合计	1,778,670.90

图6-16

Chapter
07

有错就改好出纳——差错更正与账务调整

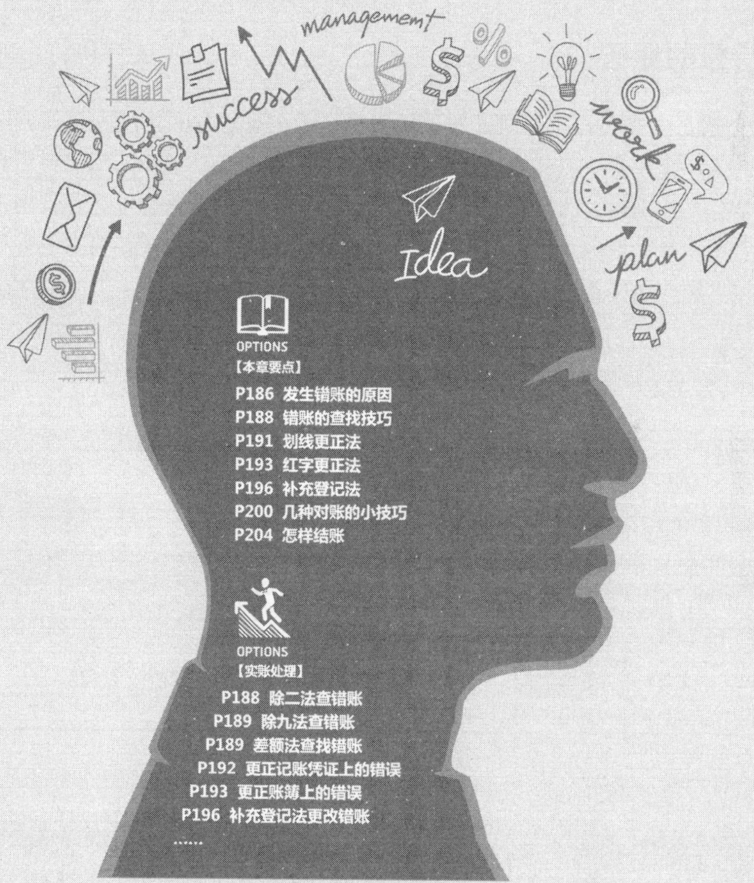

错账原因与查找技巧

在会计工作中，可能会由于记账人员的疏忽而导致经济业务多记、漏记或者金额错记等。俗话说“记账容易查账难”，特别是对于经济业务较多的单位，到月末发现借贷不平，如果一笔一笔地查找起来，不仅费时费力，到最后还不一定能找到错账。本节就主要讲解会计错账发生的原因和怎么快速准确地找到问题。

发生错账的原因

会计差错是指在会计核算时，在计量、确认或记录等方面出现的错误。经济事项或交易进入会计系统后，经过确认、计量、记录和报告，输出对信息使用者有用的会计信息。在确认、计量和记录过程中，由于种种原因会产生差错，特别是重大差错，若不及时、正确地更正，不仅会影响会计信息的可靠性，而且可能误导投资者、债权人和其他信息使用者，使其作出错误的决策或判断。

1. 发生错账的原因

一项完整的会计业务需要经过多步才能完成，而每一步都是相互联系、相互制约的，如果其中一项发生错误，那么会导致整个业务出现错误，所以，形成会计差错的原因很复杂，但一般可以总结为如表7-1所示的几种原因。

表 7-1

差错原因	具体内容
会计确认不当	与权责发生制确认时间不符的会计差错；与计量要素的定义和特征不符的会计差错；账户分类不当以及资产性支出和收益性支出划分的差错等
计算错误	主要表现为运用公式错误、选择计算方法错误和选定计量单位错误等
记账有误	主要表现为漏记、重记、错记三种。

2. 会计错账的类别

对于会计差错，有些可以直接影响利润，给公司带来损失；有些差错不足以影响会计利润表，可以通过调整账务从而改正错误。根据会计差错的影响力可将其分为重大会计差错和非重大会计差错两类，如图7-1所示。

重大会计差错

对于发生的重大会计差错，若影响损益，应计入"以前年度损益调整"科目，将其对损益的影响数调整发现当期的期初留存收益，会计报表其他相关项目的期初数也应一并调整;若不影响损益，应调整会计报表相关项目的期初数。

非重大会计差错

是指不足以影响会计报表使用者对企业财务状况、经营成果和现金流量表作出正确判断的会计差错。对于本期发现的，属于与前期相关的非重大会计差错，不调整会计报表相关项目的期初数，但应调整发现当期与前期相同的相关项目，属于影响损益的，应直接计入本期与上期相同的净损益项目;属于不影响损益的，应调整本期与前期相同的相关项目。

图7-1

3．会计差错的防范

为了提高工作效率，不影响会计报表使用者对企业经营情况的判断，出纳在工作中一定要认真负责，尽量不要发生错误。那么怎么才能避免会计差错的发生呢？要做到如下所示的几点要求。

- **健全制度，按章办事**：严格执行《现金管理暂行制度》，实行现金、银行存款内部控制，即出纳人员不得登记会计账簿，非出纳人员一般不得经手现金。现金的收取一律使用统一的收付款凭证，并及时全额入账，不得私设小金库，严禁坐支、挪用和公款私存，库存现金不得超过规定的限额。
- **规范操作，杜绝漏洞**：填写原始凭证时，要做到字迹清晰，数字规范，大写前不得留有空白，避免给坏人可乘之机；编制会计凭证时，要按原始单据的张数填写附件张数，并将附件贴好，以防脱落；办理收付款时，要严格履行手续，出纳员必须找到签字完善的报账单才能付款。
- **爱岗敬业，忠于职守**：对于出纳员来说，在巨大的诱惑面前要随时保持责任心，谨慎从事，保管好现金、凭证、支票、存折和印鉴章等重要物品，防止遗失。账务处理要做到日清月结，当日的业务要及时处理完。
- **加强监督，民主理财**：一是加强会计监督，主动为现金盘点提供条件，对账时主动为会计人员提供现金库存数；二是加强审计监督，对财务收支进行不定期的检查、审计，年终进行全面清理审计，对检查、审计发现的问题，要区别情况，及时处理；三是推行民主理财制度，成立民主理财小组，检查财务收支情况和财务制度的执行情况，定期公布财务收支账目，接受群众监督。

◆ **廉洁自律，防微杜渐**：出纳员要做到一尘不染，绝不能心存一丝一毫的侥幸心理，绝不能动用和侵占国家与集体的一分一厘，否则，一失足成千古恨，钱迷心窍只会自毁人生。

错账的查找技巧

当出现错账时要及时查找，虽然查找比较费事，但也有一定的规律，只要掌握了错账发生的规律，查起来就比较容易。本节主要讲述了在会计工作中常见的错账查找方法和技巧。

1．错账查找方法

在会计工作中，经常发生的错账具有一定的规律，可根据特定的方法快速查找，主要有除二法、除九法和差额法。下面介绍这3种方法的运用。

（1）除二法

除二法是指将账账之间的差额除以“2”，根据取得的商数，在有关账户与记账凭证中查找记账错误的方法。

当记账时，不小心将借贷方向的金额记反或红蓝字记反，账面会出现一个特定的规律，即借贷不平，且其差数一定是偶数。这时就可以运用除二法来查找错账金额，将借贷方的差数除以“2”得的商就是错账数，然后根据错账数去查是否有关于该错账金额的业务，这样可以很快查出错账。

【实账处理】——除二法查错账

2016年3月12日，某公司支付了一笔员工报账款1375.23元，记账时，误将借方金额也记入贷方，月末做资产负债表时，发现借贷方余额不相等，借方合计金额为112564.56元，贷方合计金额为109814.1元，错账差额为2750.46元。

解析：记账人员发现借贷方合计金额不平，且差额为2750.46元，是一个偶数，选择运用除二法查找错账。首先，用差额除以“2”，即2750.46÷2=1375.23元。再查找发生额是1375.23元的经济业务，这样就能很快找出错账并及时改正。

（2）除九法

除九法是指将账账之间的差额除以“9”，若能被除尽，则根据取得的商数分析查找记账错误的方法。除九法能查找的记账错误有以下两种。

◆ 搞错数字的位数。如百位数记成千位数或者将千位数记成百位数，其差数都可以被9整除，然后根据商数查找与之相对应的经济业务。

【实账处理】——除九法查错账

出纳人员记账时，将4000元误记成了400元。

解析：在资产负债表日，记账人员发现借贷方有差额为3600元，是9的倍数，且每个数字相加等于9，符合除九法查错账的特点。首先利用差数3600除以9等于400元，再根据所得的商数400元查找与之对应的经济业务。这样很快就能查到错账。

◆ 邻数倒置。在记账时，如果将相邻的两位数或三位数的数字顺序颠倒，这时也可以采用除九法查找错账。这是日常工作中常发生的差错，它的特点是差数和差数每个数字之和是9的倍数。

【实账处理】——除九法查错账

出纳人员在登记日记账时，误将29元记成了92元。

解析：记账人员发现借贷方差额为63元，是9的倍数，采用除九法查找错账。首先计算其商数为63÷9=7，那么错数前后两数之差是7，可以推测为70、81、92及其各“个数”，再根据所发生的经济业务很快就可以查出来是将29记成了92。

登账时，数字颠倒的危害很大，如果向前移位的话，相当于总数就虚增了9倍，向后移一位就虚减了90%。若不及时发现并改正，就会对会计核算有着严重的影响。因此，对此错账一定要提高警惕，及早发现并纠正，以确保会计核算数字的正确性。

（3）差额法

差额法是指直接根据账账之间的差额在有关账户与记账凭证中查找记账错误的方法。当账面金额小于应记金额时，则可能是遗漏记账；当账面金额大于应记金额时，则可能是重复记账。所以，通常使用差额法查找遗漏记账和重复记账。

【实账处理】——差额法查找错账

某公司2016年7月支出了3笔材料款，均为25000元，收到两笔营业款均为25000元，当月科目汇总时，发现总额少了25000元。

解析：根据差额25000元，查找当月所有发生额为25000元的经济业务，逐笔查找核对，发现少登记一笔业务，补记即可。

2．错账查找技巧

除了以上介绍的几种查找错账的方法外，在实际会计工作中，有些错误并不能通过以上方法查找出来，这就需要我们学习更多的查找错账的技巧，更好地提升能力。

（1）象形法

在会计核算中，都会用到阿拉伯数字，有些数字形状比较相似，如果书写比较潦草，很容易将数字看错并写错，从而造成记账错误。根据数字形状象形的规律可以总结出以下技巧。

- 如果差数是1，则有可能是3与2，5与6之间看错并写错。
- 如果差数是2，则有可能是3与5，7与9之间看错并写错。
- 如果差数是3，则有可能是3与6，6与9之间看错并写错。
- 如果差数是4，则有可能是1与5，4与8之间书写错误。
- 如果差数是5，则有可能是1与6，2与7，3与8之间看错并写错。
- 如果差数是6，则有可能是0与6，1与7之间看错并写错。
- 对于连续数字的账目，很容易发生少计或多计一位同数，如25550容易误记为25555或25500，此类数字应该着重查找。

（2）追根法

若为了一笔错账已查了半天，对本期发生额都查得正确无误，但就是不平衡，在这种情况下不妨运用追根法去追查一下上期结转数字，进行逐笔核对，看是否是结转差错，很可能问题恰恰出在那个源头。这是因为会计账表的平衡关系是绝对的，假如本期发生额确实查明是正确无误的，那么必然是期初数（上期结转数）在结转记账时有差错，只要对期初数认真追查，必能发现差错。

（3）母子法

在核对明细分类账与总分类账科目余额发现不相符时，如果用了以上方法均未查到错账，那么可以用母子法来查找。母子法就是以记入总账借贷方的数额为母数，记入相对应明细账的借贷方金额为子数，各子数相加的总和应与母数相等，如果不相等就说明此处有问题，必然发生了漏记、错记或者重记。

【实账处理】——母子法查找错账

某公司2016年5月份的应收账款总账余额为3500元，而明细账相加是2980元。

解析：总账与明细账不相等，明细账小于总账，差额为520元，说明应收账款明细账少记了520元，根据记账顺序逐笔查找有关520的经济业务，即可查出漏记的项目。

（4）顺查法

当错账发生笔数较多，各种错账混杂一起时，不能用一种方法查出，那就必须用顺查法来查，这是查错账最后绝招。查账程序基本上与记账程序一样，每查对一笔就必须在账的后端做一个符号，这样一笔笔查下去就一定能查出错账。在顺查时一定要仔细认真，还必须结合以上方法同时应用。总之，不要被错账的假象所蒙蔽而蒙混过去，如有蒙混过去的情况，又必须从头查起。

账簿差错的更正

当检查出错账后，相关财务人员需要及时更正错账。如果不对错账进行处理，则企业后续出纳工作和会计工作都会出现错误。然而，在更正错账的环节，有些错账的更正必须遵循一定的规则和规范，采用特定的方法进行错账更正。

划线更正法

划线更正法是指用划红线注销原有错误记录，然后在错误记录的上方写上正确记录的方法。在用划线更正法进行错账处理时，要求必须可以对原来的字迹进行辨认处理，同时在划线的上方正确填写相应的文字和数字，在更正以后，记账人员必须在更正的地方进行盖章处理。

如果是数字出现错误，可以采用全部划红线的方法进行更正，更正时应将全部数字用红线划掉，不可以只是修改出现错误的数字；如果是文字出现错误，可以不用将全部文字划掉，只用将相应的错误文字划去，并在上方改正且盖章即可。然而，并不是所有错账的更正都能用划线更正法，该方法具体适用范围如下。

◆ 在登账以前发现的记账凭证上的文字或数字的笔误。

◆ 在结账前发现的账簿的文字或数字的笔误，且记账凭证无误。

【实账处理】——更正记账凭证上的错误

2016年5月末，会计发现5月份发生额的借贷方不平，经过仔细查找，发现2016年5月18日，记25号凭证的金额和摘要写错。错误凭证如图7-2所示，错误会计分录如下。

借：管理费用——差旅费　　　　　　1350

　　贷：库存现金　　　　　　　　　　1350

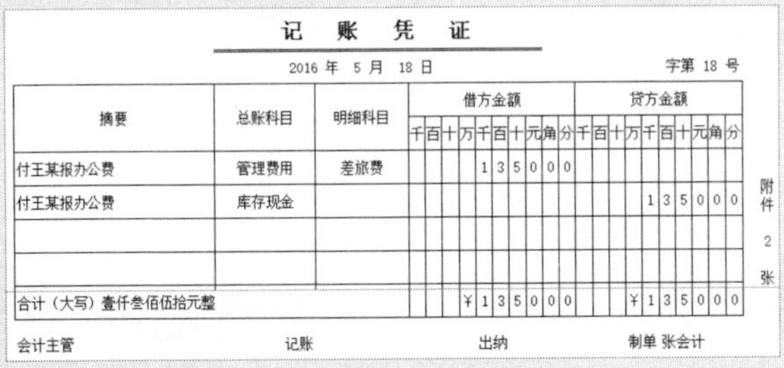

记 账 凭 证

2016 年 5 月 18 日　　　　字第 18 号

摘要	总账科目	明细科目	借方金额（千百十万千百十元角分）	贷方金额（千百十万千百十元角分）
付王某报办公费	管理费用	差旅费	1 3 5 0 0 0	
付王某报办公费	库存现金			1 3 5 0 0 0
合计（大写）壹仟叁佰伍拾元整			¥ 1 3 5 0 0 0	¥ 1 3 5 0 0 0

附件 2 张

会计主管　　记账　　出纳　　制单 张会计

图7-2

正确的会计分录如下。

借：管理费用——差旅费　　　　　　1850

　　贷：库存现金　　　　　　　　　　1850

会计发现后及时更改了会计凭证，将摘要栏的办公费用红笔划去，用黑笔改为差旅费；将金额栏的金额用红线划去，并在上方用黑笔填写正确的数字，在改正的地方都盖上了会计的私章，如图7-3所示。

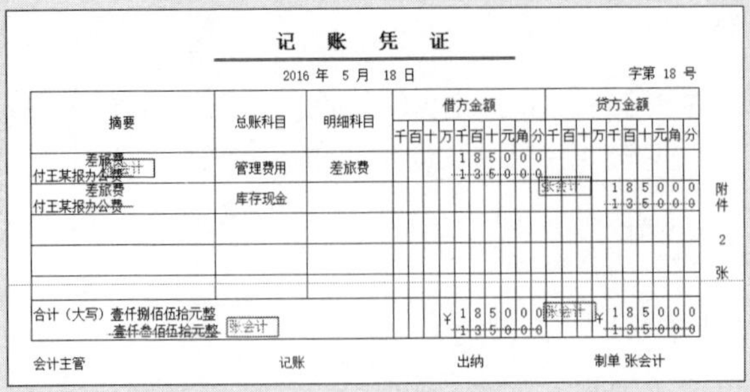

记 账 凭 证

2016 年 5 月 18 日　　　　字第 18 号

摘要	总账科目	明细科目	借方金额（千百十万千百十元角分）	贷方金额（千百十万千百十元角分）
差旅费 张会计 付王某报~~办公费~~	管理费用	差旅费	1 8 5 0 0 0 ~~1 3 5 0 0 0~~ 张会计	
差旅费 付王某报~~办公费~~	库存现金			1 8 5 0 0 0 ~~1 3 5 0 0 0~~
合计（大写）壹仟捌佰伍拾元整 ~~壹仟叁佰伍拾元整~~ 张会计			¥ 1 8 5 0 0 0 ~~1 3 5 0 0 0~~ 张会计	¥ 1 8 5 0 0 0 ~~1 3 5 0 0 0~~

附件 2 张

会计主管　　记账　　出纳　　制单 张会计

图7-3

【实账处理】——更正账簿上的错误

财务人员复核账簿数据时，发现现金日记账金额有误，经过查找发现是2016年7月6日8号记账凭证有误。付李某借备用金，用现金付讫，凭证无误，只是登记账簿数字和文字写错，其会计分录如下。

借：备用金　　　　　　　　500

　　贷：库存现金　　　　　　　　500

登记现金日记账时将对方科目备用金错写成银行存款，金额误写成5500元。因为会计凭证无误，可以用划线更正法改正现金日记上的金额。其方法与更正会计凭证的方法一致，如图7-4所示。

现金日记账

2016年		凭证		对方科目	摘要	借方									贷方									余额									核对
月	日	种类	号数			百	十	万	千	百	十	元	角	分	百	十	万	千	百	十	元	角	分	百	十	万	千	百	十	元	角	分	
					承前页																	张会计			1	4	5	7	0	6	5	0	
7	6	记	8	备用金 ~~银行存款~~ 张会计	付李某借备用金													~~5~~	5 ~~5~~	0 ~~0~~	0 ~~0~~	0 ~~0~~	0 ~~0~~		1 ~~1~~	4 ~~4~~	5 ~~0~~	2 ~~7~~	0 ~~0~~	6 ~~6~~	5 ~~5~~	0 ~~0~~	

图7-4

红字更正法

在记账以后，如果在当年内发现记账凭证所记的科目或金额有错时，可以采用红字更正法进行更正。红字更正法是指先用红字填制一张与原来错误的凭证完全相同的记账凭证，用红字登记入账，金额用红色表示负数，可以将错误的金额进行冲销，然后再重新填制一张正确的记账凭证，并注明“订正×年×月×日×号凭证”。这样就把之前的错误凭证改正过来了。当然，红字冲销法也不能适用于所有错账的改正，一般情况下适用于如下两种情况。

- 记账以后，发现账簿记录的错误是因为记账凭证中的会计科目或记账方向有错误而引起的，应用红字更正法进行更正。
- 记账以后，发现记账凭证和账簿记录金额大于应计的正确金额，而会计科目没有错误，应用红字更正法进行更正。

【实账处理】——红字更正法更正会计科目错误

2016年7月10日第5号凭证，如图7-5所示，甲公司购买一批办公用品共花费1300元，现金付讫。会计记账时不小心将现金付讫误记成银行存款付讫，做成了以下分录。

借：管理费用——办公费　　　　　　1300

　　贷：银行存款　　　　　　　　　　1300

记　账　凭　证

2016 年　7 月　10 日　　　　　　字第 5 号

摘要	总账科目	明细科目	借方金额										贷方金额										
			千	百	十	万	千	百	十	元	角	分	千	百	十	万	千	百	十	元	角	分	
付赵某报购买办公用品费	管理费用	办公费					1	3	0	0	0	0											
付赵某报购买办公用品费	银行存款																1	3	0	0	0	0	附件
																							2
																							张
合计（大写）壹仟叁佰元整						¥	1	3	0	0	0	0				¥	1	3	0	0	0	0	

会计主管　　　　　　记账　　　　　　出纳　　　　　　制单 张会计

图7-5

后经过财务主管审核发现科目有误，此情况就适用于红字更正法更正。于是用红字做了以下分录，记账凭证如图7-6所示。

借：管理费用——办公费　　　　　　1300

　　贷：银行存款　　　　　　　　　　1300

记　账　凭　证

2016 年　7 月　10 日　　　　　　字第 5 号

摘要	总账科目	明细科目	借方金额										贷方金额										
			千	百	十	万	千	百	十	元	角	分	千	百	十	万	千	百	十	元	角	分	
付赵某报购买办公用品费	管理费用	办公费					1	3	0	0	0	0											附件
付赵某报购买办公用品费	银行存款																1	3	0	0	0	0	2
																							张
合计（大写）壹仟叁佰元整						¥	1	3	0	0	0	0				¥	1	3	0	0	0	0	

会计主管　　　　　　记账　　　　　　出纳　　　　　　制单 张会计

图7-6

再用蓝字做了正确的分录，如图7-7所示，并注明修改2016年7月10日第5号凭证。

借：管理费用——办公费　　　　　　1300

　　贷：库存现金　　　　　　　　　　1300

记　账　凭　证

2016 年　7 月　10 日　　　　　　字第 5 号

摘要	总账科目	明细科目	借方金额										贷方金额									
			千	百	十	万	千	百	十	元	角	分	千	百	十	万	千	百	十	元	角	分
付赵某报购买办公用品费	管理费用	办公费					1	3	0	0	0	0										
付赵某报购买办公用品费	库存现金																1	3	0	0	0	0
备注：订正2016年7月10日第5号凭证																						
合计（大写）壹仟叁佰元整						¥	1	3	0	0	0	0				¥	1	3	0	0	0	0

附件 2 张

会计主管　　　　记账　　　　出纳　　　　制单 张会计

图7-7

【实账处理】——更正记账凭证上的错误

2016年8月23日第28号凭证，某企业收到欠款1200元，银行收讫。会计不小心将金额误记成12000元，编制了以下分录，而记账凭证如图7-8所示。

借：银行存款　　　　　　12000

　　贷：应收账款　　　　　　12000

记　账　凭　证

2016 年　8 月　23 日　　　　　　字第 28 号

摘要	总账科目	明细科目	借方金额										贷方金额									
			千	百	十	万	千	百	十	元	角	分	千	百	十	万	千	百	十	元	角	分
收到某企业欠款	银行存款					1	2	0	0	0	0	0										
收到某企业欠款	应收账款	某企业														1	2	0	0	0	0	0
合计（大写）壹万贰仟元整					¥	1	2	0	0	0	0	0			¥	1	2	0	0	0	0	0

附件 2 张

会计主管　　　　记账　　　　出纳　　　　制单

图7-8

经财务主管审核，发现账面金额大于实际应记金额，所以适用于红字更正法。于是用红字做了以下会计分录，记账凭证如图7-9所示。

应冲销金额＝12000－1200＝10800（元）

借：银行存款　　　　　　10800

　　贷：应收账款　　　　　　10800

记　账　凭　证

2016 年　8 月　23 日　　　　字第 29 号

摘要	总账科目	明细科目	借方金额										贷方金额									
			千	百	十	万	千	百	十	元	角	分	千	百	十	万	千	百	十	元	角	分
收到某企业欠款	银行存款					1	0	8	0	0	0	0										
收到某企业欠款	应收账款	某企业														1	0	3	0	0	0	0
合计（大写）壹万零捌佰元整					¥	1	0	8	0	0	0	0			¥	1	0	8	0	0	0	0

附件 2 张

会计主管　　　　记账　　　　出纳　　　　制单

图7-9

提示：红字与蓝字的区别

在更正错账时，有红字与蓝字的说法，红字代表冲销原来的错账，即将金额用负数表示；而蓝字是指用蓝或者黑色墨水正常记录凭证。

补充登记法

除了上面所讲的两种方法外，对于另一类少记金额的会计核算，可以采用补充登记法更正。补充登记法是指在会计核算中，用补记金额来更正原错误账簿记录的一种方法。在科目对应关系正确时，将少记的金额填制一张新的记账凭证，在“摘要”栏中注明“补记×年×月×日×字第×号凭证少记数”，并据以登记入账。

【实账处理】——补充登记法更改错账

某工厂于2016年3月11日购买了一批原料，实际花费了20000元，用银行存款付讫。会计于2016年3月11日记账第32号凭证，误记成了2000元，会计分录如下，错误的会计凭证如图7-10所示。

记　账　凭　证

2016 年　3 月　11 日　　　　字第 32 号

摘要	总账科目	明细科目	借方金额										贷方金额									
			千	百	十	万	千	百	十	元	角	分	千	百	十	万	千	百	十	元	角	分
付购买原料款	原材料						2	0	0	0	0	0										
付购买原料款	银行存款																2	0	0	0	0	0
合计（大写）贰仟元整						¥	2	0	0	0	0	0				¥	2	0	0	0	0	0

附件 2 张

会计主管　　记账　　出纳　　制单

图7-10

借：原材料　　2000

　　贷：银行存款　　2000

这种情况是账面金额小于实际金额，可采用补充登记法登记少记的金额18000元（20000－2000），并在摘要栏内注明“补充2016年3月11日第32号凭证少记金额18000元”字样，会计凭证如图7-11所示。

记　账　凭　证

2016 年　3 月　11 日　　　　字第 32 号

摘要	总账科目	明细科目	借方金额										贷方金额									
			千	百	十	万	千	百	十	元	角	分	千	百	十	万	千	百	十	元	角	分
付购买原料款	原材料					1	8	0	0	0	0	0										
付购买原料款	银行存款															1	8	0	0	0	0	0
备注：补充2016年3月11日第32号凭证少记金额18000元																						
合计（大写）壹万捌仟元整					¥	1	8	0	0	0	0	0			¥	1	8	0	0	0	0	0

附件 2 张

会计主管　　记账　　出纳　　制单

图7-11

借：原材料　　18000

　　贷：银行存款　　18000

对账要及时

对账是对前一个清算周期的交易信息进行核对，以确认交易信息的一致性和正确性的过程。按照《会计基础工作规范》的要求，各单位应当定期将会计账簿记录的有关数据与库存实物、货币资金、有价证券及往来单位或个人等进行相互核对，保证账证相符、账账相符和账实相符。本节根据实际经济业务中的会计情形详细讲述对账内容和规范。

哪些账需要核对

在实际工作中，有哪些账目是需要核对的呢？主要是账簿与其相对应的记账凭证、各种账簿之间以及账面余额与实际库存数之间的核对，可以总结如表7-2所示的几个内容。

表 7-2

核对项目	内容
账证核对	是将各种账簿记录与记账凭证及其所附的原始凭证进行核对。核对会计账簿记录与原始凭证和记账凭证的时间、凭证字号、内容及金额是否一致，记账方向是否相符
账账核对	是指对各种账簿之间的有关数字进行核对。核对不同会计账簿记录是否相符。包括总账有关账户的余额核对；总账与明细账核对；总账与日记账核对；会计部门的财产物资明细账与财产物资保管和使用部门的有关明细账核对等
账实核对	是指各种财产物资的账面余额与实存数额相互核对。核对会计账簿记录与财产等实有数额是否相符。包括现金日记账账面余额与现金实际库存数核对；银行存款日记账账面余额与银行对账单核对；各种材料明细账账面余额与材物实存数额核对；各种应收、应付款明细账账面余额与有关债务、债权单位或者个人进行核对等

账证、账账和账实的对账规范

为了保证账簿记录的真实、可靠，对账簿和账户所记录的有关数据加以检查和核对就是对账工作。财务人员应遵守对账制度，通过对账工作检查账簿记录内容是否完整，总分类账与明细分类账数字是否相等，以做到账证相符、账账相符和账实相符。

1. 账证相符

账证相符是指核对总账、明细账、现金和银行存款日记账的账面记录与原始凭证和记账凭证的日期、凭证字号内容、金额及记账方向等是否一致。账证相符是保证账账相符和账实相符的基础。账证核对的具体方法有如下一些。

◆ 核对总账与记账凭证汇总表的各项内容是否一致。

◆ 核对记账凭证汇总表与记账凭证的各项内容是否一致。

◆ 核对明细账与记账凭证及所涉及的支票号码和其他结算票据种类等是否一致。

2．账账相符

账账相符是指各种账簿之间的有关记录应保持一致，既包括本单位设置的各种类型的账簿，也包括本单位同其他单位的往来账款相符。账账核对的具体方法如下。

（1）核对总账是否符合“资产=负债+所有者权益”

这是总账之间的核对。首先，要符合会计恒等式“资产=负债+所有者权益”，根据这个等式核对总账中资产类科目的余额是否与负债及所有者权益类科目的余额之和相符；其次，核对总账的各账户借贷方的发生额合计是否相等。

（2）核对总账与其所属明细账是否相符

总分类账户应与其对应的明细分类账户之间的期初数、本期发生额的合计数和期末余额相等。

（3）核对总账、明细账与有关部门的账目是否相符

会计部门的账目应及时地与各相关部门的账目进行核对，具体核对内容如下所示。

◆ 财务部门的有关财产物资的明细分类账的余额应该同财产物资保管部门和使用部门经管的明细账进行核对。

◆ 各种有关债权、债务明细账的余额应当经常或定期同有关债务人和债权人核对相符。

◆ 现金、银行存款日记账余额应该同总分类账的有关账户的余额定期核对相符。

◆ 已缴国库的利润、税金及其他预算缴款，应该按照规定的时间同征收机关核对相符。

3．账实相符

账实相符是指核对单位中各项财产物资、债权债务等账面余额与相应实有数额是否相符。核对的内容包括现金日记账账面金额与现金实际库存数，银行存款日记账账面余额与银行对账单余额，应收应付款项明细账与应收应付款项实存数及材料物资和固定资产明细账与其实存数是否相符。

（1）现金日记账账面金额与现金实际库存数核对

对现金日记账要做到日清月结，有发生额时应及时登记并结出余额，再核对余额与库存现金实有数，要做到一致。月末再对现金进行盘点。盘点时，出纳员必须在场，重点清查现金是否短缺，是否有以白条抵充现金等非法挪用舞弊现象及库存现金有无超过限额等。盘点结束后，根据盘点结果编制“现金盘点报告表”，由盘点人员与出纳员共同签名盖章。

（2）银行存款日记账账面余额与银行对账单余额核对

当银行收付款业务较少时，可以一个月一次到单位开户行打印对账单，再根据对账单和银行存款日记账进行逐笔核对，存在未达账项时，要编制银行存款余额调节表进行说明调整。

（3）应收、应付款项明细账与应收、应付款项实存数的核对

应收、应付款项是单位与外部单位及供应商发生业务所产生的账目，核对时，首先要检查本单位各项应收、应付账簿记录的正确性和完整性，再根据审核无误的金额编制对账单，可通过信函邮寄的方式交给对方单位。如果发现账目有误，则应立即查明原因，并按规定及时改正。

（4）材料物资及固定资产明细账与其实存数的核对

对于材料物资及固定资产这两类资产来说，因为它们存在着实物形态，因此，可通过实物盘点的方法来确定其实存数量和金额价值，并与有关明细账进行核对。

几种对账的小技巧

在会计工作中，财务人员不断地学习，通过实践积累了丰富的经验，并根据对账的特点和遇到的实际经济业务，总结了一些技巧。通过对对账技巧的学习，不但可以提升工作效率，也能使财务人员工作更加得心应手。特别是与外部单位的对账，如与客户、供应商等单位的对账，要做到以下几点。

1．与外部单位对账

在对账前，财务部门的会计人员对供应商提供的对账资料应进行初步审核，不满足条件的对账资料应要求供应商补充完善。首先审核对账手续是否经过有权人士的签批，其次审核如下内容。

（1）对于只提供余额而无明细账目的对账资料，不予对账。供应商必须提供最后一次对账以来的全部账目资料；以前从未进行过对账的，必须提供自双方开始业务往来以后的所有账目资料。对于对方因财务决算审计，发函要求核对账面余额的，同样应按照上述原则办理。

（2）对于供应商直接依据其销售部门往来资料而非财务部门账目提供对账资料的，不予对账。双方核对的账目主要是财务账目，供应商销售部门账目可能与其财务部门账目不符，对账基数存在问题，会给以后的双方清算带来不必要的麻烦，因为最后清算以双方财务账目为准。

（3）对于多年无业务往来的供应商前来对账，即使经过企业有权人士签批，供应商的对账资料也必须加盖供应商公章（或财务专用章），或者提供加盖公章的介绍信，否则不予对账。

（4）对于对账手续和账目资料齐全的供应商应及时对账并出具对账单。

（5）对于发票丢失又无法确认是采购企业责任的，采购企业不能在对账单上确认该项债务，应要求供应商调减该债权。

2．调整账目

对账后如果发现问题，必须及时调整账目，不然，账目会影响企业应付账款的真实余额。调整账目需要供应商提供复印件的，应要求供应商配合；对于金额较小的未达账项，可以简化处理，凭对账单和企业自制说明作为记账凭证附件进行账务处理。

需要供应商调账的，采购企业还要督促并协助供应商及时调账。因为如果供应商不及时调账，也会影响其应收债权的真实余额。

3．保管对账单

每年根据对账次序将对账单装订成册，供应商提供的对账资料作为对账单的附件与对账单一并装订保存，最前面要加上对账清单目录（包括供应商所属地区、供应商名称和对账日期等信息）并注明对账单所属年度和装订会计的姓名；装订成册的对账单应按照会计档案的保管规定进行管理。应付账款的会计岗位发生变动时，其手头的对账单也要做好移交工作，在会计岗位移交清单上应特别注明。

结账不能拖

在确保账与凭证之间、账与账之间以及账与实物之间所有的内容都能核对相符后，就开始进行结账工作，将本月的本期发生额与期末余额都结转到次月，然后根据下月的经济业务继续记账、登记、核对和结账。这是一个重复的过程，也是相互制约与联系的过程，所以在结转时一定要确保金额的正确性。

结账的内容与规范

结账是为了总结某一个会计期间内的经济活动的财务收支状况，对各种账簿的本期发生额和期末余额进行计算总结，据以编制财务会计报表。

1．结账的内容

直观地说，结账就是结算各种账簿记录，它是在将一定时期内所发生的经济业务全部登记入账的基础上，将各种账簿的记录结算出本期发生额和期末余额的过程。结转的主要内容如图7-12所示。

一　检查本期内日常发生的经济业务是否已全部登记入账，若发现漏账、错账，应及时补记、更正

二　在实行权责发生制的单位，应按照权责发生制的要求进行账项调整的账务处理，以计算确定本期的成本、费用、收入和财务成果

三　将损益类科目转入"本年利润"科目，结平所有损益类科目

四　在本期全部经济业务登记入账的基础上，结算出所有账户的本期发生额和期末余额，计算登记各种账簿的本期发生额和期末余额

图7-12

2．结账的规范

结账是指把一定时期内应记入账簿的经济业务全部登记入账后计算记录本期发生额及期末余额，并将余额结转至下期或新的账簿。会计人员应按规定对现金和银行存款日记账按日结账，对其他账户按月、季或年结账。

（1）月结时

月结时，在账簿的最后一笔经济业务下面画上一条单红线，要通栏，并在红线下的“摘要”栏内注明“本月合计”字样，在相应栏内填入本月合计数和月末余额，同时注明借贷方向。最后，在“本月合计”行的下面再画一条通栏单红线，接着登记下月的经济业务，如图7-13所示。

（2）季结时

季结时，在每个季度的最后一个月月结的下一行，在“摘要”栏内注明“本季合计”字样，同时结出借贷方发生的总额及季末余额。然后，在“本季合计”行的下面画一条通栏单红线，表示季结的结束，接着登记下个季度的经济业务，如图7-14所示。

现金日记账

2016年		凭证		对方科目	摘要	借方									贷方									余额									核对
月	日	种类	号数			百	十	万	千	百	十	元	角	分	百	十	万	千	百	十	元	角	分	百	十	万	千	百	十	元	角	分	
					承前页																					4	5	7	0	6	5	0	
12	6	记	8	银行存款	提取现金			5	0	0	0	0	0	0												9	5	7	0	6	5	0	
12	10	记	15	备用金	付张三借备用金													3	0	0	0	0	0			9	2	7	0	6	5	0	
12	18	记	24	差旅费	付李四报差旅费														7	9	7	0	0			9	1	9	0	9	5	0	
12					本月合计			5	0	0	0	0	0	0				3	7	9	7	0	0			9	1	9	0	9	5	0	
12																																	

图7-13

现金日记账

2016年		凭证		对方科目	摘要	借方									贷方									余额									核对
月	日	种类	号数			百	十	万	千	百	十	元	角	分	百	十	万	千	百	十	元	角	分	百	十	万	千	百	十	元	角	分	
					承前页																					4	5	7	0	6	5	0	
12	6	记	8	银行存款	提取现金			5	0	0	0	0	0	0												9	5	7	0	6	5	0	
12	10	记	15	备用金	付张三借备用金													3	0	0	0	0	0			9	2	7	0	6	5	0	
12	18	记	24	差旅费	付李四报差旅费														7	9	7	0	0			9	1	9	0	9	5	0	
12					本月合计			5	0	0	0	0	0	0				3	7	9	7	0	0			9	1	9	0	9	5	0	
12					本季合计			5	0	0	0	0	0	0				3	7	9	7	0	0			9	1	9	0	9	5	0	

图7-14

（3）年结时

年结时，在第四季度季结的下一行，在“摘要”栏注明“本年合计”字样，同时结出借、贷方发生额及期末余额。然后，在“本年合计”行下面划上通栏双红线，以表示封账，如图7-15所示。

现金日记账

2016年		凭证		对方科目	摘要	借方									贷方									余额									核对
月	日	种类	号数			百	十	万	千	百	十	元	角	分	百	十	万	千	百	十	元	角	分	百	十	万	千	百	十	元	角	分	
					承前页																					4	5	7	0	6	5	0	
12	6	记	8	银行存款	提取现金			5	0	0	0	0	0	0												9	5	7	0	6	5	0	
12	10	记	15	备用金	付张三借备用金													3	0	0	0	0	0			9	2	7	0	6	5	0	
12	18	记	24	差旅费	付李四报差旅费														7	9	7	0	0			9	1	9	0	9	5	0	
12					本月合计			5	0	0	0	0	0	0				3	7	9	7	0	0			9	1	9	0	9	5	0	
12					本季合计			5	0	0	0	0	0	0				3	7	9	7	0	0			9	1	9	0	9	5	0	
					本年合计			5	0	0	0	0	0	0				3	7	9	7	0	0			9	1	9	0	9	5	0	

图7-15

年度终了后，总账和日记账应当更换新账簿，明细账一般也应更换，但有些明细账簿，如固定资产卡片等可以连续使用，不必每年更换。年终时，要把各账户的余额结转到下一会计年度，只在摘要栏注明“结转下年”字样，结转金额不再抄写。

如果账页的“结转下年”行以下还有空行，应当自余额栏的右上角至日期栏的左下角用红笔划对角斜线注销，如图7-16所示。在下一会计年度，新建有关会计账簿的第一行余额栏内填写上年结转的余额，并在摘要栏注明“上年结转”字样。

现金日记账

2016年		凭证		对方科目	摘要	借方									贷方									余额									核对
月	日	种类	号数			百	十	万	千	百	十	元	角	分	百	十	万	千	百	十	元	角	分	百	十	万	千	百	十	元	角	分	
					承前页																					4	5	7	0	6	5	0	
12	6	记	8	银行存款	提取现金			5	0	0	0	0	0	0												9	5	7	0	6	5	0	
12	10	记	15	备用金	付张三借备用金													3	0	0	0	0	0			9	2	7	0	6	5	0	
12	18	记	24	差旅费	付李四报差旅费														7	9	7	0	0			9	1	9	0	9	5	0	
12					本月合计			5	0	0	0	0	0	0				3	7	9	7	0	0			9	1	9	0	9	5	0	
12					本季合计			5	0	0	0	0	0	0				3	7	9	7	0	0			9	1	9	0	9	5	0	
					本年合计			5	0	0	0	0	0	0				3	7	9	7	0	0			9	1	9	0	9	5	0	
					结转下年																												

图7-16

怎样结账

社会不断地发展，财务工作效率也在不断地提升，现在大多数企业都采用会计电算化替代之前的手工记账。在会计电算化条件下，结账工作可以利用计算机进行自动结账，不过结账还是有一定的步骤，具体步骤如图7-17所示。

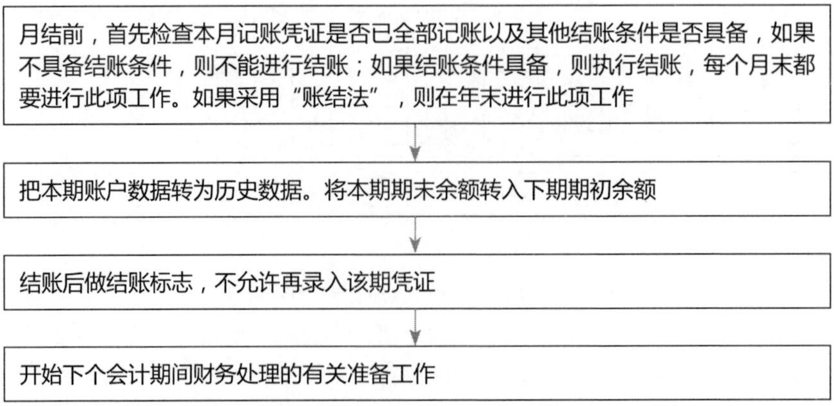

图7-17

对于手工记账的单位来说，结账是分别对各种账簿的余额进行结转，有月结和年结，还有些特殊的账簿，如固定资产明细账可以一直使用。手工结账的内容有如下所示的一些。

（1）对不需要按月结计本期发生额的账户，每次记账之后都要随时结出余额，每月最后一笔余额是月末余额，即月末余额就是本月最后一笔经济业务记录的同一行内的余额。月末结账时，只需要在最后一笔经济业务之下划通栏单红线，不需要再次结计余额。

（2）库存现金、银行存款日记账和需要按月结计发生额的收入、费用等明细账，每月结账时，需要在最后一笔经济业务下面划通栏单红线，结出本月发生额和月末余额，写在红线下面，并在摘要栏内注明“本月合计”字样，再在下面划通栏单红线。

（3）对于需要结计本年累计发生额的明细账户，结账时，应在“本月合计”行下结出自年初起至本月末止的累计发生额，登记在月份发生额下面，在摘要栏内注明“本年累计”字样，并在下方划通栏单红线。12月末的“本年累计”即全年累计发生额，全年累计发生额下面划通栏双红线。

（4）总账账户平时只需结出月末余额。年终结账时，为了总结性地反映全年各项资金运动情况的全貌且核对项目，要将所有总账账户结出全年发生额和年末余额，在摘要栏内注明“本年合计”字样，并在合计数下划通栏双红线。

（5）年度终了结账时，有余额的账户，要将其余额结转到下一会计年度，并在摘要栏内注明“结转下年”字样；在下一会计年度新建有关会计账簿的第一行余额栏内填写上年结转的余额，并在摘要栏内注明“上年结转”字样。结转下年时，既不需要编制记账凭证，也不必将余额再记入本年账户的借方或贷方，使本年有余额的账户的余额变为零，而是使有余额的账户的余额如实反映在账户中，以免混淆有余额账户和无余额账户。

结账时的注意事项

对于不同的账簿来说，结账的要求和规范也不一样，不能按照统一的要求来结账。所以，在结账时，要特别注意分清账簿的要求，比如怎么画线。具体的注意事项如下。

◆ 分清账户

要分清是否是月结账户，对于月结的账户，要严格按照月结的要求进行结账，并划上红线。

◆ 如何画线

画线是为突出本月合计数及月末余额，表示会计期间的会计记录已经截止或结束，并将本期与下期的记录明显分开。月结划单线，年结画双线，画线时，应画红线且应通栏画，不得只画金额部分。

◆ 余额写法

每月结账时，应将月末余额与本月发生额写在同一行内，在摘要栏内注明“本月合计”字样。账户记录中的月初余额加减本期发生额等于月末余额，这样做便于账户记录的稽核。

◆ 红字结账

账簿记录中使用的红字具有特定的含义，它表示蓝字金额的减少或负数余额。因此，结账时如果出现负数余额，可以用红字在余额栏登记，但如果余额栏前印有余额的方向（借或贷），则应用蓝黑墨水书写，而不得使用红色墨水。

更改良木家居公司2016年10～12月错账

本章主要讲述了出纳业务中发生错账时的查找与更正方法。下面通过良木家居有限公司2016年10～12月份的实际案例，了解错账的更正工作。

1. 登记现金日记账时，将2016年10月25日，记24号凭证，垫付销售部赵勇医药费2000元的经济业务，误登记为200元，且本年累计时才发现错误。因为记账凭证无误，只是登记账簿时出错，可以直接用红线更正法改正，如图7-18所示。

现金日记账

月	日	凭证种类	凭证号数	对方科目	摘要	借方（百十万千百十元角分）	贷方（百十万千百十元角分）	余额（百十万千百十元角分）	核对
10					承前页余额			1150000	✓
10	3	记	005	管理费用	付办公室报购办公用品费		54000	1096000	✓
10	4	记	008	主营业务收入	收营业务收入	1500000		2596000	✓
10	7	记	011	银行收入	取现	3000000		5596000	✓
10	7	记	012	备用金	付赵英借备用金		200000	5396000	✓
10	8	记	013	销售费用	付广告宣传费		250000	5146000	✓
10	9	记	014	管理费用	付办公室报购办公用品费		138000	5008000	✓
10	9	记	015	主营业务收入	收营业务收入	240000		5248000	✓
10	12	记	016	管理费用	付赵英报差旅费		15000	5233000	✓
10	20	记	019	管理费用	付办公室报购通讯费和职工生活费		145000	5088000	
10	23	记	020	管理费用	付驾驶员车辆使用费		32400	5055600	
10	25	记	024	其他应收款	垫付销售部赵勇医药费		200000 ~~20000~~	4855600 ~~5035600~~	
10	31	记	025	管理费用	付水电费		259500	4596100 ~~4776100~~	
10					本月合计	4740000	1293900 ~~1113900~~		

图7-18

2．登记银行存款日记账时，在2016年11月30日登记付11月份工资205088元后结出余额时，计算有误，可以直接用红线更正法改正，如图7-19所示。

银行存款日记账

开户行 商业银行

账　号 6124099971236760

月	日	凭证种类	凭证号数	对方科目	摘要	借方（百十万千百十元角分）	贷方（百十万千百十元角分）	余额（百十万千百十元角分）	核对
					承前页			31068400	✓
11	9	记	007	应付账款	付德惠木材材料款		1500000	29568400	✓
11	13	记	009	管理费用	付10月份奖金		2278000	27290400	✓
11	15	记	010	主营业务收入	收到营业款	800000		28090400	✓
11	30	记	022	管理费用	付11月份工资		20508800	7581600 ~~27222964~~	✓
									✓
					过次页				

图7-19

3．账簿登记无误后，核对账与实物、账与账之间是否相符，并分别编制了2016年10～12月份的现金清查盘点报告表和银行存款余额调节表。

2016年10～12月份的现金清查盘点报告表，如图7-20所示。

现金清查盘点报告表

单位名称：四川良木家居有限公司　　2016年10月31日　　单位：元

清点现金			核对账目		
货币面值	张数	金额	项目	金额	备注
100元	515	51,500.00	现金账面余额	51,561.00	
50元	1	50.00	加：收入凭证未记账		
20元		-	减：付出凭证未记账		
10元	1	10.00	调整后现金账面余额		
5元		-	实点现金		
2元		-	长款（+）		
1元	1	1.00	短款（-）		
5角		-			
2角		-			
1角		-			
实点合计		51,561.00		51,561.00	

财务主管：王伍　　出纳员：张义

现金清查盘点报告表

单位名称：四川良木家居有限公司　　2016年11月30日　　单位：元

清点现金			核对账目		
货币面值	张数	金额	项目	金额	备注
100元	533	53,300.00	现金账面余额	53,326.00	
50元		-	加：收入凭证未记账		
20元		-	减：付出凭证未记账		
10元	2	20.00	调整后现金账面余额		
5元	1	5.00	实点现金		
2元		-	长款（+）		
1元	1	1.00	短款（-）		
5角		-			
2角		-			
1角		-			
实点合计		53,326.00		53,326.00	

财务主管：王伍　　出纳员：张义

现金清查盘点报告表

单位名称：四川良木家居有限公司　　2016年12月31日　　单位：元

清点现金			核对账目		
货币面值	张数	金额	项目	金额	备注
100元	226	22,600.00	现金账面余额	22,629.00	
50元		-	加：收入凭证未记账		
20元		-	减：付出凭证未记账		
10元	2	20.00	调整后现金账面余额		
5元	1	5.00	实点现金		
2元		-	长款（+）		
1元	4	4.00	短款（-）		
5角		-			
2角		-			
1角		-			
实点合计		22,629.00		22,629.00	

财务主管：王伍　　出纳员：张义

图7-20

2016年10～12月份的银行存款余额调节表，如图7-21所示。

银行存款余额调节表

编制单位：四川良木家居有限公司　　2016年10月份　　金额单位：元

银行账号：6222021000019999　　开户行：中国建设银行锦江支行　　币种：人民币

项目				金额					金额
企业银行存款账面余额				305684.00	银行对账单余额				305684.00
加：银行已收而企业未收的款项				0.00	加：企业已收而银行未收的款项				0.00
序号	记账日期	票据号码	摘要		序号	记账日期	票据号码	摘要	
减：银行已付而企业未付的款项				0.00	减：企业已付而银行未付的款项				0.00
序号	记账日期	票据号码	摘要		序号	记账日期	票据号码	摘要	
调节后的存款余额：				305684.00	调节后的存款余额：				305684.00

财务主管：王伍　　出纳：张义　　2016年10月31日

图7-21

银行存款余额调节表

编制单位：四川良木家居有限公司　　2016年11月份　　金额单位：元

银行账号：6222021000019999　　开户行：中国建设银行锦江支行　　币种：人民币

项目				金额					金额
企业银行存款账面余额				83889.64	银行对账单余额				53889.64
加：银行已收而企业未收的款项				0.00	加：企业已收而银行未收的款项				0.00
序号	记账日期	票据号码	摘要		序号	记账日期	票据号码	摘要	
减：银行已付而企业未付的款项				30000.00	减：企业已付而银行未付的款项				0.00
序号	记账日期	票据号码	摘要		序号	记账日期	票据号码	摘要	
1	2016/11/30		付材料款	30000.00					
调节后的存款余额：				53889.64	调节后的存款余额：				53889.64

财务主管：王伍　　出纳：张义　　2016年11月30日

银行存款余额调节表

编制单位：四川良木家居有限公司　　2016年12月份　　金额单位：元

银行账号：6222021000019999　　开户行：中国建设银行锦江支行　　币种：人民币

项目				金额					金额
企业银行存款账面余额				132431.41	银行对账单余额				132431.41
加：银行已收而企业未收的款项				0.00	加：企业已收而银行未收的款项				0.00
序号	记账日期	票据号码	摘要		序号	记账日期	票据号码	摘要	
减：银行已付而企业未付的款项				0.00	减：企业已付而银行未付的款项				0.00
序号	记账日期	票据号码	摘要		序号	记账日期	票据号码	摘要	
调节后的存款余额：				132431.41	调节后的存款余额：				132431.41

财务主管：王伍　　出纳：张义　　2016年12月31日

图7-21（续）

Chapter
08

有关民生大问题——工资社保的管理

OPTIONS
【本章要点】

OPTIONS
【实账处理】

工资的计算与发放

工资是关于民生的大问题，与员工密切相关。工资的计算和发放一定要严格按照会计核算制度与公司员工管理办法执行。工资是根据员工的出勤与工作成效计算的，下面对考勤、工资的计算与发放、社保及住房公积金的缴纳进行详细讲解。

编制考勤表

考勤表是计算工资的基础，一般由单位的人力资源部门负责对员工的出勤进行考核，然后负责编制考勤表。

1．考勤表简介

考勤表是公司员工每天上下班的凭证，也是员工领工资的凭证，因为它记录员工上班的天数或时间。根据公司规定，负责考勤的人员要将公司所有员工具体上、下班时间进行考核，包括迟到、早退、旷工、病假、事假和休假等的情况。

（1）有薪假

休假是员工的福利，除法定节假日外，公司员工还可以带薪享受假期，不扣其工资，如探亲假和年假等，有薪假具体内容如表8-1所示。

表 8-1

类别	概念	假期时间
探亲假	是职工依法探望与自己不住在一起、又不能在公休假日团聚的配偶或父母的带薪假期	①探望配偶，每年给予一方探亲假一次，30 天；②未婚员工探望父母，每年给假一次，20 天，也可根据实际情况，两年给假一次，45 天；③已婚员工探望父母，每 4 年给假一次，20 天
婚丧假	是指劳动者本人结婚以及劳动者的直系亲属死亡时依法享受的假期	①婚假：员工双方在同一工作地的，享受 3 天假期，异地享受 7 天假期。晚婚者（男年满 25 周岁、女年满 23 周岁）增加 10 天。②丧假：公司员工直系亲属（指配偶、子女、父母及配偶的父母）不幸去世的，可申请 3 天有薪丧假
年休假	是国家根据劳动者工作年限和劳动繁重紧张程度，每年给予的一定期间的带薪连续休假	①累计工作已满一年不满 10 年的，假期为 5 天；②累计工作已满 10 年不满 20 年的，假期为 10 天；③累计工作已满 20 年的，假期为 15 天

对于年休假，如果职工有如下所示的情形之一的，则不能享受当年的年休假。

◆ 职工依法享受寒暑假，其休假天数多于年休假天数的。

◆ 职工请事假累计20天以上且单位按照规定不扣工资的。

◆ 累计工作满一年不满10年的职工，请病假累计两个月以上的。

◆ 累计工作满10年不满20年的职工，请病假累计3个月以上的。

◆ 累计工作满20年及以上的职工，请病假累计4个月以上的。

（2）其他假期

由于自己身体原因或私事而不能正常上班的，可根据实际情况休假，有些假期有规定的休假天数，如果超出规定天数，则按公司管理办法扣除相应工资。主要涉及的有工伤假、病假和产假等，具体内容如表8-2所示。

表 8-2

假期	含义
工伤假	工伤假期就是指员工发生工伤，需要停工进行治疗并保留薪资的期限
病假	是指劳动者本人因患病或非因工负伤，需要停止工作治疗时，企业应该根据劳动者本人实际参加工作年限和在本单位工作年限，给予一定的医疗假期。病假期内劳动者可照常拿工资，对于病假工资，不低于当地最低工资的 80%
产假	是指在职妇女产期前后的休假待遇，一般从分娩前半个月至产后两个半月，晚婚晚育者可前后延长至 4 个月，女职工生育享受不少于 98 天的产假
育儿假	工作已满一年以上的育龄夫妇，假期在一年左右，与产假衔接，直到孩子满周岁，假期结束
事假	因私事或其他个人原因请的假。请事假是没有工资的。一年内休事假 20 天以内，且公司不扣除工资的，不能享受当年年休假

2．考勤表格式

各个单位因为对员工的要求不一样，对于出勤表的重要内容和格式也有所不同，但其基本的格式是相同的，企业可根据实际需求进行内容增减，一般格式如图8-1所示。

年　月员工考勤表

单位：

序号	姓名 \ 日期	1	2	3	4	5	6	7	8	9	10	11	12	13	14	15	16	17	18	19	20	21	22	23	24	25	26	27	28	29	30	31	出勤天数	出差天数	学习天数	探亲天数	旷工天数	病假天数	休假天数	事假天数	备注

单位主管：　　　　复核：　　　　考勤员：

注：√-出勤　※-出差　O-学习　⊙-探亲　×-旷工　●病假　＼休假　△-事假

图8-1

计算工资并编制工资表

工资即员工薪资，是固定工作关系里的员工应得的薪酬，是雇主或法定用人单位依据法律规定或行业规定，或根据与员工之间的约定，以货币形式对员工的劳动支付的报酬，是劳务报酬（劳酬）的一种主要形式。

1．工资的主要内容

工资可按时薪、月薪及年薪等形式计算发放。根据《关于工资总额组成的规定》可知，工资总额由计时工资、计件工资、奖金、津贴和补贴、加班加点工资及特殊情况下支付的工资6个部分组成，如表8-3所示。

表 8-3

项目	内容
计时工资	是指按劳动者工作时间来计算工资的一种方法，主要用于车间作业。包括：对已做工作按计时工资标准支付的工资；实行结构工资制的单位支付给职工的基础工资和职务（岗位）工资；新参加工作职工的见习工资（学徒的生活费）；运动员体育津贴等
计件工资	是指按照工人生产的合格品的数量（或作业量）和预先规定的计件单价，来计算报酬的一种工资形式。包括：实行超额累进计件、直接无限计件、限额计件和超定额计件等工资制
奖金	是指对劳动者在创造超过正常劳动定额以外的社会所需的劳动成果时，所给予的物质补偿。包括：生产奖；节约奖；劳动竞赛奖；机关、事业单位的奖励工资；其他奖金等
津贴、补贴	是指为了补偿职工特殊或额外的劳动消耗和因其他特殊原因支付给职工的津贴，以及为了保证职工工资水平不受物价影响而支付给职工的物价补贴。包括：补偿职工特殊或额外劳动消耗的津贴，保健性津贴，技术性津贴及其他津贴
加班加点工资	是指劳动者按照用人单位生产和工作的需要，在规定工作时间之外继续生产劳动或者工作所获得的劳动报酬
特殊情况下的工资	根据国家法律、法规和政策规定，因病、工伤、产假、计划生育假、婚丧假、事假、探亲假、定期休假、停工学习及执行国家或社会义务等原因按计时工资标准或计时工资标准的一定比例支付的工资；如附加工资、保留工资等

2．工资结算

工资结算就是劳资双方根据当地法规或者惯例签订书面的劳资合同或以完成一定工作量的口头约定，对劳动者在一定时间（如一周、一个月或一年等）内的劳动成果进行的结算。我国法律规定，工资报酬必须给付货币，一般是一个月发一次工资。

企业怎么计算工资呢？计算的正确性直接影响员工的劳动报酬，所以计算工资的人要熟悉各种计算方法。不同类型的工资有不同的计算方法。

（1）计时工资

计时工资一般有日薪制和月薪制两种，根据考勤表上相应的职工出勤、缺勤天数和每人的工资标准进行计算。

- ◆ 日薪制的计算，是按职工实际出勤天数和日工资，计算其应得工资，亦称正算法。采用日薪制计算职工应付计时工资时，有利于正确计算生产工人的工资成本。但是由于每个月份实际工作天数和职工出勤的天数不同，所以每个月份都需要计算，计算工作量较大。其计算公式为“应付计时工资＝出勤天数×日工资”。
- ◆ 在月薪制下，不论各月日历天数有多少，只要职工是满勤，即可得到相应的全额工资。如果职工有缺勤，则缺勤工资要从全额工资中扣除。具体计算公式为“应付计时工资＝标准工资－缺勤应扣工资”，其中，“缺勤应扣工资＝事假和旷工天数×日工资率＋病假天数×日工资率×扣款百分比”。

【实账处理】——计算计时工资

某公司职工张晨，2016年6月份共出勤17天，法定节假日共8天，事假2天，病假3天。公司规定病假扣款百分比为15%，工资标准为每月3000元。计算其6月份工资。（保留两位小数）

1．若公司采用每月日历天数30天，则6月份工资计算如下。

日工资率＝3000÷30＝100

缺勤应扣工资＝2×100＋3×100×15%＝245（元）

2016年6月份，张晨应计工资＝3000－245＝2755（元）

2．若公司采用全年每月法定工作天数21.17天，则6月份工资计算如下。

日工资率＝3000÷21.17＝141.71

2016年6月份，张晨应计工资为141.71×17=2409.07（元）。

提示：日工资率

日工资率是指职工每日应得的平均工资，是计算缺勤工资的重要因素。对于日工资率的计算有两种情况：一是按全年平均每月日历天数为 30 天计算，这种方法下，法定节假日均有工资，只是超过法定节假日休假的，扣除相应工资；二是按全年平均每月法定工作天数 21.17 天计算工资，使用这种方法的，相当于是法定节假日没有工资，按实际出勤天数计算，其应计工资 = 日工资率 × 出勤天数。两种情况的日工资率的计算公式为：日工资率 = 标准工资 ÷30 或 21.17。

（2）计件工资

计件工资是按产量记录和计件单价进行计算的。产量包括合格品的数量和料废品数量，料废品是指因加工材料的缺陷而导致的废品。计算公式如下所示。

应付计件工资 =（合格品数量 + 料废品数量）× 计件单位

【实账处理】——计算计件工资

甲工厂是电子制造厂，员工工资按件数计算，多劳多得。已知每人每件完工产品得10元。工厂员工李慧2016年3月份完工产品达到400件，计算李慧当月工资。（假如不考虑其他补助）

解析：根据计件工资公式，李慧3月份工资计算如下。

应计工资＝400×10＝4000（元）

（3）加班工资

加班费是指劳动者按照用人单位生产和工作的需要在规定工作时间之外继续生产劳动或者工作所获得的劳动报酬。根据加班时间不同，加班费的标准也有所不同。

◆ 安排劳动者延长工作时间的，支付不低于工资的150%的工资报酬。计算公式为：加班工资＝计算基数÷每月工作时间×150%。

【实账处理】——计算加班工资

某单位实行8小时工作制度，每个月工作22天，如果因业务需要延长工作时间的，按国家规定支付加班工资。2016年4月5日（工作日），因单位临时接到急单，为了保证订单能及时完成，遂与职工约定加班，且支付相应加班工资。小李当天加班3小时，他的标准月工资为3300元，计算他的加班工资。

解析：根据公式，小李4月5日当天的加班工资计算如下。

加班工资＝3300÷22×150%=225（元）

◆ 休息日安排劳动者工作又不能安排补休的，支付不低于工资的200%的工资报酬。计算公式为：加班工资＝计算基数÷每月工作时间×200%。

【实账处理】——计算加班工资

某单位实行8小时工作制度，每个月工作22天，如果因业务需要延长工作时间的，按国家规定支付加班工资。2016年5月21日，周末休息日，因业务需要小李加班一天8小时，且当月并未补休。他的标准月工资为3300元，计算他的加班工资。

解析：根据公式，小李5月的加班工资计算如下：

加班工资＝3300÷22×200%＝300（元）

◆ 法定休假日安排劳动者工作的，支付不低于工资的300%的工资报酬。计算公式为：加班工资＝计算基数÷每月工作时间×300%。

【实账处理】——计算加班工资

某单位实行8小时工作制度，每个月工作22天，如果因业务需要延长工作时间的，按国家规定支付加班工资。2016年10月1日（国庆节是法定节假日），小李当天加班8小时，他的标准月工资为3300元，计算他的加班工资。

解析：根据公式，小李国庆节的加班工资计算如下。

加班工资＝3300÷22×300%＝450（元）

工资的发放

根据各单位规定，一般可每月15日固定发放上个月工资。先根据考勤表计算好每个员工的实际工资，包括基本工资、加班工资、津贴等，还要扣除由单位代缴的社会保险费和住房公积金，对于扣除后的工资高于3500元的还要扣除个人所得税，由单位代扣代缴。再由出纳人员根据实发数额转账付款，或者提取现金直接发到每个员工手中。工资表的一般格式如图8-2所示。

×××　　年　月工资表

编制单位：　　　　　　年　月　日　　　　　　单位：元

序号	姓名	应发项目			应发工资	应扣项目							实发工资	签名
		岗位工资	工龄工资	执业津贴		养老保险金	医疗保险金	失业保险金	住房公积金	税前工资	个人所得税	应扣合计		
1														1
2														2
3														3
4														4
5														5
6														6
7														7
合计		-	-	-	-	-	-	-	-	-	-	-	-	

单位主管：　　　　复核：　　　　制表：

图8-2

社保的扣缴

社会保险是指国家强制社会多数成员参加的，具有所得重分配功能的非营利的社会安全制度。为了获得一定的保障，求职人员在找工作时一定要与用人单位签订劳动合同，且要注明要求缴纳相关社保。为什么社保这么重要呢？社保到底缴多少呢？本节主要介绍社会保险的主要内容。

社会保险的五大特征

社会保险是为丧失劳动能力、暂时失去劳动岗位或因健康原因造成损失的人口提供收入或补偿的一种社会和经济制度。社会保险计划由政府举办，强制某一群体将其收入的一部分作为社会保险税（费）形成社会保险基金，在满足一定条件的情况下，被保险人可从基金中获得固定的收入或损失的补偿。它是一种再分配制度，它的目标是保证物质及劳动力的再生产和社会的稳定。社会保险具有如下所示的五大特征。

- **保障性**：指对于劳动者的基本生活有一定的保障。社会保险的客观基础是劳动领域存在的风险，保险的标准是劳务者的人身。
- **普遍性**：是指社会保险对所有的社会劳务者都能提供保障，不管其工种是什么。它的主体也是特定的，既包括劳动者，也包括用人单位。
- **互助性**：利用参加保险者的合力，帮助某个遇到风险的人，互助互济，满足急需，以达到维持劳动力的再生产。
- **强制性**：由国家立法限定，强制用人单位和职工参加。
- **福利性**：保险基金来源于用人单位和劳动者的缴费及财政的支持，是一种政府行为，不以营利为目的。

社会保险的主要内容

社会保险是社会保障制度的一个最重要的组成部分，对于职工退休、生病、受伤和失业时都具有一定的保障。社会保险的目的是保证物质及劳动力再生产和社会的稳定，它的主要内容包括养老保险、医疗保险、失业保险、工伤保险和生育保险。

1．养老保险

养老保险全称社会养老保险金，由社会统筹基金支付的基础养老金和个人账户养老金组成，是社会保障制度的重要组成部分，是社会保险五大险种中最重要的险种之一。

（1）养老保险的主要意义

社会养老保险是为解决劳动者在达到国家规定的解除劳动义务的劳动年龄界限，或因年老丧失劳动能力退出劳动岗位后的基本生活而建立的一种社会保险制度。主要的意义如下所示。

◆ **有利于劳动力再生产**：通过建立养老保险的制度，有利于劳动力群体的正常代际更替。老年人年老退休，新成长劳动力顺利就业，保证就业结构的合理化。

◆ **有利于社会的安全**：养老保险为老年人提供了基本生活保障，使老年人老有所养。对于在职劳动者而言，参加养老保险意味着对将来年老后的生活有了预期保障，免除了后顾之忧，从社会心态来说，人们多了些稳定、少了些浮躁，这有利于社会的稳定。

◆ **有利于经济的发展**：养老保险涉及面广，参与人数众多，其运作能筹集到大量养老保险金，能为资本市场提供巨大的资金来源，尤其是实行基金制的养老保险模式。个人账户中的资金积累以数十年计算，使得养老保险基金规模更大，为市场提供更多资金。规模资金的运营和利用，有利于国家对国民经济的宏观调控。

（2）养老保险的种类

中国是一个发展中国家，经济还不发达，为了使养老保险既能发挥保障生活和安定社会的作用，又能适应不同经济条件的需要，以利于劳动生产率的提高，中国的养老保险由3个部分组成，如表8-4所示。

表 8-4

分类	内容
基本养老保险	基本养老保险是按国家统一的法规政策强制建立和实施的社会保险制度。 企业和职工依法缴纳养老保险费，在职工达到国家规定的退休年龄或因其他原因而退出劳动岗位并办理退休手续后，社会保险经办机构向退休职工支付基本养老保险金（也称“退休金”）
企业补充养老保险	企业补充养老保险是指由企业根据自身经济实力，在国家规定的社会养老保险实施政策和实施条件下，为企业职工建立的一种辅助性的养老保险
个人储蓄养老保险	职工个人储蓄性养老保险是中国多层次养老保险体系的一个组成部分，是由职工自愿参加、自愿选择经办机构的一种补充保险形式。职工达到法定退休年龄并经批准退休后，相关机构凭个人账户将储蓄性养老保险金一次总付或分次支付给个人

2．医疗保险

医疗保险是为了补偿劳动者因疾病风险造成的经济损失而建立的一项社会保险制度。基本医疗保险费用由用人单位和职工个人按时足额缴纳。不按时足额缴纳的，不计个人账户，基本医疗保险统筹基金不予支付其医疗费用。

（1）医疗保险的主要意义

医疗保险是为补偿疾病产生的医疗费用的一种保险，是职工因疾病、负伤或生育时，由社会或企业提供必要的医疗服务或物质帮助的社会保险。如中国的公费医疗和劳保医疗等。中国职工的医疗费用由国家、单位和个人共同负担，以减轻企业负担，避免浪费。发生保险责任事故需要进行治疗时，按比例付保险金。该保险的主要意义如下所示。

- **促进生产发展**：一方面医疗保险解除了劳动者的后顾之忧，使其安心工作，从而可以提高劳动生产率，促进生产的发展；另一方面也保证了劳动者的身心健康，保证了劳动力的正常再生产。
- **调节收入差别**：医疗保险通过征收医疗保险费和偿付医疗保险服务费用来调节收入差别，是政府做出的一种重要的收入再分配手段，体现了社会的公平性。
- **维护社会安定**：医疗保险对患病的劳动者给予经济上的帮助，有助于消除因疾病带来的社会不安定因素，是调整社会关系和社会矛盾的重要社会机制。
- **促进社会文明**：医疗保险和社会互助共济的社会制度，通过在参保人之间分摊疾病费用风险，体现出了“一方有难，八方支援”的新型社会关系，有利于促进社会文明和进步。

（2）医疗保险制度的主要分类

根据需要和报销的手续不同，医疗保险制度可以分为不同的类别，主要分为如表8-5所示的3种。

表 8-5

分类	含义
间接医疗保险	是指病人先自己垫付所有医疗费用，再向社会保险机构提供医院的证明资料，根据情况报销一部分或全部费用
直接医疗保险	在政府直接拥有并管理的医疗机构就医的，劳动者的医疗费用全部或部分由国家直接承担
基本医疗照顾	主要是预防性、治疗性和综合卫生保险服务，包括营养改善、卫生用水供应、母婴照顾、对主要传染病的免疫、流行病的预防和控制以及常见病的治疗等服务内容

3．失业保险

失业保险是指依法参加社会保险的劳动者，因失业导致经济收入受到影响时，按规定在法定时间内享受补贴其因失业而损失的部分经济收入，从而保障其基本生活的社会保险项目。

失业人员是指本身具有劳动能力且可以工作，但当前没有工作或没有从事有报酬职业或自营职业，而正在采取各种方式寻找工作的人。

（1）失业保险领受方式

单位职工退工后，凭退工单和劳动手册等证明，由本人到户籍所在地的街道社会保障事务所进行失业登记，符合领取条件并要求立即领取失业保险金的，填写《失业保险登记表》，然后根据街道通知的时间和地点，到区县职业介绍所办理核定待遇和申领失业保险金手续。

失业保险累计缴费时间满一年不满5年的，最长可领取12个月的失业保险金；累计缴费时间满5年不满10年的，领取失业保险金的期限为18个月；累计缴费时间满10年以上的，领取失业保险金的期限为24个月。

（2）失业人员待遇

失业人员没有经济收入，如果按规定缴纳了失业保险，到失业时除了可以领取一定的失业保险金外，社会还会有其他一些补贴或者优惠政策，具体内容如图8-3所示。

一	失业人员如果患病或生育，到指定的医院就诊，可以按规定申请70%的医疗费补贴
二	失业人员在领取失业保险金期间开办私营企业、从事个体经营或自行组织起来就业的，可以一次性领取剩余期限的失业保险金（加上当次核定后已领取的月份，不能超过24个月），作为扶持生产资金
三	失业人员在领取失业保险金期间死亡的，其家属可以申领丧葬补助金和供养直系亲属一次性抚恤金
四	女性失业人员在领取失业保险金期间生育，符合国家计划生育规定的，可申领3个月的生育补助金，领取标准与其领取的失业保险金计发标准相同
五	失业人员在失业期间可以免费接受职业指导和职业培训等就业服务

图8-3

4. 工伤保险

工伤保险是指劳动者在工作中或在规定的特殊情况下，遭受意外伤害或患职业病，导致暂时或永久丧失劳动能力以及死亡时，劳动者或其家属从国家和社会获得物质帮助的一种社会保险制度。工伤是指职工在工作过程中因工作原因受到事故伤害或者患职业病。根据《工伤保险条例》第十四条的规定，职工有如下所示情形之一的，应当认定为工伤。

◆ 在工作时间和工作场所内，因工作原因受到事故伤害的。

◆ 工作时间前后在工作场所内，从事与工作有关的预备性或者收尾性工作受到事故伤害的。

◆ 工作时间和工作场所内因履行工作职责而受暴力等意外伤害的。

◆ 因工外出期间由于工作原因受到伤害或者发生事故下落不明的。

◆ 在上下班途中，受到非本人主要责任的交通事故或者城市轨道交通、客运轮渡及火车事故伤害的。

◆ 在工作时间和工作岗位，突发疾病死亡或者在48小时之内经抢救无效死亡的。

◆ 在抢险救灾等维护国家利益和公共利益活动中受到伤害的。

◆ 职工原在军队服役，因战或因公负伤致残，已取得革命伤残军人证，到用人单位后旧伤复发的。

5. 生育保险

生育保险是国家通过立法，在职业妇女因生育子女而暂时中断劳动时，由国家和社会及时给予生活保障和物质帮助的一项社会保险制度。主要包括两项：一是生育津贴；二是生育医疗待遇。生育保险待遇不受户籍限制，参加生育保险的人员，如果在异地生育，其相关待遇按照参保地政策标准执行。享受生育保险的范围如下所示。

◆ 享受生育保险的对象主要是女职工，因而待遇享受人群比较窄。

◆ 我国生育保险要求享受保险的对象必须是合法婚姻者，即必须符合法定结婚年龄且按婚姻法规定办理了合法手续和符合国家计划生育政策的。

◆ 无论女职工妊娠结果如何，均可以按照生育保险的规定得到补偿，包括流产、引产及胎儿和产妇发生意外等情况。

◆ 我国规定正常产假为98天，其中产前假为15天，产后假为75天。

◆ 生育保险提供的生育津贴一般为生育女职工的原工资水平，也高于其他保险项目。在我国，职工个人不缴纳生育保险费，而是由参保单位按照其工资总额的一定比例进行缴纳。

社会保险的计算

社会保险是通过单位先预交，到了符合领取的条件时，个人再按照领取的规定办理相关手续。那么，到底要交多少合适呢？是由单位交还是个人交呢？本节将具体介绍社会保险金的计缴问题。

1．养老保险金的计算

对于企业而言，养老保险的缴纳由用人单位和个人共同承担，职工承担部分由单位代扣代缴。具体公式如下。

企业缴费额＝核定的企业职工工资总额×20%

职工个人缴费额＝核定缴费基数×8%

如果是个体劳动者（包括个体工商户和自由职业者），则全部由自己缴纳，其公式计算如下。

个体劳动者缴费额＝核定缴费基数×18%

【实账处理】——计算养老保险费

甲企业2016年5月份的职工工资总额共计145600元，员工张某工资基数为3500元。月末，计算5月份应缴纳的养老社保，并用银行存款及时缴纳。

甲企业应缴纳养老保险费＝145600×20%＝29120（元）

张某个人应承担养老保险费＝3500×8%＝280（元）

缴纳时应做的会计分录如下。

借：应付职工薪酬——养老保险　　29120

　　其他应付款——代扣个人养老保险　　280

　　贷：银行存款　　29400

2．医疗保险金的计算

医疗保险包括基本医疗保险和大病医疗补助，两者的计算公式不同。基本医疗保险是当人们生病或受到伤害后，由国家或社会给予的一种物质帮助，即提供医疗服务或经济补偿的一种社会保障制度。具体公式如下。

企业缴费额＝核定的企业职工工资总额×9%

职工个人缴费额＝核定缴费基数×2%

而大病医疗补助即重大疾病医疗补助，是指参保人在享受基本医疗保险的基础上，为了化解因大病治疗带来的巨大经济风险而建立的一种医疗补助制度，其计算公式如下。

企业缴费额＝核定的企业职工工资总额×1%

职工个人缴费额＝3元

【实账处理】——计算医疗保险费

甲企业2016年5月份职工的工资总额共计145600元，员工张某工资基数为3500元。月末，计算5月份应缴纳的医疗保险费，并用银行存款及时缴纳。

甲企业应缴纳医疗保险费＝145600×9%＋145600×1%＝14560（元）

张某个人应承担医疗保险费＝3500×2%＋3＝73（元）

缴纳时应做的会计分录如下。

借：应付职工薪酬——医疗保险　　14560

　　其他应付款——代扣个人医疗保险　　73

　　贷：银行存款　　14633

3．失业保险金的计算

失业保险金的计算公式如下。

企业缴费额＝核定的企业职工工资总额×2%

职工个人缴费额＝核定缴费基数×1%

【实账处理】——计算失业保险费

甲企业2016年5月份职工工资总额共计145600元，员工张某工资基数为3500元。月末，计算5月份应缴纳的失业社保并用银行存款及时缴纳。

甲企业应缴纳失业保险费＝145600×2%＝2912（元）

张某个人应承担失业保险费＝3500×1%＝35（元）

缴纳时应做的会计分录如下。

借：应付职工薪酬——失业保险　　2912

　　其他应付款——代扣个人失业保险　　35

　　贷：银行存款　　2947

4．工伤保险金的计算

行业不同，工伤保险的缴费也不一样，主要有如表8-6所示的几种。

表 8-6

分类	行业	计算公式
风险较小行业	证券业、银行业和保险业等	企业缴费额＝核定的企业职工工资总额×0.5%
中等风险行业	房地产业、环境管理业、娱乐业和农副食品加工业等	企业缴费额＝核定的企业职工工资总额×1%
风险较大行业	炼焦及核心燃料加工业、石油加工业及化学原料和化学制品制造业等	企业缴费额＝核定的企业职工工资总额×2%

【实账处理】——计算工伤保险费

甲企业2016年5月份职工的工资总额共计145600元，员工张某工资基数为3500元。月末，计算5月份应缴纳的工伤保险费，并用银行存款及时缴纳，会计分录如下。（甲企业为风险较小行业）

甲企业应缴纳工伤保险费＝145600×0.5%＝728（元）

借：应付职工薪酬——工伤保险　　728

　　贷：银行存款　　728

5．生育保险金的计算

企业缴费额＝核定的企业职工工资总额×0.5%

【实账处理】——计算生育保险费

甲企业2016年5月份职工的工资总额共计145600元，员工张某工资基数为3500元。月末，计算5月份应缴纳的生育保险费，并用银行存款及时缴纳，会计分录如下。

甲企业应缴纳生育保险费＝145600×0.5%＝728（元）

借：应付职工薪酬——生育保险　　728

　　贷：银行存款　　728

社会保险办理流程

各类单位应按所属地管理原则，到纳税地管辖的社会保险经办机构办理社会保险登记手续。新成立的单位应在单位批准成立之日起一个月内办理登记手续。参保单位必须为与其发生事实劳动关系的所有人员办理社会保险参保手续。

1. 办理登记手续

在办理社会保险的登记手续时，在单位所在地社会保险经办机构领取相应的社会保险登记表及在职职工增减异动明细表，并准备所需要的证件。单位和个人必须提供真实有效的证件，单位负责人对证件的真实性负有直接责任。证件资料明细如下所示。

◆ 企业营业执照（副本）或其他核准执业或成立证件。

◆ 中华人民共和国组织机构代码证（三证合一后只需提供包含组织机构代码和税务登记号的营业执照）。

◆ 对于私营企业，如果相关证件无法清楚地认定其单位性质，应补报能证明其私营性质的社保卡相关资料（如工商部门的证明、国税登记证或验资报告等）。

◆ 事业单位应附有关事业单位成立的文件批复。

◆ 驻外地的办事处应附总公司或总机构的授权书。

◆ 新参保职工身份证复印件（户口不在本市的职工还需提供户口簿或者暂住证复印件）。

2. 相关表格填报

在填报相关表格时也有注意事项，有些是必填项目，且内容和所提供的资料要保持一致，主要有以下两种表格的填报。

（1）社会保险登记表

单位办理社会保险时，首先要填报社会保险登记表，对于内容的填写如表8-7所示。

表 8-7

内容	填写说明
税号	三证合一后营业执照上“税字如 420103748300492 号”栏号码
工商登记执照信息	需经过工商登记、领取工商执照的单位（如各类企业）填写此栏
缴费单位专管员	填写参加社会保险单位具体负责该项工作的联系人，以及其所在部门和联系电话
单位类型、隶属关系	根据参保单位的单位类型及隶属关系，对照表下方“说明”中所对应的代码填报
开户银行	须填报企业的开户银行清算行号
批准成立信息	不经工商登记设立的单位（如机关、事业或社会团体等）填写此栏，不填“工商登记执照信息”栏

（2）在职职工增减异动明细表

在职职工增减异动明细表填写说明如表8-8所示。

表 8-8

内容	填写说明
姓名、性别、出生年月、个人账户（身份证号）	均要严格按身份证中的信息填写
个人编号	“续保”和“转入”人员需提供其原参保的个人编号，并填报此栏；“新增”人员在申报时暂不填报此栏，其个人编号待录入微机后产生
月缴费工资	应按职工本人上年度月平均工资总额填报

其中，新增人员是指原来没有参加社会保险的人员；续保人员是指原来参加过社会保险，现在已经停保或转到流动窗口投保，并续接到新单位投保的；转入人员是指已经参加社保的人员在本市参保单位之间的转移。

3．社保的补缴

缴费单位（不含个体、自由职业者）漏缴职工养老保险费的，应带相关材料到各社保经办机构办理基本养老保险费的个案补缴。应带的材料有：职工档案和养老保险手册、补缴基本养老保险费申请表以及劳动合同和工资发放明细表等。为弥补因企业迟缴职工养老保险费，造成的职工个人账户金额损失，补缴养老保险费需按照一定的公式计算，具体如下。

补缴金额＝补缴时上年度社会平均工资×（应补年度缴费工资基数÷应补年度社会平均工资）×缴费比例×补缴系数

其中，缴费比例按现行企业缴费比例（28%）执行，企业20%，个人8%。补缴系数起点为1.1，补缴年度每提前一年系数增加0.1，逐年计算。

【实账处理】——计算补缴的社保

某公司员工，于2016年4月办理补缴2013年4月的养老保险，如果2013年实际工资月收入低于当年的缴费下限492元，那么他补缴2013年养老保险费的月缴费基数为492元，年基数为5904元。单位补缴比例为20%，个人补缴比例为8%，补缴系数为1.5，补缴年度的上年度2015年社会平均工资为12050元，2013年度的社会平均工资为8790元，计算该员工2016年应补缴的社保。

企业补缴额＝12050×（5904÷8790）×20%×1.5≈2428.10（元）

个人补缴额＝12050×（5904÷8790）×8%×1.5≈971.24（元）

社会保险与商业保险的区别

商业保险是指通过订立保险合同运营以营利为目的的保险形式，由专门的保险企业经营。其保险关系是由当事人根据自己的意愿与保险公司签订的合同的关系，投保人根据合同约定向保险公司支付保险费，而保险公司根据合同约定的可能发生的事故承担赔偿保险金责任。商业保险不像社会保险一样具有强制性，两者有很明显的区别，具体如表8-9所示。

表 8-9

区　别	社会保险	商业保险
实施目的不同	为社会成员提供必要时的基本保障，不以营利为目的	是保险公司的商业化运作，以营利为目的
实施方式不同	根据国家立法强制实施	是遵循“契约自由”原则，由企业和个人自愿投保
主体和对象不同	由国家成立的专门机构进行基金的筹集、管理及发放，其对象是法定范围内的社会成员	是保险公司经营管理的，被保险人可以是符合承保条件的任何人
保障水平不同	水平高于社会贫困线，低于社会平均工资的 50%，保障程度较低	保障水平完全取决于保险双方当事人的约定和投保人所缴保费的多少，只要符合投保条件并有一定的缴费能力，被保险人可以获得高水平的保障

住房公积金

有关民生大问题的还有住房公积金，对职工而言，自己与用人单位各缴纳一部分住房公积金，可以在购买住房进行贷款时享受低利率或取出现金用于装修房子，从而缓解职工购房的压力。本节讲述了住房公积金的基本知识与计算、缴纳。

住房公积金概括与缴纳

住房公积金是指国家机关、国有企业、城镇集体企业、外商投资企业、城镇私营企业和其他城镇企业、事业单位、民办非企业单位、社会团体及其在职职工缴存的长期住房储金。

1．住房公积金的性质

住房公积金是职工按规定存储起来的专门用于住房消费支出的个人住房储金，主要由两部分组成，一部分由职工所在单位缴存，另一部分由职工个人缴存，由单位代扣代缴后一并存到职工个人住房公积金的账户中。住房公积金具有如下所示的性质。

◆ **保障性**：建立职工住房公积金制度，较快、较好地为职工解决住房问题提供了保障。

◆ **互助性**：建立住房公积金制度能够有效地建立和形成有房职工帮助无房职工的机制和渠道，而住房公积金在资金方面为无房职工提供了帮助，体现了职工住房公积金的互助性。

◆ **长期性**：每一个城镇在职职工自参加工作之日起至退休或者终止劳动关系的这一段时间内，都必须缴纳个人住房公积金；职工所在单位也应按规定为职工补助缴存住房公积金。

2．住房公积金的特点

住房公积金不同于社会保险金，只有城镇在职职工才建立住房公积金制度，即农村不建立住房公积金制度。具体来说住房公积金有如表8-10所示的4个特点。

表 8-10

特点	解释
普遍性	城镇在职职工，无论其工作单位性质如何，家庭收入高低，是否已有住房，都必须按照《住房公积金管理条例》的规定缴存住房公积金
强制性	单位不办理住房公积金缴存登记或者不为单位职工办理住房公积金账户设立的，住房公积金管理中心有权力责令限期办理，逾期不办理的，可以按《住房公积金管理条例》的有关条款对单位进行处罚，并可申请人民法院强制执行
福利性	除职工缴存的住房公积金外，单位也要为职工交纳一定的金额，而且住房公积金贷款的利率一般低于商业性贷款利率
返还性	职工离休、退休或完全丧失劳动能力并与单位终止劳动关系，以及户口迁出或出境定居等，缴存的住房公积金将返还给职工个人

3．住房公积金的缴纳

住房公积金按照工资的一定比率进行缴存，职工部分由单位代扣代缴。一般缴存比率不得低于职工上一年度月平均工资的5%，有条件的城镇，可以适当提高缴存比例。具体缴存比例由住房公积金管理委员会拟订，经本级人民政府审核后，报省、自治区或直辖市人民政府批准。城镇个体工商户和自由职业人员住房公积金的月缴存基数原则上按照缴存人上一年度月平均纳税收入计算。如下所示的是应按规定缴纳住房公积金的单位及其在职职工。

◆ 机关、事业单位。

◆ 国有企业、城镇集体企业、外商投资企业、港澳台商投资企业、城镇私营企业及其他城镇企业或经济组织。

◆ 民办非企业单位和社会团体。

◆ 外国及港澳台商投资企业和其他经济组织常驻代表机构。

对于城镇个体工商户和自由职业人员来说，有部分住房公积金管理机构可以申请结存住房公积金，但并不是每个社区城市的住房公积金管理中心都允许城镇个体工商户和自由职业人员缴纳住房公积金，具体的情况可以咨询当地的住房公积金管理机构。

【实账处理】——计算并缴纳住房公积金

甲公司员工赵军2015年月平均工资为5800元，甲公司规定的住房公积金缴存比率为6%，2016年1月，赵军的税前工资为6000元，计算赵军2016年1月份要缴存多少住房公积金到个人账户。已知所有公积金以现金缴纳。

解析：赵军2016年1月的税前工资为6000元，且大于2015年的月平均工资5800元，所以要以6000为基数。

个人缴存住房公积金＝6000×6%＝360（元）

单位缴存住房公积金＝6000×6%＝360（元）

赵军2016年1月共计缴存住房公积金为720元（360+360）。

会计分录如下。

借：应付职工薪酬——住房公积金	360	
其他应付款——住房公积金	360	
贷：库存现金		720

住房公积金贷款

个人住房公积金贷款是指住房公积金管理中心用住房公积金，委托商业银行向购买、建造、翻修、大修自住住房及集资合作建房的住房公积金存款人发放的优惠贷款。对于符合住房公积金贷款条件的，可以申请住房公积金贷款。

1. 住房公积金贷款条件

并不是只要缴纳过住房公积金的职工都可以申请贷款，对于住房公积金贷款的申请必须符合如下所示的条件。

- 城镇职工个人与所在单位必须连续缴纳住房公积金满一年。
- 借款人购买商品房的，必须有不少于总房价30%以上的自筹资金作为房屋首付款。
- 借款人有稳定的经济收入、信用良好且有偿还贷款本息的能力。
- 夫妻双方都正常足额缴存住房公积金的，只允许一方申请住房公积金贷款。
- 一个家庭同一时间只能申请一次住房公积金贷款购买一处住房。
- 贷款人须有本省（市）城镇常住户口或有效居民身份。
- 同意用所购住房做抵押。

2．住房公积金贷款额度

住房公积金的贷款额度按规定可以分为3个不同的类别，A级最高可贷款800000元，AA级最高可以贷款920000元，AAA级最高能贷1040000元。具体贷款额度的要求如下。

- 贷款额度不得超出个人的还款能力。
- 是购买首套普通自住房，不得超过所购住房价款的70%（套型建筑面积在90平方米及以下的，不得超过所购住房价款的80%）。
- 借款人（含配偶）要具备偿还贷款本息后月均收入不低于本市城乡居民最低生活保障水平的能力。

住房公积金的还贷

办理了住房公积金贷款后，在规定的日期前必须全部还清，按是否在一定的期限还清贷款可以分为如期还贷与提前还贷两种类型。

1．如期还贷

如期还贷指的是在规定的期限内还清贷款，不推迟也不提前。对于个人购房贷款的还款方式分为每月等额本息还款法和每月等额本金还款法两种，具体情况如下所示。

- **每月等额本息还款法**：是指借款人每月偿还的贷款本金和利息总额不变，但每月还款额中贷款本金逐月增加，贷款利息逐月减少的还款方式。
- **每月等额本金还款法**：是指借款人每月偿还的本金固定不变，贷款利息逐月递减的还款方式。

2. 提前还贷

提前还贷是指资金比较充裕的情况下，借款人在规定还完贷款的日期之前就将贷款全部还完，这样能节约大量的贷款利息费用。根据和银行签订的贷款合同，借款人需提前一个月向银行申请才可以提前还贷。

核算良木家居公司2016年10～12月的工资、社保发放和缴纳情况

本章主要讲述了工资、社保的计算与发放，下面通过良木公司2016年10～12月份职工的考勤表计算职工的工资与应交社保。

2016年10月份管理部门工资总额为96000元，销售部门工资总额为21000元，生产部门工资总额为110800元。良木公司核定的社保单位缴纳比例为工资的32%，个人缴纳部分为工资的1.4%。

管理部门个人缴纳社保 = 96000×1.4% = 1344（元）

管理部门单位缴纳社保 = 96000×32% = 30720（元）

管理部门实发工资 = 96000 − 1344 = 94656（元）

销售部门个人缴纳社保 = 21000×1.4% = 294（元）

销售部门单位缴纳社保 = 21000×32% = 6720（元）

销售部门实发工资 = 21000 − 294 = 20706（元）

生产部门个人缴纳社保 = 110800×1.4% = 1551.2（元）

生产部门单位缴纳社保 = 110800×32% = 35456（元）

生产部门实发工资 = 110800 − 1551.2 = 109248.8（元）

2016年11月份管理部门工资总额为96000元，销售部门工资总额为15000元，生产部门工资总额为97000元。良木公司核定的社保单位缴纳比例为工资的32%，个人缴纳部分为工资的1.4%。

管理部门个人缴纳社保 = 96000×1.4% = 1344（元）

管理部门单位缴纳社保 = 96000×32% = 30720（元）

管理部门实发工资 = 96000 − 1344 = 94656（元）

销售部门个人缴纳社保 = 15000×1.4% = 210（元）

销售部门单位缴纳社保 = 15000×32% = 4800（元）

销售部门实发工资 = 15000 − 210 = 14790（元）

生产部门个人缴纳社保 = 97000×1.4% = 1358（元）

生产部门单位缴纳社保 = 97000×32% = 31040（元）

生产部门实发工资 = 97000 − 1358 = 95642（元）

2016年12月份管理部门工资总额为96000元，销售部门工资总额为35890元，生产部门工资总额为136800元。良木公司核定的社保单位缴纳比例为工资的32%，个人缴纳部分为工资的1.4%。

管理部门个人缴纳社保 = 96000×1.4% = 1344（元）

管理部门单位缴纳社保 = 96000×32% = 30720（元）

管理部门实发工资 = 96000 − 1344 = 94656（元）

销售部门个人缴纳社保 = 35890×1.4% = 502.46（元）

销售部门单位缴纳社保 = 35890×32% = 11484.8（元）

销售部门实发工资 = 35890 − 502.46 = 35387.54（元）

生产部门个人缴纳社保 = 136800×1.4% = 1915.2（元）

生产部门单位缴纳社保 = 136800×32% = 43776（元）

生产部门实发工资 = 136800 − 1915.2 = 134884.8（元）

所以，良木家居2016年10～12月的工资与社保明细如图8-4所示。

2016年 10月工资表

编制单位：四川良木家居有限公司　　2016年11月1日　　单位：元

序号	部门	工资	应扣社保	实发工资	备注
1	管理部门	96000	1344	94656	
2	销售部门	21000	294	20706	
3	生产部门	110800	1551.2	109248.8	
4					
5					
6					
合计		227,800.00	3,189.20	224,610.80	

图8-4

2016年 10月社保明细表

编制单位：四川良木家居有限公司　　2016年11月1日　　单位：元

序号	部门	扣缴基数	单位应交社保	代缴个人社保	应交社保合计	备注
1	管理部门	96000	30720	1344	32064	
2	销售部门	21000	6720	294	7014	
3	生产部门	110800	35456	1551.2	37007.2	
4						
5						
6						
合计		227,800.00	72,896.00	3,189.20	76,085.20	

2016年 11月工资表

编制单位：四川良木家居有限公司　　2016年12月1日　　单位：元

序号	部门	工资	应扣社保	实发工资	备注
1	管理部门	96000	1344	94656	
2	销售部门	15000	210	14790	
3	生产部门	97000	1358	95642	
4					
5					
6					
合计		208,000.00	2,912.00	205,088.00	

2016年 11月社保明细表

编制单位：四川良木家居有限公司　　2016年12月1日　　单位：元

序号	部门	扣缴基数	单位应交社保	代缴个人社保	应交社保合计	备注
1	管理部门	96000	30720	1344	32064	
2	销售部门	15000	4800	210	5010	
3	生产部门	97000	31040	1358	32398	
4						
5						
6						
合计		208,000.00	66,560.00	2,912.00	69,472.00	

图8-4（续）

2016年12月工资表

编制单位：四川良木家居有限公司　　2016年12月31日　　单位：元

序号	部门	工资	应扣社保	实发工资	备注
1	管理部门	96000	1344	94656	
2	销售部门	35890	502.46	35387.54	
3	生产部门	136800	1915.2	134884.8	
4					
5					
6					
合计		268,690.00	3,761.66	264,928.34	

2016年12月社保明细表

编制单位：四川良木家居有限公司　　2016年12月31日　　单位：元

序号	部门	扣缴基数	单位应交社保	代缴个人社保	应交社保合计	备注
1	管理部门	96000	30720	1344	32064	
2	销售部门	35890	11484.8	502.46	11987.26	
3	生产部门	136800	43776	1915.2	45691.2	
4						
5						
6						
合计		268,690.00	85,980.80	3,761.66	89,742.46	

图8-4（续）

Chapter
09

国家税收不能忘——工商税务一并抓

OPTIONS
【本章要点】

OPTIONS
【实账处理】

工商管理认识

工商登记是政府在对申请人进入市场的条件进行审查的基础上，通过注册登记，确认申请者从事市场经营活动的资格，使其获得实际营业权的各项活动的总称。对工商企业的管理，既能保障合法经营，取缔非法活动，又能维护社会经济秩序，促进社会主义建设。本节主要讲述工商管理的登记、变更和注销。

工商设立登记

当要成立新公司时，必须先到当地所管辖的工商管理局办理工商登记手续，主要登记公司名称、地址、负责人姓名、开业日期、经济性质、生产经营范围和方式、资金总额、职工人数等重要信息。

1. 工商设立的范围

由于公司的名称和地域性的差异，工商管理局的管辖范围也有所不同，主要分为国家工商管理总局、市工商管理局和区县工商管理局。具体介绍如表9-1所示。

表 9-1

分　类	管辖范围
国家工商总局	公司名称中冠以中国、中华、全国、国家或国际等字样
市工商局	①省、自治区、直辖市人民政府国有资产监督管理机构履行出资人职责的公司以及该公司投资设立的控股 50% 以上的公司；②注册资本 3000 万元（含）人民币以上的有限责任公司；③专业资产评估公司、会计师事务所、审计公司、典当公司、中小企业信用担保公司、期货经纪公司、因私出入境中介公司、境外就业中介公司、人才中介服务公司、征信公司及商标代理公司等
区县工商局	市工商局登记管辖范围以外的企业，需到区县工商局进行注册登记

2. 工商登记的流程

在开办公司时，准备好相关资料到公司所在管辖区的工商局办理工商登记，根据当地工商管理局实施的具体流程办理，且必须符合各项要求。

虽然各个工商管理局的要求不完全一致，但对于基本的资料要求还是一样的。登记前也可以先咨询当地工商管理局，基本资料有：投资人的身份证原件及复印件、出资比例、公司名称、公司章程、场地使用证明、租赁合同及经营范围等。企业在选择银行开立公司验资账户以及所有证件办理完毕后，选择就近银行办理基本账户和纳税账户。

准备好所需资料后，企业就可以按流程进行工商登记了，一般的流程顺序如图9-1所示。

第一步：核定名称

为了防止公司有重名现象的发生，在工商登记时，首先要对公司的名称进行审核，一次性最多可以提供8个名称进行筛选。名称通过后，工商局会发放一张核名通知书

第二步：开立公司验资户

公司名称核定后，带上相关证件到银行开立验资账户，专门用于查验资金

第三步：存入注册资金

开立好验资户后，各个股东根据公司章程缴纳相应的投资额并存入验资账户中

第四步：办理验资报告

拿着银行出具的股东缴款单、银行盖章后的询征函以及公司章程、核名通知、房租合同和房产证复印件等，到会计师事务所办理验资报告

第五步：交工商设立资料

到工商局领取公司设立登记的各种表格，包括设立登记申请表、股东（发起人）名单、董事经理监理情况、法人代表登记表及指定代表或委托代理人登记表等。填好后，连同核名通知书、公司章程、房租合同、房产证复印件和验资报告一起交给工商局

图9-1

资料审核通过后3个工作日，企业就可以到办理登记的工商管理局领取营业执照，再根据营业执照到公安局指定的地点刻章，进行领购发票等后续工作。

工商变更登记

企业变更是指企业成立后，企业组织形式或企业登记事项等发生变化。根据《公司法》的规定，公司营业执照记载的事项发生变更的，公司应当依法办理变更登记，由公司登记机关换发营业执照。

1．工商变更登记的内容

总的来说，引起企业变更的原因有企业合并、企业分立和公司组织变更3种，企业名称、企业住所、企业法人和企业的注册资本都属于公司的组织变更。工商变更具体内容如表9-2所示。

表 9-2

变更内容	做法
企业名称变更	企业变更名称的，应当自变更决议或者决定做出之日起 30 日内申请变更登记
企业住所变更	企业变更住所的，应当在迁入新住所前申请变更登记，并提交新住所使用证明
企业法人变更	企业变更法定代表人的，应当自变更决议或者决定做出之日起 30 日内申请变更登记
注册资本变更	企业变更注册资本的，应当提交依法设立的验资机构出具的验资证明
公司经营范围变更	公司变更经营范围的，应当自变更决议或者决定做出之日起 30 日内申请变更登记；变更经营范围涉及法律、行政法规或者国务院决定决议在登记前须经批准的项目的，应当自国家有关部门批准之日起 30 日内申请变更登记
企业类型变更	企业变更类型的，应当按照拟变更的公司类型的设立条件，在规定的期限内向企业登记机关申请变更登记，并提交有关文件
股东和股权变更	有限责任公司股东转让股权的，应当自转让股权之日起 30 日内申请变更登记，并应提交新股东的主体资格证明或者自然人身份证明。有限责任公司的自然人股东死亡后，其合法继承人继承股东资格的，企业应当依照前款规定申请变更登记
企业合并、分立变更	因合并、分立而存续的企业，其登记事项发生变化的，应当申请变更登记；因合并、分立而解散的公司，应当申请注销登记；因合并、分立而新设立的企业，应当申请工商设立登记。公司合并、分立的变更，应当自公告之日起 45 日后申请登记，提交合并协议和合并、分立决议或者决定，以及公司在报纸上登载公司合并、分立公告的有关证明和债务

2．变更登记一般流程

工商变更登记一般分为审查、受理和决定3个基本流程。

（1）审查

工商局对要变更信息登记的单位所提供的资料进行全面审查，审查资料是否准备齐全，提供的资料是否符合法定要求及文书格式是否正确等。

（2）受理

工商行政管理局对申请人提交的变更申请资料审查后，根据如下所示的不同情况分别做出是否受理的决定。

- ◆ 申请文件和材料齐全，符合法定形式的，或申请人按照工商行政管理局的要求提交全部补正申请文件和材料的，决定予以受理。
- ◆ 申请文件和材料存在可以当场更正的错误的，允许申请人当场更正，由申请人在更正处签名或者盖章，注明更正日期。
- ◆ 申请文件和材料不齐全或者不符合法定形式的，当场或者在5日内一次告知申请人需要补正的全部内容。
- ◆ 不属于企业登记范畴或者不属于工商行政管理局登记管辖范围的，即时决定不予受理，并告知申请人向有关行政机关申请。

◆ 工商行政管理局对通过信函、电报、电传、传真、电子数据交换和电子邮件等方式提出申请的，自收到申请文件和材料之日起5日内做出是否受理的决定。

3．决定

工商行政管理局审核资料并决定受理后，可以让申请人到管理局当场做出登记的决定，也可以通过信函和电报等方式进行通知。对于不同的方式，做出登记决定的时间也会有所不同，具体内容如下所示。

◆ 对申请人到工商行政管理局提出的申请予以受理的，当场做出准予登记的决定。

◆ 对申请人通过信函方式提交的申请予以受理的，自受理之日起15日内做出准予登记的决定。

◆ 申请人通过信函方式提交申请文件和材料原件的，自受理之日起15日内做出准予登记的决定。

◆ 工商行政管理局自发出《受理通知书》之日起60日内，未收到申请文件、材料原件，或者申请文件和材料原件与工商行政管理局所受理的申请文件和材料不一致的，做出不予登记的决定。

◆ 工商行政管理局需要对申请文件和材料进行核实的，自受理之日起15日内做出是否准予登记的决定。

注销登记

注销登记是指登记主管机关依法对歇业、被撤销、宣告破产或者因其他原因终止营业的企业，取消其企业法人资格或经营权的执法行为。经登记主管机关核准注销后，收缴《企业法人营业执照》及副本，收缴公章，撤销其注册号。企业法人领取《企业法人营业执照》后，满6个月尚未开展经营活动或者停止经营活动一年的，视同歇业，也应注销登记。

1．公司注销登记范围

公司有如下所示几种情况之一的，公司清算组织应当自公司清算结束之日起30日内向公司登记机关申请注销登记。

◆ 公司被依法宣告破产。

◆ 公司章程规定的营业期限届满或者公司章程规定的其他解散事由出现时。

◆ 股东会决议解散。

◆ 公司因合并、分立解散。

公司申请注销登记时，应由公司指定或者委托公司员工或具有资格的代理机构的代理人作为申请人办理注销登记，并填写委托申请书。

2. 准备资料

公司申请注销登记时，应根据所在管辖区的工商管理局要求和公司准备注销的原因等提供相应的资料，具体内容如下所示。

（1）公司清算组织负责人签署的注销登记申请书。

（2）法院破产裁定、公司依照《公司法》做出的决议或者决定以及行政机关责令关闭的文件。

（3）股东会或者有关机关确认的清算报告。

（4）《企业法人营业执照》正、副本。

（5）清算组织成立后60日内在报纸上公告3次的报样。

（6）税务部门出具的完税证明。

（7）指定（委托）的证明。

3. 填写表格格式

注销登记所需资料准备好后，带上所有资料到所在管辖区的工商行政管理局办理注销登记业务，需要填制的表格主要有《公司注销登记申请书》和《指定代表或者共同委托代理人的证明》，具体格式如图9-2所示。

公司注销登记申请书

名　称			
公司类型		注册号	
清算组成员备案确认文书编号			
申请注销登记的原因			
债权债务清理情况	债权债务清理情况是否完结		
	分公司是否全部办理完毕注销登记手续		
	对外投资是否清理完结		
公告情况	公告报纸名称		
	公告日期		

本公司依照《中华人民共和国公司法》、《中华人民共和国公司登记管理条例》申请注销登记，提交材料真实有效。谨此对真实性承担责任。

清算组负责人签字：　　指定代表或委托代理人签字：　　公司盖章：

年　月　日　　年　月　日　　年　月　日

注：1、提交的文件、证件应当使用A4纸。
　　2、应当使用钢笔、毛笔或签字笔工整地填写表格或签字。
　　3、因公司合并、分立而申请注销登记的，清算组负责人签字栏由公司法定代表人 签字。

指定代表或者共同委托代理人的证明

申请人：____________________

指定代表或者委托代理人：____________________

委托事项及权限：

1、办理　　　　（企业名称）的□设立□变更□注销□备案 ________ 手续。

2、同意□不同意□核对登记材料中的复印件并签署核对意见；

3、同意□不同意□修改企业自备文件的错误；

4、同意□不同意□修改有关表格的填写错误；

5、同意□不同意□领取营业执照和有关文书。

本次所提交的申请文件、证件和有关附件上的签字（盖章）都是股东真实的意思表示，并对因提交虚假文件、证件引发的一切后果承担相应的法律责任。

指定或者委托的有效期限：自　年　月　日至　年　月　日

指定代表或委托代理人联系电话	签字：
	固定电话：
	移动电话：
（指定代表或委托代理人身份证复印件粘贴处）	

图9-2

工商登记年检

所有公司经工商行政管理局登记之后，都应按要求在规定时间内进行年检，主要是对于单位所提供的资料进行审核。审核无误后，发放《年检报告书》。

1．年检报告书种类

对于不同类型的公司，工商管理局所发放的年检报告书有所差异。目前国家工商行政管理总局制定的《年检报告书》有如图9-3所示的4种，以适用于不同类型的企业。

公司年检报告书

适用于依据《公司法》设立的有限责任公司和股份有限公司，其封面为粉红色。在封面上应填写参检名称和营业执照的注册号，并加盖公司印章

企业法人年检报告书

适用于依照《企业法人登记管理条例》及其施行细则登记注册的企业法人，包括未按照《公司法》规范的公司

年检报告书

适用于一切领取《营业执照》的分公司、企业和其他经营单位

外商企业年检报告书

适用于已登记注册的外商投资企业和在中国境内从事生产经营活动的外国（地区）企业，需附说明

图9-3

2．提供的资料

一般单位只需要准备单位的营业执照副本和填写一份年检报告书即可办理公司年检业务，但是对于不同种类的年检报告书，所需要的资料又有不同。

（1）凡是填写《公司年检报告书》和《企业法人年检报告书》的企业，应当报送如下材料。

- 《公司年检报告书》或者《企业法人年检报告书》（均一式两份）。
- 年度汇总资产负债表和年度汇总损益表。
- 营业执照副本（一份）。
- 工商行政管理机关要求提供的其他材料。

（2）凡是填写《年检报告书》的企业，应当提交如下材料。

◆ 《年检报告书》（一式两份）。

◆ 营业执照副本（一份）。

◆ 由所属法人的法定代表人签字并加盖企业法人印章的营业执照复印件。

◆ 工商行政管理机关要求提供的其他材料。

（3）凡是填写《外商投资企业、外国（地区）企业年检报告书》的企业，应当提交如图9-4所示的材料。

1	《外商投资企业、外国（地区）企业年检报告书》（一式两份）
2	年度汇总资产负债表和年度损益表
3	审计报告书（或称查账报告）
4	验资报告（资金已到位且已提交过验资报告的除外）
5	营业执照副本（一份）
6	工商行政管理机关要求提供的其他材料

图9-4

3. 年检管理

工商行政管理局在收到所管辖范围内的单位的年检资料后，应当在规定的时限内认真审核，如果发现问题，视情节轻重，可根据《企业法人年度检验办法》等有关规定给予适当的处罚。具体处罚如表9-3所示。

表 9-3

序号	行为	处罚
1	在规定的年检时限内未申报年检材料	处以两万元以下罚款，并责令限期补办年检手续
2	年检中隐瞒真实情况或弄虚作假的	处以两万元以下罚款，并责令限期改正；逾期不改的，再处以两万元以下罚款，直到吊销其营业执照
3	在规定的时限内未申报年检材料，且在住所地查无下落的	吊销其营业执照
4	确已歇业，但未按规定办理注销登记的	责令限期办理注销登记，逾期不办理的，吊销其营业执照
5	连续两年不参加年检	吊销其营业执照

企业通过年检后，应当依法向登记主管机关缴纳50元年度检验费。通过年检的企业交纳年度检验费后，登记主管机关将加贴年检标识或加盖年检戳记的企业营业执照发还给企业。

发票业务处理

所有单位在发生经济业务时，都必须要有发票来记录经济业务的发生，用于记录发生的时间、单位信息和金额等，其也是税务稽查的重要依据，所以，发票是单位经营过程中必要的存在。而发票业务的常见问题的处理就尤为重要。

向税务机关领购发票

发票是指一切单位和个人在购销商品、提供或接受服务以及从事其他经营活动中，所开具和收取的业务凭证。发票既是会计核算的原始依据，也是审计机关和税务机关执法检查的重要依据。然而，收据才是收付款凭证，发票只能证明业务发生了，不能证明款项是否收付。

1．发票的作用

发票由税务机关统一印制、发放和管理，纳税人根据经营范围向税务机关领购相关发票。发票是记录经营活动的一种原始证明；是加强财务会计管理，保护国家财产安全的重要手段；是税务稽查的重要依据；是维护社会秩序的重要工具。它的具体作用介绍如下。

（1）发票是记录经营活动的一种原始证明

由于发票上载明的经济事项较为完整，既有填制单位印章，又有经办人签章，还有监制机关、字轨号码和发票代码等，具有法律证明效力。它为工商部门检查经济合同、处理合同纠纷、法院裁定民事诉讼、消费者向销货方要求调换退货和修理商品、公安机关核发车船牌照以及保险公司理赔等，提供了重要依据。所以消费者个人养成主动索取发票的习惯是维护自身合法权益的保障。

（2）发票是加强财务会计管理，保护国家财产安全的重要手段

发票是会计核算的原始凭证，正确地填制发票是正确地进行会计核算的基

础。只有填制合法、真实的发票，会计核算资料才会真实可信，会计核算质量才有可靠的保证，提供的会计信息才会准确且完整。

（3）发票是税务稽查的重要依据

发票一经开具，票面上便载明征税对象的名称、数量和金额，为计税基数提供了原始可靠的依据；发票还为计算应税所得额及应税财产提供必备资料。离开了发票，要准确计算应纳税额是很困难的，所以税务稽查往往从发票检查入手。

（4）发票是维护社会秩序的重要工具

发票具有证明作用，在一定条件下又有合同的性质。多年来的实践证明，各类发票违法行为，不仅与偷税、骗税有关，还与社会秩序的诸多方面关系甚大，如投机倒把、贪污受贿及走私贩私等案件。发票这一道防线一松，将为经济领域的违法犯罪打开方便之门。所以，管好发票不仅是税务机关自身的责任，也是整个社会的工作。

2．发票办理

已办理税务登记的小规模纳税人以及国家税务总局确定的其他可予代开增值税专用发票的纳税人，应按规定携带和提交如下材料进行增值税发票的办理。

- 《代开增值税专用发票缴纳税款申报单》。
- 发生购销业务或提供增值税应税劳务的合同、协议或书面证明及其加盖公章的复印件。
- 《发票购用印制簿》原件（审核无误后，原件退还纳税人）。
- 经办人身份证或《办税员联系卡》原件（审核无误后，原件退还纳税人）。

填开和缴纳普通发票

普通发票是指在购销商品、提供或接受服务以及从事其他经营活动中，所开具和收取的收付款凭证。它是相对于增值税专用发票而言的，即任何单位和个人在购销商品、提供或接受服务以及从事其他经营活动中，除开具和收取的增值税专用发票之外，所开具和收取的各种收付款凭证均为普通发票。个人发票一般泛指个人开具的发票，多为普通手撕发票。

1．普通发票的开具要求

（1）文字使用要规范。开具发票的文字应使用中文；大小写金额要规范；开票日期要规范；开具购货单位名称要规范；开具货物名称或服务项目要规范；开具发票的规格、单位、数量和单价等栏目要规范。

（2）内容要完整。开具发票时，项目填写齐全，字迹清楚，全部联次一次性复写或打印，且应当按号码顺序填开，未实行盖章出门的，要在发票联加盖发票专用章或财务专用章。使用电子计算机开具发票的，须经税务机关批准，使用税务机关监制的机外发票，开具后的存根联应按照顺序号装订成册。

（3）经济业务要真实。只有经济业务发生时才开具发票，且必须据实开具，不得变更商品或劳务的名称及金额；未发生经济业务的，一律禁止开具发票。

2. 开具普通发票的特殊情况

（1）开具销售折让、折扣时的发票。发生销售折让的，应当收回原开具的发票并注明“作废”字祥，重新开具销售发票。发生销售折让的，必须如实入账。

（2）开具红字发票。若原开具的发票已经入账，无法收回原发票的，可要求对方提供由当地主管税务机关出具的有关证明，按实际的经营业务另行据实开具发票，并在新开具的发票上注明原发票的号码、开具金额和凭证号码；原开具的发票尚未入账且可以收回的，整份发票装订在一起，加盖“作废”戳记或注明“作废”字样，据实另行开具发票；不得以红字普通发票冲抵增值税专用发票。

（3）普通发票的临时开具。临时需要发票的单位和个人，可以凭经营业务发生的书面证明到主管税务机关指定的场所，由税务人员代为开具。依法应当纳税的，在申请开具发票时缴纳应缴的税款。

3. 丢失发票后的补救措施

丢失已取得的发票联，不得要求原开票方另行开具发票，应当由丢失发票联的一方向对方出具证明，原开票方在查对存根联和记账联无误后，按原来开具的实际情况出具书面证明，附原存根联或记账联的复印件。

填开和认证增值税专用发票

增值税专用发票是由国家税务总局监制设计并印制的，只限于增值税一般纳税人领购使用。它既作为纳税人反映经济活动的重要会计凭证，又是兼记销货方纳税义务和购货方进项税额的合法证明，是增值税计算和管理中具有决定性的重要且合法的专用发票。

实行增值税专用发票是增值税改革中很关键的一步，与普通发票不同，增值税专用发票不仅具有商事凭证的作用，由于实行凭发票注明税款扣税，购货方要向销货方支付增值税，所以，它还具有完税凭证的作用。更重要的是，增值税专用发票将一个产品的最初生产到最终消费之间各环节联系起来，保持了税负的完整，体现了增值税的作用。

1．增值税专用发票的领购

只有增值税一般纳税人满足一定的条件后才可以领购增值税专用发票。一般来说要满足两个条件：一是会计核算制度要健全，能按照会计制度和税务机关的要求准确核算增值税的销项税额、进项税额和应纳税额；二是能向税务机关准确提供增值税销项税额、进项税额、应纳税额数据及其他有关增值税税务资料。

2．增值税专用发票的开具要求

在开具增值税专用发票时，要严格按照要求开具，在相对应的位置填写内容，不得随意增减内容，具体的开具要求如下所示。

- 项目齐全，与实际交易相符。
- 字迹清楚，不得压线、错格。
- 发票联和抵扣联加盖财务专用章或者发票专用章。
- 按照增值税纳税义务的发生时间开具。

3．增值税专用发票的认证

对于购买货物时取得的发票，要根据要求在税务局进行进项税的认证。不过，有如表9-4所列情况之一的，增值税专用发票不得作为增值税进项税额的抵扣凭证，税务机关将退还原件，此时，购买方可要求销售方重新开具增值税专用发票。

表 9-4

情况	内容
无法认证	是指增值税专用发票所列密文或者明文不能辨认，无法产生认证结果
纳税人识别号不符	纳税人识别号认证不符是指增值税专用发票所列购买方纳税人的识别号有误
代码、号码认证不符	是指增值税专用发票所列密文解译后与明文的代码或者号码不一致

4．增值税专用发票与普通发票的区别

增值税专用发票是我国为了推行新的增值税制度而使用的新型发票，与日常经营过程中所使用的普通发票相比，有如下区别。

（1）发票的印制要求不同

根据新的《税收征管法》第二十二条规定：增值税专用发票由国务院税务主管部门指定的企业印制；其他发票按照国务院主管部门的规定，分别由省、自治区或直辖市的国家税务局和地方税务局指定企业印制。未经前款规定的税务机关指定，不得私自印制发票。

（3）发票使用的主体不同

增值税专用发票一般只能由增值税一般纳税人领购使用，小规模纳税人需要使用的，只能经税务机关批准后由当地的税务机关代开；普通发票则可以由从事经营活动并办理了税务登记的各种纳税人领购使用，未办理税务登记的纳税人也可以向税务机关申请领购使用普通发票。

（3）发票的内容不同

增值税专用发票除了具备购买单位、销售单位、商品或者服务的名称、商品或者服务的数量和计量单位、单价和价款、开票单位、收款人以及开票日期等普通发票所具备的内容外，还包括纳税人税务登记号、不含增值税金额、适用税率及应纳增值税额等内容。

（4）发票的联次不同

增值税专用发票有4个联次和7个联次两种，第一联为存根联（用于留存备查），第二联为发票联（用于购买方记账），第三联为抵扣联（用作购买方扣税凭证），第四联为记账联（用于销售方记账），而七联次的其他三联为备用联，分别作为企业出门证、检查和仓库留存用；普通发票则只有三联，第一联为存根联，第二联为发票联，第三联为记账联。

（5）发票的作用不同

增值税专用发票不仅是购销双方收付款的凭证，而且可以用作购买方扣除增值税进项税额的凭证；而普通发票除运费、收购农副产品、废旧物资的按法定税率作抵扣外，其他的一律不予用作抵扣。

与出纳有关的税务

税收是国家财政收入的主要来源，每个公民都是纳税人，都有主动纳税的义务。而在经济业务中就更离不开税收。本节主要讲述与出纳相关的几个税种。

不得不知的税收体系

税收是以实现国家公共财政职能为目的，基于政治权力和法律规定，由政府专门机构向居民和非居民就其财产或特定行为实施强制、非罚与不直接偿还的金钱或实物课征，是国家最主要的一种财政收入形式。国家取得财政收入的手段有多种多样，如税收、发行货币、发行国债、收费和罚没等，而税收则由政府征收，取之于民、用之于民。税收具有无偿性、强制性和固定性的形式特征。税收三性是一个完整的体系，它们相辅相成、缺一不可。主要内容如图9-5所示。

强制性

税收的强制性是指税收是国家以社会管理者的身份，凭借政权力量，依据政治权力，通过颁布法律或政令来进行强制征收的

无偿性

税收的无偿性是指通过征税，社会集团和社会成员的一部分收入转归国家所有，国家不向纳税人支付任何报酬或代价

固定性

税收的固定性是指税收是按照国家法令规定的标准征收的，即纳税人、课税对象、税目、税率、计价办法和期限等，都是税收法令预先规定了的，有一个比较稳定的试用期间，是一种固定的连续收入

图9-5

公司涉及的基本税种

税收分类是以一定的目的和要求出发，按照一定的标准，对各个不同税种隶属税类所做的一种划分。我国的税种分类主要有8种。

1．按课税对象分类

按课税对象分类，可分为流转税、所得税、财产税、行为税和资源税。

流转税是以商品生产流转额和非生产流转额为课税对象征收的一类税。它是我国税制结构中的主体税类，包括增值税、消费税和关税等。

所得税亦称收益税，是指以各种所得额为课税对象的一类税。所得税也是我国税制结构中的主体税类，目前包括企业所得税和个人所得税。内外资企业所得税率统一为25%。另外，国家给予了两档优惠税率：一是符合条件的小型微利企业，减按20%的税率征收；二是国家需要重点扶持的高新技术企业，减按15%的税率征收。

财产税是指以纳税人所拥有或支配的财产为课税对象的一类税，包括遗产税、房产税、契税、车辆购置税和车船使用税等。

提示：关于《企业所得税法》

《企业所得税法》自2008年1月1日起施行。1991年4月9日第七届全国人民代表大会第四次会议通过的《中华人民共和国外商投资企业和外国企业所得税法》和1993年12月13日国务院发布的《中华人民共和国企业所得税暂行条例》同时废止。

行为税是指以纳税人的某些特定行为为课税对象的一类税。我国现行税制中的城市维护建设税、固定资产投资方向调节税、印花税、屠宰税和筵席税等都属于行为税。

资源税是指对在我国境内从事资源开发的单位和个人征收的一类税。我国现行税制中的资源税、土地增值税、耕地占用税和城镇土地使用税等都属于资源税。

2. 按税收的计算依据为标准分类

从量税。它是指以课税对象的数量（重量、面积和件数等）为依据，按固定税额计征的一类税。从量税实行定额税率，具有计算简便的优点，如我国现行的资源税、车船使用税和土地使用税等。

从价税。它是指以课税对象的价格为依据，按一定比例计征的一类税。从价税实行比例税率和累进税率，税收负担比较合理，如我国现行的增值税、关税和各种所得税等。

3. 按税收与价格的关系为标准分类

价内税。它是指税款在应税商品价格内，作为商品价格的一个组成部分的一类税，如我国现行的消费税和关税等。

价外税。它是指税款不在商品价格之内，不作为商品价格的一个组成部分的一类税，如我国现行的增值税（目前商品的价税合一并不能否认增值税的价外税性质）。

4. 按是否有单独的课税对象、独立征收分类

正税。它是指与其他税种没有连带关系，有特定的课税对象，并按照规定税率独立征收的税。征收附加税或地方附加，要以正税为依据。我国现行的增值税、消费税等都是正税。

附加税。它是指随某种税收按一定比例加征的税。从中国现行税制看，附加税包括两种：一是根据正税的征收而同时加征的税种，如城市维护建设税，即是的增值税、消费税、营业税的税额作为税依据的。二是在正税征收的同时，再对正税

额外加征的一部分税收，如与外商投资企业和外国企业所得税同时征收的地方所得税，是附加于外商投资企业和外国企业所得税，按照一定比例（应纳税所得额的3%）加片的税收，即为此种附加税。

5．按税收的管理和使用权限为标准分类

中央税。它是指由中央政府征收和管理使用，或由地方政府征收后全部划归中央政府所有并支配使用的一类税，如我国现行的关税和消费税等。这类税一般收入较大，征收范围广泛。

地方税。它是指由地方政府征收和管理使用的一类税，如我国现行的个人所得税、屠宰税和筵席税等（严格来讲，我国的地方税目前只有屠宰税和筵席税）。这类税一般收入稳定，与地方经济利益关系密切。

中央与地方共享税。它是指税收的管理权和使用权属中央政府和地方政府共同拥有的一类税，如我国现行的增值税和资源税等。这类税直接涉及中央与地方的共同利益。

6．按税收的形态为标准分类

该分类方式下有实物税和货币税。实物税是指纳税人以各种实物充当税款缴纳的一类税，中国现行税制中，仅牧业税的征收实物（牲畜为主，采用实物税形式）。货币税是指纳税人以货币形式缴纳的一类税，在现代社会里，几乎所有的税种都是货币税。

7．以管辖的对象为标准分类

以管辖范围为分类标准，可将税种分为国内税收和涉外税收。国内税收是对本国经济单位和公民个人征收的各种税，而涉外税收是具有涉外关系的税种。

8．按税率的形式为标准分类

该分类方式下有3种类型的税，分别是比例税、累进税和定额税。比例税是对同一课税对象不论数额多少均按同一比例征税的税种。累进税是随着课税对象数额的增加而逐级提高税率的税种，包括全额累进税率、超额累进税率和超率累进税率。定额税是对每一单位的课税对象按固定税额征税的税种。

税款的申报与缴纳

纳税申报指纳税人按照税法规定的期限和内容向税务机关提交有关纳税事项的书面报告的法律行为，是纳税人履行纳税义务和承担法律责任的主要依据，是税务机关税收管理信息的主要来源和税务管理的重要制度。

1. 申报纳税要求

纳税人根据不同的税种要求分别进行申报，在规定的时间内缴纳税款，《中华人民共和国税收征收管理法》对纳税申报作了如下的规定。

（1）纳税人必须依照法律和行政法规的规定，或税务机关依照法律、行政法规的规定确定的申报期限和申报内容，如实办理纳税申报，报送纳税申报表、财务会计报表以及税务机关根据实际需要要求纳税人报送的其他纳税资料。

（2）纳税人、扣缴义务人可以直接到税务机关办理纳税申报或者报送代扣代缴、代收代缴税款报告表，也可以按照规定采取邮寄、数据电文或者其他方式办理上述申报、报送事项。

（3）纳税人、扣缴义务人不能按期办理纳税申报或者报送代扣代缴、代收代缴税款报告表的，经税务机关核准，可以延期申报。经核准延期办理的申报和报送事项的，应当在纳税期内按照上期实际缴纳的税额或者税务机关核定的税额预缴税款，并在核准的延期内办理税款结算。

2. 申报纳税材料

纳税人办理纳税申报时，应当根据单位的实际情况如实地填写纳税申报表，并根据不同的税种要求，报送如下所示的有关证件和资料。

- 财务会计报表及其说明材料。
- 与纳税有关的合同、协议书及凭证。
- 税控装置的电子报税资料。
- 外出经营活动税收管理证明和异地完税凭证。

3. 税款的计算

在纳税申报的时候，根据账面数计算应交的增值税和附加税，不一样的税种税率也不一样。这里主要介绍小规模纳税人的增值税、附加税和企业所得税的计算方法。

（1）增值税的计算

小规模纳税人是指销售货物或应税劳务，实行简单办法计算应纳税额的纳税人。按照销售额（不含税）和规定的税率计算，不得抵扣进项税额。其计算公式如下。

应纳税额 = 当期销售额 × 征收率

小规模纳税人销售货物或应税劳务采用销售额和应纳税额合并定价方法的，可按下列公式计算销售额，即把含税销售额换算为不含税销售额。

不含税销售额 = 含税销售额/（1+征收率）

【实账处理】——计算增值税

A公司是一家小规模纳税人，2016年8月份的销售额为51500元，征收率为3%，计算8月份的应纳增值税。

解析：A公司8月份的销售额为51500元，是含税销售额，首先应计算当月的不含税销售额，再计算当月应纳增值税税额。

不含税销售额＝51500÷（1+3%）＝50000（元）

8月份应纳增值税税额＝50000×3%＝1500（元）

（2）附加税的计算

大多数企业涉及的附加税有城市维护建设税、教育费附加和地方教育附加，其核算以增值税和消费税的总和为计税依据，计算公式如下。

应纳附加税 =（增值税税额 + 消费税税额）× 征收率

【实账处理】——计算附加税

A公司是一家小规模纳税人，2016年8月份的销售额为51500元，征收率为3%，8月份的增值税为1500元，无消费税，计算8月份的附加税。已知，城市维护建设税税率为5%，教育费附加税率为3%，地方教育附加税率为2%。

城市维护建设税＝1500×5%＝75（元）

教育费附加＝1500×3%＝45（元）

地方教育附加＝1500×2%＝30（元）

8月份附加税费＝75＋45＋30＝150（元）

（3）企业所得税的计算

企业所得税是对我国内资企业和经营单位的生产经营所得和其他所得征收的

一种税。企业所得税纳税人即所有实行独立经济核算的中华人民共和国境内的内资企业或其他组织。其计算公式如下。

应纳税所得额 = 收入 - 成本（费用）- 税金 + 营业外收入 - 营业外支出 +（-）纳税调整额

应纳企业所得税 = 应纳税所得额 × 适用税率

【实账处理】——计算企业所得税

A公司是一家小规模纳税人，2016年7～9月份销售额为137500元，成本为78403元，税金为1200元，企业所得税税率为25%。

企业应纳税所得额＝137500－78403－1200＝57897（元）

应纳企业所得税＝57897×25%＝14474.25（元）

4．申报期限

我国的税收多种多样，对于申报期限的规定也有所不同，但在实际业务中，一般中小型企业涉及的税收也就几种，如增值税、附加税及企业所得税等。

（1）增值税申报期限

增值税和消费税的纳税期限相同，分别为1日、3日、5日、10日、15日、一个月或者一个季度。纳税人的具体纳税期限由主管税务机关根据纳税人应纳税额的大小分别核定；不能按照固定期限纳税的，可按次纳税。

纳税人以一个月或者一个季度为一个纳税期的，自期满之日起15日内申报纳税；以1日、3日、5日、10日或者15日为一个纳税期的，自期满之日起5日内预缴税款， 于次月1日起15日内申报纳税，并结清上月应纳税款。

（2）企业所得税纳税申报期限

企业所得税分月或者分季预缴。企业应当自月份或者季度终了之日起15日内，向税务机关报送预缴企业所得税纳税申报表，预缴税款。企业应当自年度终了之日起5个月内，向税务机关报送年度企业所得税纳税申报表，并汇算清缴，结清补缴应退税款。

企业在报送企业所得税纳税申报表时，应当按照规定附送财务会计报告和其他有关资料。企业在年度中间终止经营活动的，应当自实际经营终止之日起60日内，向税务机关办理当期企业所得税汇算清缴。企业应当在办理注销登记前，就其清算所得向税务机关申报并依法缴纳企业所得税。

（3）个人所得税纳税申报期限

个人所得120000元以上的纳税人，在纳税年度终了后3个月内向主管税务机关办理纳税申报。

①个体工商户、个人独资和合伙企业投资者取得的生产、经营所得应纳的税款，分月预缴的，纳税人在每月终了后7日内办理纳税申报；分季预缴的，纳税人在每个季度终了后7日内办理纳税申报；纳税年度终了后，纳税人在3个月内进行汇算清缴。

②纳税人年终一次性取得对企事业单位的承包经营、承租经营所得的，自取得所得之日起30日内办理纳税申报；在一个纳税年度内分次取得承包经营、承租经营所得的，在每次取得所得后的次月1日起7日内申报预缴，纳税年度终了后3个月内汇算清缴。

③从中国境外取得所得的纳税人，在纳税年度终了后30日内向中国境内主管税务机关办理纳税申报。

核算良木家居公司2016年10～12月的税务处理

本章主要讲述了与出纳有关的税收方面的具体内容。下面通过良木公司2016年10～12月份的具体业务进一步了解税收工作。

1．申报并缴纳2016年10月份增值税及附加税

根据良木公司2016年10月份的科目余额表，得知10月份营业收入为491310.58元。

10月份应交增值税＝491310.58×3%＝14739.32（元）

10月份附加税＝14739.32×10%＝1473.932（元）

根据金额分别在国税和地税进行申报与缴纳，如图9-6所示。

增值税纳税税款表

税款所属时间：2016年 10月 1日至2016年10月31日

纳税人识别号：□□□□□□□□□□□□□□□□□□□□□□ 是否适用一般计税方法 否 □

纳税人名称：（公章）		四川 良木家居有限公司		金额单位：元（列至角分）	
项目编号			项目名称		
项目地址					
预征项目和栏次		销售额	扣除金额	预征率	预征税额
		1	2	3	4
销售	1	491310.58		3%	14739.32
	2				
	3				
合计	4				
授权声明	如果你已委托代理人填报，请填写下列资料： 为代理一切税务事宜，现授权 （地址） 为本次纳税人的代理填报人，任何与本表有关的往来文件，都可寄予此人。 授权人签字：		填表人申明	以上内容是真实的、可靠的、完整的。 纳税人签字：	

城建税、教育费附加、地方教育附加税（费）申报表

税款所属期限：2016年10月1日至2016年10月31日

纳税人识别号：

纳税人信息	名称		四川良木家居有限公司					□单位			
	登记注册类型						所属行业				
	身份证件号码						联系方式				
税（费）种	计税（费）依据					税率（征收率）	本期应纳税（费）额	本期减免税（费）额		本期已缴税（费）额	本期应补（退）税（费）额
	增值税		消费税	营业税	合计						
	一般增值税	免抵税额						减免性质代码	减免额		
	1	2	3	4	5=1+2+3+4	6	7=5×6	8	9	10	11=7-9-10
城建税	14739.32				14739.32	5%	736.966				
教育费附加	14739.32				14739.32	3%	442.180				
地方教育附加	14739.32				14739.32	2%	294.786				

合计	—					—	1473.932				
以下由纳税人填写：											
纳税人声明	此纳税申报表是根据《中华人民共和国城市维护建设税暂行条例》、《国务院征收教育费附加的暂行规定》、《财政部关于统一地方教育附加政策有关问题的通知》和国家有关税收规定填报的，是真实的、可靠的、完整的。										
纳税人签章			代理人签章				代理人身份证号				
以下由税务机关填写：											
受理人			受理日期			年 月 日	受理税务机关签章				

图9-6

2．申报并缴纳2016年11月份增值税及附加税

根据良木公司2016年11月份的科目余额表得知11月份营业收入为104514.55元。

11月份应交增值税＝104514.55×3%＝3135.44（元）

11月份附加税＝3135.44×10%＝313.54（元）

根据金额分别在国税和地税进行申报与缴纳，如图9-7所示。

增值税纳税税款表

税款所属时间：2016年11月 1日至 2016年11月30日

纳税人识别号：□□□□□□□□□□□□□□□□□□□□□□□ 是否适用一般计税方法 是□ 否□

纳税人名称：（公章）		四川良木家居有限公司		金额单位：元（列至角分）	
项目编号			项目名称		
项目地址					
预征项目和栏次		销售额	扣除金额	预征率	预征税额
		1	2	3	4
销售	1	104514.55		3%	3135.44
	2				
	3				
合计	4				
授权声明	如果你已委托代理人填报，请填写下列资料： 为代理一切税务事宜，现授权 （地址） 为本次纳税人的代理填报人，任何与本表有关的往来文件，都可寄予此人。 授权人签字：		填表人申明	以上内容是真实的、可靠的、完整的。 纳税人签字：	

城建税、教育费附加、地方教育附加税（费）申报表

税款所属期限：2016年11月1日至2016年11月30日

纳税人识别号：

纳税人信息	名称		四川良木家居有限公司					□单位			
	登记注册类型						所属行业				
	身份证件号码						联系方式				
税（费）种	计税（费）依据					税率（征收率）	本期应纳税（费）额	本期减免税（费）额		本期已缴税（费）额	本期应补（退）税（费）额
	增值税		消费税	营业税	合计						
	一般增值税	免抵税额						减免性质代码	减免额		
	1	2	3	4	5=1+2+3+4	6	7=5×6	8	9	10	11=7-9-10
城建税	3135.44				3135.44	5%	156.77				
教育费附加	3135.44				3135.44	3%	94.06				
地方教育附加	3135.44				3135.44	2%	62.71				

合计	—					—	313.54				
以下由纳税人填写：											
纳税人声明	此纳税申报表是根据《中华人民共和国城市维护建设税暂行条例》、《国务院征收教育费附加的暂行规定》、《财政部关于统一地方教育附加政策有关问题的通知》和国家有关税收规定填报的，是真实的、可靠的、完整的。										
纳税人签章			代理人签章				代理人身份证号				
以下由税务机关填写：											
受理人			受理日期			年 月 日	受理税务机关签章				

图9-7

3．申报并缴纳2016年12月份增值税及附加税

根据良木公司2016年12月份的科目余额表得知12月份营业收入为366009.71元。

12月份应交增值税＝366009.71×3%＝10980.29（元）

12月份附加税＝10980.29×10%＝1098.03（元）

年末，良木公司根据收入进行企业所得税汇算。根据金额分别在国税和地税进行申报与缴纳，如图9-8所示。企业所得税汇算表如图9-9所示。

增值税纳税税款表

税款所属时间：2016年12月 1日至 2016年12月31 日

纳税人识别号：□□□□□□□□□□□□□□□□□□□□□□□ 是否适用一般计税方法 是 □ 否 □

纳税人名称：（公章）		四川 良木家居有限公司		金额单位：元（列至角分）	
项目编号			项目名称		
项目地址					
预征项目和栏次		销售额	扣除金额	预征率	预征税额
		1	2	3	4
销售	1	366009.71		3%	10980.29
	2				
合计	3				
授权声明	如果你已委托代理人填报，请填写下列资料： 为代理一切税务事宜，现授权 （地址） 为本次纳税人的代理填报人，任何与本表有关的往来文件，都可寄予此人。 授权人签字：		填表人申明	以上内容是真实的、可靠的、完整的。 纳税人签字：	

城建税、教育费附加、地方教育附加税（费）申报表

税款所属期限：2016年12月1日至2016年12月31日

纳税人识别号：

纳税人信息	名称		四川良木家居有限公司					□单位			
	登记注册类型					所属行业					
	身份证件号码					联系方式					
税（费）种	计税（费）依据					税率（征收率）	本期应纳税（费）额	本期减免税（费）额		本期已缴税（费）额	本期应补（退）税（费）额
	增值税		消费税	营业税	合计						
	一般增值税	免抵税额						减免性质代码	减免额		
	1	2	3	4	5=1+2+3+4	6	7=5×6	8	9	10	11=7-9-10
城建税	10980.29				10980.29	5%	549.01				
教育费附加	10980.29				10980.29	3%	329.41				
地方教育附加	10980.29				10980.29	2%	219.61				

合计	—					—	1098.03				
以下由纳税人填写：											
纳税人声明	此纳税申报表是根据《中华人民共和国城市维护建设税暂行条例》、《国务院征收教育费附加的暂行规定》、《财政部关于统一地方教育附加政策有关问题的通知》和国家有关税收规定填报的，是真实的、可靠的、完整的。										
纳税人签章			代理人签章				代理人身份证号				
以下由税务机关填写：											
受理人			受理日期			年 月 日	受理税务机关签章				

图9-8

中华人民共和国企业所得税年度纳税申报表（A类）

税款所属期间：2016年 10月1日至2016 年12月31日

纳税人名称：四川良木家居有限公司

纳税人识别号：□□□□□□□□□□□□□□□□□　　金额单位：元（列至角分）

类别	行次	项目	金额
利润总额计算	1	一、营业收入（填附表一）	961,834.84
	2	减：营业成本（填附表二）	639,698.00
	3	税金及附加	2,885.50
	4	销售费用（填附表二）	102,134.80
	5	管理费用（填附表二）	420,491.00
	6	财务费用（填附表二）	1,178.23
	7	资产减值损失	
	8	加：公允价值变动收益	
	9	投资收益	
	10	二、营业利润	-204,552.69
	11	加：营业外收入（填附表一）	
	12	减：营业外支出（填附表二）	
	13	三、利润总额（10＋11－12）	-204,552.69
应纳税所得额计算	14	加：纳税调整增加额（填附表三）	
	15	减：纳税调整减少额（填附表三）	
	16	其中：不征税收入	
	17	免税收入	
	18	减计收入	
	19	减、免税项目所得	
	20	加计扣除	
	21	抵扣应纳税所得额	
	22	加：境外应税所得弥补境内亏损	
	23	纳税调整后所得（13＋14－15＋22）	
	24	减：弥补以前年度亏损（填附表四）	
	25	应纳税所得额（23－24）	0
应纳税额计算	26	税率（25%）	
	27	应纳所得税额（25×26）	0
	28	减：减免所得税额（填附表五）	
	29	减：抵免所得税额（填附表五）	
	30	应纳税额（27－28－29）	
	31	加：境外所得应纳所得税额（填附表六）	
	32	减：境外所得抵免所得税额（填附表六）	
	33	实际应纳所得税额（30＋31－32）	
	34	减:本年累计实际已预缴的所得税额	
	35	其中:汇总纳税的总机构分摊预缴的税额	
	36	汇总纳税的总机构财政调库预缴的税额	
	37	汇总纳税的总机构所属分支机构分摊的	
	38	合并纳税（母子体制）成员企业就地预	
	39	合并纳税企业就地预缴的所得税额	
	40	本年应补（退）的所得税额（33－34）	
附列资料	41	以前年度多缴的所得税额在本年抵减额	
	42	以前年度应缴未缴在本年入库所得税额	
纳税人公章： 经办人： 申报日期：　年　月　日		代理申报中介机构公章： 经办人及执业证件号码： 代理申报日期：年 月 日	主管税务机关受理专用章： 受理人： 受理日期：年 月 日

图9-9

Chapter

10

疑惑解答有效率——常见问题处理和技巧

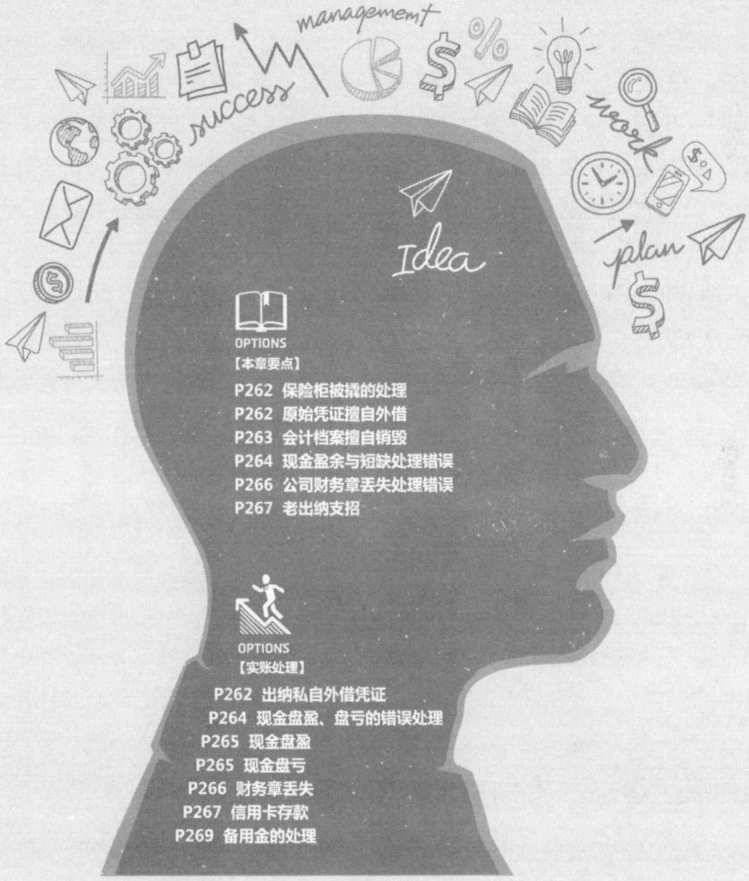

OPTIONS
【本章要点】

OPTIONS
【实账处理】

出纳易犯错误有哪些

出纳在工作中难免会犯一些错误，有些可能是因为个人粗心大意造成，发现及时的话还可以立即改正，而有些错误一旦发生了，可能会给公司带来损失。特别是由于出纳经常与金钱打交道，往往会成为不法分子利用的对象，所以要避免错误的发生。

保险柜被撬的处理

保险柜与出纳工作密不可分，如果保险柜不慎被盗，首先要立即报警，等警察来后再清点现金等有关财物和资料，盘点受损情况，随后查找被盗的原因，如密码外泄、保险柜丢失等，并做好整改措施。在平常出纳工作中，出纳人员要随身携带保险柜钥匙，根据需要可以定期换密码；每次打开后都要及时锁好并确认钥匙是否取下；离开办公室时要确认门窗是否锁好。只有在平时的工作中细心做好每一步，才会减少保险柜被盗的可能性。

如果不能找回损失，根据规定，如果财务室做好了防盗措施，则首先应该追究保安人员的过失责任。如果出纳人员违背了会计职责的基本要求，将大量现金存放在单位保险柜中，没有将超过限额的备用金及时存入银行的，出纳人员也要承担一定的过失责任。

原始凭证擅自外借

根据《会计基础工作规范》的规定，原始凭证不得外借，若有特殊原因，其他单位需要使用原始凭证的，经本单位会计机构负责人和会计主管人员批准，可以提供查阅和复制。但向外单位提供的原始凭证复印件应当在专设的登记簿上登记，并由提供人员和收取人员共同签名或者盖章，不得在没有经过主管同意的情况下私自外借。

【实账处理】——出纳私自外借凭证

A公司和B公司是同类行业，是商业竞争对手，而A公司出纳员小张和B公司的小李私下又是好朋友，且都是公司里的出纳人员。A公司财务制度比较健全，管理规范，出纳账套的登记也很规范。小李想学习A公司的账套登记方法，于是找到小张，想通过小张借出A公司的出纳账簿与原始凭证进行学习。小张觉得和小李是朋友，借一下账套也没关系，于是没有经过会计主管的同意，私自将出纳账套和相应的原始凭证带出公司并借给小李。

小李出于好学的目的借入了A公司的财务资料，却不小心被公司的财务主管发现，并通过查看账簿发现了A公司的财务情况。在一次竞标活动上，B公司因了解了A公司的财务状况，以明显的优势成功得标。后A公司发现是因为小张私自借出凭证的原因让公司竞标失败，于是，A公司以小张不遵守《会计基础工作规范》为由，与其解除劳动合同关系。

解析：此例中，小张只是出于帮助朋友的初心，却不想因此丢了工作。由此可知，出纳工作是公司经营过程中重要的一部分，掌握着公司一定的商业机密，所有的事情都必须严格按照《会计基础工作规范》办理，不能因私人关系而违背道德规范。

会计档案擅自销毁

对于会计档案保管期限届满后，企业可以根据《会计档案管理办法》的规定，按照相应的程序对其进行销毁。

1．销毁程序

首先，由本单位档案机构会同会计机构提出销毁意见，编制会计档案销毁清册，列明销毁会计档案的名称、卷号、册数、起止年度、档案编号、应保管期限、已保管期限和销毁时间等内容。

提示：其他不得销毁会计档案的情况

保管期满但未结清的债权债务原始凭证和涉及其他未了事项的原始凭证等不得销毁，应单独抽出立卷，保管到未了事项完结时为止。单独抽出立卷的会计档案，应在会计档案销毁清册和会计档案保管清册中列明。正在项目建设期间的建设单位，其保管期满的会计档案也不得销毁。

其次，单位负责人在会计档案销毁清册上签署意见。

再次，销毁会计档案时，应当由档案机构和会计机构共同派员监销。国家机关销毁会计档案时，应当由同级财政部门和审计部门派员参加监销。财政部门销毁会计档案时，应当由同级审计部门派员参加监销。

最后，监销人在销毁会计档案前，应当按照会计档案销毁清册所列内容清点核对所要销毁的会计档案；销毁后，应当在会计档案销毁清册上签名盖章，并将监销情况报告单位负责人。

2. 擅自销毁的处罚

根据《刑法》第一百六十二条第二款规定，隐匿或者故意销毁依法应当保存的会计凭证、会计账簿和财务会计报告，情节严重的，处5年以下有期徒刑或者拘役，并处或者单处两万元以上20万元以下罚金。单位犯前款罪的，对单位判处罚金，并对其直接负责的主管人员和其他直接责任人员，依照前款的规定进行处罚。

《会计法》第二十三条规定，各单位对会计凭证、会计账簿、财务会计报告和其他会计资料应当建立档案，妥善保管。会计档案的保管期限和销毁办法，由国务院财政部门会同有关部门制定。《会计法》第四十四条规定，隐匿或者故意销毁依法应当保存的会计凭证、会计账簿和财务会计报告，构成犯罪的，依法追究刑事责任。

现金盈余与短缺处理错误

出纳业务中，出纳人员应根据公司业务量情况，定期或不定期地进行库存现金的盘点，因为内部控制制度或者出纳人员的疏忽等原因可能会导致库存现金实际数多于或少于账面数。这时候不能将现金盈余或短缺直接进入管理费用或者营业外收入，而在查明原因之前一定要通过“待处理财产损溢”这个科目核算，再根据查明的原因记入到不同的科目中。

【实账处理】——现金盘盈、盘亏的错误处理

2016年5月31日，甲公司出纳小赵盘点现金时，发现库存现金比账面金额多出20元。而2016年6月30日盘点现金时又发现短缺10元，对此他经过反复思考也没弄明白原因。为了保全自己的面子，同时又考虑到两次账实不符的金额比较小，他决定将现金短缺的10元自掏腰包补齐，而将现金盈余的20元暂时收起来。

解析：小赵考虑账实不符的金额较小，自己有能力承担，为了面子而不上报领导，私自处理了，违背了出纳工作的规范。正确做法是，我们应按现金盘盈盘亏的处理程序办理。

（1）现金盘盈

现金盘盈是指实物比账面记录的数量多，一般是因为企业管理制度的疏忽和收款人员的工作失误造成，不存在恶意作弊的问题。当盘点现金发现盈余时，应先计入“待处理财产损溢——现金盘盈”科目，若查明原因不能退回的，且出纳人员工作无误，则将“待处理财产损溢——现金盘盈”转入“营业外收入”科目；如果发现是由于公司内部控制制度的问题，如出纳人员未仔细核对发生的现金盘盈，则将“待处理财产损溢——现金盘盈”转入“管理费用——其他”科目。

【实账处理】——现金盘盈

2016年5月31日，甲公司出纳小赵盘点现金时，发现库存现金比账面金额多出20元。发现现金盘盈且暂未查明原因时做如下的会计分录。

借：库存现金　　20

　　贷：待处理财产损溢　　20

情况一，查明是由于乙公司用网银付货款时多付了10元，且不能退回去。

借：待处理财产损溢　　20

　　贷：营业外收入　　20

情况二，查明是由于乙公司用现金支票交付给出纳小赵，由于小赵和公司复核人员都没发现问题，导致现金盘盈。

借：待处理财产损溢　　20

　　贷：管理费用——其他　　20

（2）现金盘亏

与现金盘盈相反，现金盘亏是指库存现金实际数小于账面数，这往往可能是由于出纳人员的失误或者是发生责任人或保险公司赔偿。发现盘亏时，先记入到“待处理财产损溢——现金盘亏”科目。再根据不同的原因记入到不同的科目。

【实账处理】——现金盘亏

2016年6月30日，甲公司出纳小赵盘点现金时，发现库存现金比账面金额少了10元。

发现现金盘亏且暂未查明原因时做如下的会计分录。

借：待处理财产损溢　　10

　　贷：库存现金　　10

情况一，查明是由于第三方责任人少付了10元。

借：其他应收款　　10

　　贷：待处理财产损溢　　10

情况二，属于无法查明原因的。

借：管理费用　　10

　　贷：待处理财产损溢　　10

公司财务章丢失处理错误

公司财务章是出纳办理业务时经常会用到的，例如：收到货款时所开的收据上收款单位要盖财务章，开发票要盖财务章，在银行办理支票业务时也要盖章。所以，企业对于财务章要小心谨慎地管理，如果丢失，要及时到派出所备案并登报。

但有些单位对于公章不重视，没有专人管理，谁用谁拿。丢失后互相推脱责任，最后再重新刻一枚新的公章了事。

【实账处理】——财务章丢失

甲单位的财务管理制度不健全，对于公章没有专人管理，办公室的人都能拿来使用。2016年3月1日，出纳员小陈带着公章去银行办事，在回办公室的途中不慎将财务章丢失而没有发现，到了3月8日，财务主管要用章时才发现公章已丢失，这就导致发现后没有及时采取措施。

2016年4月2日，A带着盖有甲单位公章的欠条到甲单位要求还款。而实际上是A捡到了甲公司的财务章，于是自己写了个假借条，并盖上财务章。

解析：由于甲单位对财务章的保管工作不重视，丢失后也没有及时采取应对措施，导致了不法分子乘虚而入。

在实际工作中丢失了公章，其正确的做法应该是怎样的呢？首先第一时间到派出所进行财务章丢失备案，然后拿着报案回执单去报社刊登遗失声明广告，最后再提供有关资料重新刻制新章。

信用卡存款

信用卡存款是指企业为取得信用卡，按照规定存入银行信用卡专户的款项。信用卡可存入现金，但标准信用卡存款没有利息，且存进的钱再取出来需要缴纳手续费。

【实账处理】——信用卡存款

甲公司在中国建设银行申请信用卡，3月2日，甲公司按照要求向银行交存备用金30000元。3月9日，甲公司使用信用卡支付了2月份的水电费3000元。6月，甲公司注销信用卡。

1. 将备用金存入银行时的会计分录如下。

借：其他货币资金——信用卡存款　　30000

　　贷：银行存款　　30000

2. 支付水电费时的会计分录如下。

借：管理费用——水电费　　3000

　　贷：其他货币资金——信用卡存款　　3000

3. 信用卡销户时，信用卡的余额要转入企业的基本存款账户，不得提取现金。

借：银行存款　　27000

　　贷：其他货币资金——信用卡存款　　27000

老出纳支着儿

在实际经济业务中会遇到各种不同的问题，出纳要善于总结经验，并不断地开拓新的方法，使出纳工作进行得更得心应手。当然，工作经验是一点一点地积累起来的，我们也可以借鉴老出纳总结的工作方法。

出纳的一些实用工具

财务工作从之前的手工记账不断地发展为今天的电算化时代，这也离不开办公工具在财务工作中的运用。对于出纳员来说，除了保险柜外，还会用到点钞机和计算器等工具。出纳员经常数钱，除了利用高技术的点钞技术提高点钞速度外，最快的是借助于点钞机等外部工具点钞，不仅准确，还可以轻松辨别真伪。

出纳人员对数字要有一定的敏感度，要熟练运用计算器计算金额，在准确计算的基础上再不断地提升速度。

会计凭证的处理技巧

为了规范原始凭证的内容，明确相关人员的经济责任，防止有人利用原始凭证进行舞弊，《会计法》规定："会计机构和会计人员必须按照国家统一的会计制度规定对原始凭证进行审核，对不真实不合法的原始凭证有权不予接受，并向单位负责人报告；对记载不准确或不完整的原始凭证予以退回，并要求按国家统一制度的规定更正、补充。"

原始凭证记载的内容有误的，应当由开具单位重新开具或者更正，并在更正处加盖出具单位印章。如果原始凭证上的金额出现错误，则不能在原始凭证上更正，只能由原始凭证开具单位重新开具。

往来条据的处理技巧

在账务处理中，财务人员会使用大量的票据和单据，一般包括借条、领条和收条收据等，这些都属于原始凭证，在填制时要根据原始凭证的要求填写。收到这类票据时也要严格审核，对于不符合要求的一定要退回开具单位重新开具填写。

处理票据业务时要分清往来收据与发票收据的界限。凡属往来收据性质的均不得记入成本费用；凡属发票收据性质的，除单位内部费用收付外，所用收据均必须套印主管财政机关的监制章，否则不得作为发票性收据使用或收受，违者，税务机关将不给在税前扣除，甚至处以补税罚款。

员工备用金借款及清理

有些单位的员工经常出差，为了便利，可以向单位申请个人备用金，并及时根据发票进行报账清理备用金。借备用金时可以单独设置"备用金"科目，报账时首先冲销备用金。单位应该定期清理备用金科目，对于长期挂账未冲销的，应督促员工及时归还，如果几次劝告后仍未返还的，可以从其工资中扣除。

【实账处理】——备用金的处理

2016年8月31日，A公司员工张某借备用金3000元用于出差，于2016年9月5日报销2500元差旅费并归还剩余的500元现金。

8月31日，借备用金时的会计分录如下。

借：备用金——张某　　　　3000

　　贷：库存现金　　　　　　3000

9月5日，报销时的会计分录如下。

借：管理费用　　　　　　　2500

　　库存现金　　　　　　　 500

　　贷：备用金——张某　　　　3000

出现白条的处理

根据现金管理的规定，企业或个人不能出现白条抵库的情况。白条抵库是指支出现金时没有发票或收据等正规付款凭证，只是用白纸写了一个收条或欠条作为现金收付证明。

白条抵库是单位库存现金管理工作中的一种典型违法行为，在企业中会经常发生，如：单位购买的东西对方不能开具正规发票的，经过领导的批准，即可通过写报告的方式注明钱的去向。实际上，这种方式是不能记账的，企业可以通过税务局代开发票进行记账。

网银、密码器的使用

随着互联网的推广，财务人员可通过网银处理收付款业务，不用每次都去银行柜台办理，这样大大提高了工作效率。

怎样使用网银呢？首先，要在开户银行开通网银业务，办理好后会从银行收到网银盾（每个网银盾的权限可进行不同的设置），再根据网银的操作流程在电脑上下载相应的银行插件，以保证在使用网银时的安全。对于金额较大的收付业务，网银盾可以设置制单、复核和审核3个人员的权限，3个不同的人进行管理，这样不仅能审核收款人的信息与金额以免有误，也可以起到一定的制约作用，杜绝同一个人又制单又复核或审核。

在使用一些银行票据时，都会和密码支付器配套使用。比如使用现金支票时，在密码支付器上输入与现金支票上相对应的日期和金额，确认无误后会生成几位数字的密码，然后将此密码填写在现金支票上，再根据要求盖上银行预留的印鉴章，这样现金支票才能有效。

网上申报好处多

网上申报是指纳税人在法定的期限内利用计算机通过互联网登录税务部门电子申报网站，录入当月应申报数据，审核无误后，由银行自动从纳税人税款专用账户划转应纳税款，完成申报纳税。

纳税人通过系统进行网上申报的好处很多，足不出户就可以完成申报纳税工作，减轻企业财务人员的劳动强度；不需要购买软件，减轻了企业负担；申报不受地域和软硬件环境限制，升级维护简单。同时，该系统具有较高的安全性，还可以实时地进行数据校验，避免申报数据出现错误。

网上纳税申报的内容包括各个税种的纳税申报表及其附表、财务会计报表以及国税机关要求报送的其他纳税资料。纳税人应按法定纳税期限通过互联网依法申报缴纳应纳税款及扣缴税款，依法报送会计报表及相关税种纳税申报资料。网上申报的数据资料内容必须真实、完整、准确并与书面资料一致。若不一致，由此所造成的法律后果由纳税人承担。

总的来说，出纳工作可以总结出以下所示的三字经。

出纳员，很关键；静头脑，清杂念。业务忙，莫慌乱；情绪好，态度谦。

取现金，当面点；高警惕，要安全。收现金，点两遍；辨真假，免赔款。

支现金，先审单；内容全，要会签。收单据，要规范；不合规，担风险。

账外账，甭保管；违法纪，又罚款。长短款，不用乱；平下心，细查点。

借贷方，要分清；清单据，查现款。月凭证，要规整；张数明，金额清。